国家级一流本科专业建设点
高等教育审计精品教材

内部审计
Internal Auditing

（第四版）

王宝庆　张庆龙　主编

东北财经大学出版社　大连
Dongbei University of Finance & Economics Press

图书在版编目（CIP）数据

内部审计/王宝庆，张庆龙主编. —4版. —大连：东北财经大学
出版社，2023.11（2024.8重印）
（高等教育审计精品教材）
ISBN 978-7-5654-5005-1

Ⅰ.内… Ⅱ.①王… ②张… Ⅲ.内部审计－高等学校－教材
Ⅳ.F239.45

中国国家版本馆CIP数据核字（2023）第202233号

东北财经大学出版社出版

（大连市黑石礁尖山街217号 邮政编码 116025）

网 址：http://www.dufep.cn

读者信箱：dufep@dufe.edu.cn

大连雪莲彩印有限公司印刷 东北财经大学出版社发行

幅面尺寸：185mm×260mm 字数：309千字 印张：15 插页：1

2023年11月第4版 2024年8月第2次印刷

责任编辑：王 莹 责任校对：刘贤恩

封面设计：张智波 版式设计：原 皓

定价：45.00元

第四版前言

本教材自2013年出版以来，在全国50多所院校中广泛使用，经过两次修订，不断完善。今年第三次修订，以党的二十大报告为指导思想，以习近平总书记在中央审计委员会第一次会议上提出的"以审计精神立身，以创新规范立业，以自身建设立信"为根本宗旨，统领内部审计，这是审计工作必须长期坚持的行为准则和工作指南。同时，本教材增加了浙江千年舟集团"共建共治共享"的审计管理案例，体现了浙江民营企业内部审计的具体实践探索，供大家学习参考。

衷心感谢广大师生十年来对本教材的厚爱！真诚欢迎审计同仁继续提出宝贵意见，我们将不忘初心、牢记使命，不断完善教材内容，体现内部审计的科学性、实践性与创新性。

编　者

2023年10月

第一版前言

为适应高等院校审计学专业本科教学要求,我们根据中国内部审计准则和国际内部审计专业实务框架,组织相关院校审计学专业教师编写了《内部审计》教材。

《内部审计》教材首先介绍了《萨班斯-奥克斯利法案》及其影响、审计关系、内部审计工作规范体系,然后介绍了内部审计特征、内部审计人员的职业道德和职业能力、行业协会和内部审计机构,接着对内部审计的主要工作、管理方法、自我评价进行了深入浅出的讲解,最后对舞弊审计、经济效益审计和风险管理审计等相关领域和新兴领域进行简要介绍,以拓展读者的视野。

全书由王宝庆教授和张庆龙教授担任主编。教材的具体编写分工如下:第1章、第2章、第6章由浙江工商大学王宝庆教授编写;第3章由浙江财经学院陈东副教授编写;第4章由嘉兴学院刘勇副教授编写;第5章、第7章由浙江工商大学马笑芳副教授编写;第8章由温州医学院审计处高级审计师戴向龙、蔡凌伟编写;第9章、第10章由北京国家会计学院张庆龙教授编写。

特别感谢浙江嘉兴市内部审计协会、绍兴市内部审计协会、新昌县内部审计协会、宁波方太集团公司审计部、浙江日发数码精密机械股份有限公司审计部、浙江上峰集团有限公司审计部、浙江长海包装集团审计部及相关人士,他们为本教材的编写提供了非常优秀的实务案例。

书中不足之处,敬请各位同仁批评指正。

编　者

2013年1月

目　录

第1章 公司治理与内部审计

学习目标

通过本章学习，明确公司治理的含义与模式，明确内部审计在公司治理结构中的地位，正确把握《萨班斯-奥克斯利法案》的立法精神，了解内部审计工作规范体系的基本情况。

1.1 公司治理概述

1.1.1 公司治理体系

公司治理又称公司治理结构、公司督导机制，是一个颇具争议的领域。

吴敬琏指出，公司治理是指所有者、董事会和高级执行人员三者组成的一定制衡关系。

经济合作与发展组织（OECD）提出，公司治理是一种据以对工商企业进行管理和控制的体系。它明确规定了公司各参与者的责任和权力分布，诸如董事会、经理层、股东和其他利益相关者，并且清楚说明了进行公司事务决策时应该遵循的规则和程序。同时，它还提供了一种结构，使之用以设置公司目标，也提供了达到这些目标和监控运营的手段。

一般而言，公司治理分为治理结构（股权结构、资本结构和治理机构设置）和治理机制（用人机制、监督机制和激励机制）。

具体地说，公司治理研究应考虑以下内容：（1）公司治理的定义；（2）公司治理中的法律、制度和文化；（3）公司治理体系；（4）公司治理模式；（5）公司治理的激励机制；（6）公司控制权市场；（7）公司治理中的信息披露。

公司治理体系的构成如下（如图1-1所示）：

1）内部治理

内部治理（制衡与激励）包括：（1）股东（大）会，是公司的权力机构，针对重大问题进行决策。（2）董事会，执行股东（大）会决议，制定公司战略并监督其执行，选定经理班子、执行董事（内部董事）、非执行董事（外部董事）、独立董事（既独立于经理层又独立于大股东）。（3）执行系统，包含经理层、首席执行官（CEO）。

2）外部治理

外部治理主要来自市场与政府。其主要包括：来自产品市场的治理，即横向竞争与纵向约束；来自劳动力市场的治理，即禁止签订带有奴役性的契约；来自经理

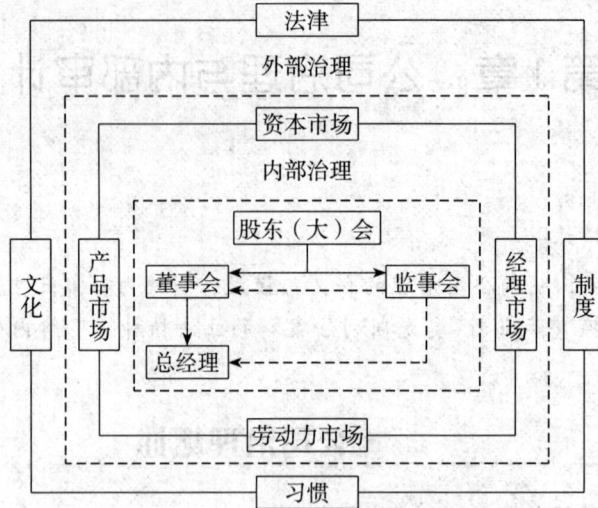

图1-1 公司治理体系

市场的治理，即业绩考核与潜在竞争对手给在位经理施加很强的约束；来自资本市场的治理，即借贷市场、股票市场。

当企业经营不善时，产品市场会对企业产品在市场上的表现迅速做出反应，并直接影响到企业财务状况。接着，证券市场会迅速披露企业财务状况变化情况，并直接影响到企业的股价和信用评价。股价下跌很容易使企业成为并购的目标，而发达的借贷市场迅速做出反应，为潜在的收购者提供融资服务。一旦收购成功，新的股东将改组董事会和经理层，原来的董事和经理将面临被解雇的命运。这时候，经理市场、独立董事市场不仅会迅速提供所需人才，还会重新评价被解雇人员的人力资本，使不称职的独立董事和经理的名誉与未来收入一并贬值。

1.1.2 公司治理模式

1.1.2.1 英美模式（单层董事会）

美国公司治理结构模式如图1-2所示。

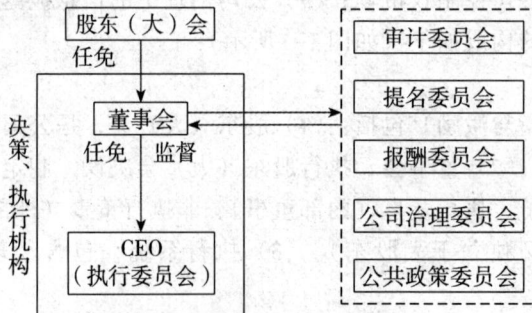

图1-2 美国公司治理结构模式

1）CEO体制

在CEO体制内，传统的"董事会决策，经理层执行"模式受限；CEO代表人力资本地位的崛起，一般由董事长兼任；CEO 体制下的执行系统除 CEO 外基本上由非董事人员构成，对其监督由独立董事完成；CEO 体制与董事会的构成和运作模式密切联系；CEO 下设 COO（首席营运官）、CFO（首席财务官）、CTO（首席技术官）、CIO（首席信息官）；CEO 既行使董事会部分职权又拥有总经理全部权力，实现了公司决策层与执行层的有效联结。

2）英美模式特点

在英美模式下，董事会由执行董事和独立董事组成，独立董事在董事会中占绝大多数；董事会既有监督职能又有决策职能，董事会下设特定职能委员会，如执行委员会、审计委员会、报酬委员会、提名委员会等，不设监事会，监督职能主要由审计委员会、报酬委员会和提名委员会履行；股权结构分散化、社会化，机构投资者大量出现；企业在资本市场上融资方式多样化；资本市场的法律比较完善。英美是个人主义和自由主义的发源地。

1.1.2.2 德国模式（双层董事会）

在德国模式下，在董事会之上设立监事会，监事会成员全部由非执行董事组成，董事会成员全部由执行董事组成；监事会成员由股东代表和员工代表构成，各占一半，各选代表；监事和董事不能兼任，监事会具有任命和监督董事会成员的权力，监督权和执行权从机构上明确分开。德国历史上曾经是工人民主运动的发祥地，工人历来有参与企业管理的意识和传统习惯。

德国公司治理结构模式如图 1-3 所示。

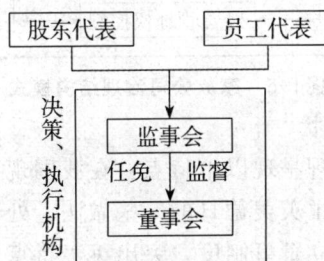

图1-3 德国公司治理结构模式

1.1.2.3 日本模式（复合结构）

在日本模式下，法定审计人会是受股东委托对董事进行监督的机构；法定审计人既不是公司外部的独立审计人，也不是公司内部审计人，而是通常由几名公司退休的董事或员工担任，主要弊端是"只具形式，不具内容"；员工在参与公司治理方面的一个显著特征是利用终身雇佣制度、年功序列工资和内部晋升保护员工职业安全；以法人相互持股及主银行制为特征，股权高度集中，市场发育程度不高；日本文化强调一致性和集体性，如集体决策、合理化建议、全面质量管理、工作团队等。

日本公司治理结构模式如图 1-4 所示。

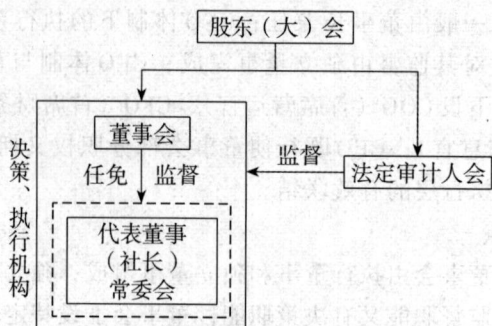

图1-4 日本公司治理结构模式

1.1.2.4 家族模式

在家族模式下，企业所有权主要由家族成员控制；企业主要经营管理权掌握在家族成员手中；企业决策家长化；经营者有家族利益和亲情的双重激励与约束；企业员工管理家庭化；来自银行的外部监督弱化；政府对企业的发展有较大约束；儒家文化具有一定的影响，如以和为贵、仁者爱人等。

家族公司治理结构模式如图1-5所示。

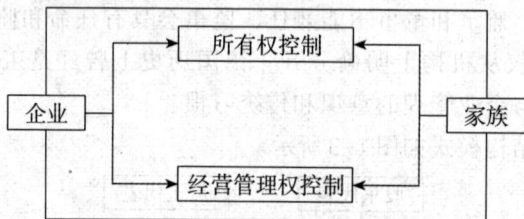

图1-5 家族公司治理结构模式

1.1.3 我国公司治理现状

总体来看，我国公司治理呈现以下特点：在我国现行的公司治理制度中，对董事会和监事会的规定，混合了英美德日的一些做法，处于发展变化中；上市公司设立监事会的同时，又建立独立董事制度，突出英美特点；国有大型企业实行外派监事会制度，强化监事会对董事会的监督评价，带有德国色彩；在大量非国有公司中，董事会和监事会是两个平行机构，接近日本模式。

我国公司治理结构模式如图1-6所示。

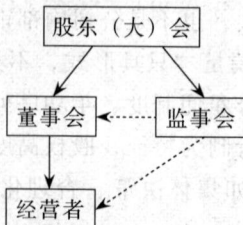

图1-6 我国公司治理结构模式

1.2 《萨班斯-奥克斯利法案》及其影响

1.2.1 概况

2002年4月24日，美国众议院以334票赞成、90票反对的绝对优势通过了由众议院财务服务委员会主席、共和党人奥克斯利（Oxley）提交的《2002年公司与审计的责任、义务和透明度法案》（第3763号法案）；6月18日，参议院银行委员会也以17票赞成、4票反对的结果，批准将该委员会主席、民主党人萨班斯（Sarbanes）提交的《2002年公众公司会计改革和投资者保护法案》送交参议院表决通过。这两个法案合称《萨班斯-奥克斯利法案》（简称SOX法案）。该法案旨在结束低道德标准和虚假利润时代，是继20世纪30年代大萧条以来，美国政府制定的范围最广、措施最为严厉的公司责任法律，基本奠定了后安然时代审计发展、公司治理和证券监管的框架。

1.2.2 法案基本要点

（1）会计准则的制定：由以"规则"为基础转为以"原则"为基础。

（2）财务报告改进：提高财务信息披露的透明度和及时性。

（3）会计监管：由行业自律变为由公众公司会计监督委员会（PCAOB）管理（准政府监督管理）。

（4）注册会计师（CPA）审计：审计独立性的强化和非审计服务业务的限制，具体包括建立向审计委员会报告制度、建立审计合伙人定期强制轮换制度、建立CPA回避制度、限制CPA业务范围（不得向审计客户提供非审计服务）。

（5）其他改革项目：

① 关于会计责任（上市公司公开披露的信息中附有CEO和CFO的承诺函。如果因为他们有不当行为而导致公司被要求重编会计报表，则这二人应赔偿公司12个月内从公司收到的所有奖金、红利、其他权益性报酬、买卖该公司证券实现的收益。严重违规者将受到严厉的刑事处罚）。

② 关于公司与其管理层及主要股东的经济行为及其披露的监管。

③ 关于注册会计师定期轮换制与会计师事务所更换的监管（为同一客户连续提供审计服务不得超过5年，否则违法）。

④ 关于采用更有效的审计复核制度（会计监察委员会独立复核）。

⑤ 关于非审计服务的禁止（禁止CPA为同一审计客户提供财务信息系统设计与执行服务、评估服务、内部审计外包服务管理职能或人力资源服务等）。

⑥ 关于注册会计师任职的限定（CPA跳槽到被审计公司工作且担任CEO、CFO等重要岗位时间不足一年的，该事务所不得承接该公司的审计工作，即冷冻期为一年）。

⑦ 关于会计师事务所业务的报备制度（从事上市公司审计业务的事务所，必须就成立的会计监察委员会进行注册，必须定期更新，否则为非法执业）。

⑧ 关于审计工作底稿的保存（至少7年）。

⑨ 关于缩短财务报告的期限（年报第一年为90天、第二年为75天、第三年为60天，季报第一年为45天、第二年为40天、第三年为35天）。

⑩ 关于提高中期报告的审阅要求。

关于完善上市公司内部控制及其评价制度。

关于审计委员会制度。

关于向监管部门报告公司和审计师间的会计分歧制度。

关于增进跨国监管合作。

关于提高对证券犯罪的惩罚力度（对CEO和CFO编制违法违规财务报告的，将处以最高500万美元罚款或20年监禁；对伪造记录、破坏审计记录的，将处以罚款，或20年以下监禁，或两者并处；对采用欺骗行为获取资产的，将处以罚款，或者25年以下监禁，或两者并处；对打击报复的，最高处10年监禁）。

1.2.3 《萨班斯-奥克斯利法案》对内部控制与内部审计的影响

SOX法案有关内部控制的规定如下：

第三号：强制公司设置审计委员会及强化高级管理人员——CEO及CFO——对于财务报告应负的责任。

301条款规定：每一审计委员会必须：（1）建立程序以完成处理抱怨事件必要的协商及解决方法；（2）处理审计人员或预警者提出的可疑事件的信息。

302条款规定：公司CEO及CFO必须审阅年报及季报，并必须认可财务报告公允地反映了报告期间公司的经营成果及财务状况。

第四号：财务披露之强化。加强资产负债表外交易等的披露，并禁止公司贷款给董事及管理层。

404条款规定：（1）要求企业管理层每年声明其对建立及维护与财务报告相关的适当内部控制制度的责任；（2）执行评估以确认企业与财务报告相关的内部控制制度的适切性。

纽约证券交易所规定每一家上市公司必须设置内部审计职能。

SOX法案的内在逻辑是：提高上市公司财务报告及信息披露的及时性与准确性可以有效地保护上市公司投资者的利益，而强化公司责任、提高审计师独立性、明确公司高管和审计委员会对实施财务报告内部控制负有责任等举措将有助于提高上市公司财务报告信息披露的质量与可靠性，即"加强内部审计与内部控制→提高信息准确性与及时性→保护投资者利益"。

在安然和世通这两个财务丑闻案件中，一个有趣的现象是：安然公司的首席审计执行官（CAE）理查德·科西面临诈骗、洗钱、内部交易、虚报公司盈利和会计造假欺骗审计人员等共34项罪名的指控，检控方力争与其达成认罪协议，以便为指控公司两名前高管肯尼思·莱（安然公司创始人，在2006年7月5日戴罪离世，享年64岁。虽然难以追究其刑事责任，但仍将承担民事责任）和杰弗里·斯基林（前首席执行官）提供更加有力的证据；而世通公司前内部审计主管辛西亚·库珀却因世通案件中的突出表现——对38.5亿美元费用违规列入资本化支出项目的揭示和向公司审计委员会报告，不仅解脱了其自身的责任，而且使内部审计的作用得到了公众和监管部门的充分肯定，成为美国时代周刊2002年度风云人物之一。

1.3   审计关系

1.3.1 审计关系概述

审计分为内部审计和外部审计，内部审计有审计委员会和内部审计机构，外部审计有民间的会计师事务所和国家审计部门。审计外部关系，涉及股东和其他投资者、债权人、国家监管部门、外部独立审计师、社会公众、大众媒体等；审计内部关系，涉及董事会、首席执行官、财务总监、各个被审计单位等。

审计关系如图1-7所示。

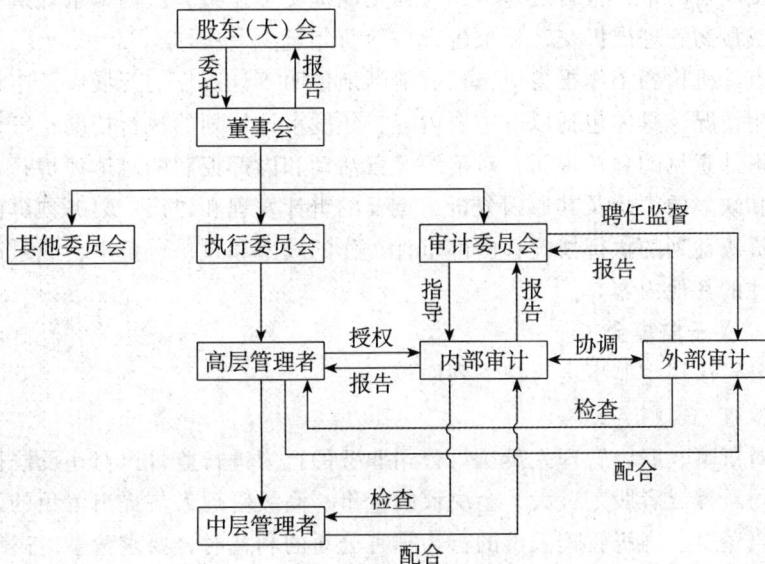

图1-7   审计关系

1.3.2 审计委员会

审计委员会是董事会下设的一个专门议事机构，其基本职责在于促进公司对外进行充分、公允的信息披露，实现对公司经营权的制衡和监督。投资者根据充分、公允的信息对公司经营行为的适当性做出合理判断，并做出理性选择。

审计委员会代表的是股东利益，代表股东对公司管理层履行监督职能，减少因信息不对称而带来的公司管理层"内部人控制"现象。审计委员会并不进行审计监督工作，而是依靠工作程序来保证内部审计和外部审计的独立性、客观性和有效性。审计委员会是在公司董事会内部建立起一个对公司的内部审计、外部审计、会计信息质量、对外信息披露的控制机制。审计委员会成员一般由独立董事担任，具有丰富的经验和专业财会知识。设立审计委员会的根本目的是加强对上市公司财务信息的监督，提高公司对外信息披露的质量。

目前，我国法规明确规定审计委员会的主要职责是：提议聘请或更换外部审计机构；监督公司内部审计制度及其实施；负责内部审计与外部审计之间的沟通；审核公司财务信息及其披露；审查公司内部控制。

1.3.3 内部审计机构

公司内部审计职能部门是在管理层的领导下，具体开展内部审计监督工作，防范舞弊与风险，提高经济效益，实现公司战略目标，积极配合审计委员会的工作，与外部审计机构沟通协调。

内部审计机构应向董事会或最高管理层报请批准的事项包括：内部审计章程；年度审计计划；人力资源计划；财务预算；内部审计政策的制定及变动。

内部审计机构应与董事会或最高管理层保持有效的沟通，除了向董事会或最高管理层提交项目的审计报告之外，还应当定期提交工作报告。内部审计机构应定期向董事会或最高管理层提交工作报告，一般每年至少一次。

内部审计机构的工作报告应概括、清晰地说明审计工作的开展以及本机构各类资源的使用情况，具体包括以下主要内容：年度审计计划的执行情况；审计项目涉及范围及审计意见的总括说明；对组织经营活动和内部控制的总体评价；审计中发现的差异和缺陷的汇总及其原因分析；重要的审计发现和建议；财务预算的执行情况；人力资源计划的执行情况；内部审计工作的效率和效果；董事会或最高管理层要求或关注的其他内容。

1.3.4 关于监事会

我国公司法规定监事会行使下列职权：

（1）检查公司财务；

（2）对董事、高级管理人员执行公司职务的行为进行监督，对违反法律、行政法规、公司章程或者股东（大）会决议的董事、高级管理人员提出罢免的建议；

（3）当董事、高级管理人员的行为损害公司的利益时，要求董事、高级管理人员予以纠正；

（4）提议召开临时股东（大）会会议，在董事会不履行公司法规定的召集和主持股东（大）会会议职责时召集和主持股东会会议；

（5）向股东（大）会会议提出提案；

（6）依照公司法第一百五十一条的规定，对董事、高级管理人员提起诉讼；

（7）公司章程规定的其他职权。

1.3.5 本书观点

由此可见，监事会、审计委员会、内部审计部门之间确实存在职责不清和职能重叠之处，故提出以下思考：

第一，董事会对股东（大）会负责，其职能是对管理层的决策进行监督，监督的重点是决策的科学性，即监督"风险经营决策"。

第二，监事会对股东（大）会负责，应该定位于保护除控股股东以外的其他利益相关者，包括中小股东、职工群众和银行利益，监督重点是决策的正当性（因为目前管理层和控股股东控制董事会导致其他利益相关者利益受损），即监督决策的制定程序和执行结果不会对除控股股东以外的其他利益相关者造成损失。实践中着重对员工福利、利润分配、重大投资等特定决策进行监督，即监督"正当经营决策"。

第三，审计委员会应该对董事会负责，主要职责包括领导内部审计工作、与外部审计师的协调、评价外部审计、检查财务报告、监督经营活动的合法合规性、关注诉讼案件、监督高级经理层的报销和津贴等方面。

第四，内部审计部门对总经理负责，服从于经营管理层的需要，开展多种多样的经营审计和管理审计，为实现经营目标服务。内部审计部门应当对内部控制制度的完整性、合理性及其实施的有效性进行检查和评估；对会计资料及其他有关经济资料，以及资料所反映的财务收支及有关的经济活动的合法性、合规性、真实性和完整性进行审计；以业务环节为基础开展审计工作，并根据实际情况，对与财务报告和信息披露事务相关的内部控制设计的合理性和实施的有效性进行评价。

1.4   我国内部审计工作规范体系

我国内部审计工作规范体系，是由政府相关部门和内部审计协会制定的一整套权威性标准，以规定内部审计人员在提供审计服务时应具有的资格和素质、应遵循的行为准则，是衡量内部审计人员服务质量的基本判定标准。

目前发布的内部审计工作规范体系如下：

（1）《审计署关于内部审计工作的规定》，明确了内部审计人员、内部审计机构、内部审计协会的基本职责范围。

（2）各省、自治区、直辖市以地方人民政府令的形式发布的地方内部审计工作规定。

（3）内部审计基本准则，由中国内部审计协会制定，是内部审计准则的总纲，是内部审计机构和人员进行内部审计时应该遵循的基本规范，是制定内部审计具体准则、内部审计实务指南的基本依据。

（4）内部审计具体准则，由中国内部审计协会依据内部审计基本准则制定，是内部审计机构和人员在进行内部审计时应当遵循的具体规范，具体有审计计划、审计通知书、审计证据、审计工作底稿、结果沟通、审计报告、后续审计、审计抽样、分析程序、内部控制审计、绩效审计、信息系统审计、对舞弊行为进行检查和报告、经济责任审计、内部审计机构的管理、与董事会或者最高管理层的关系、内部审计与外部审计的协调、利用外部专家服务、人际关系、内部审计质量控制、评价外部审计工作质量、审计档案工作、内部审计业务外包管理等。

（5）内部审计实务指南，依据内部审计基本准则、内部审计具体准则制定，为内部审计机构和人员进行内部审计提供的具有可操作性的指导意见，具体有审计报告、建设项目内部审计、物资采购审计、高校内部审计、企业内部经济责任审计指南等。

（6）内部审计人员职业道德规范，由中国内部审计协会制定，规定了内部审计人员应有的职业品德和执业能力要求。

在此要特别说明的是，中国内部审计协会先后从 2003 年和 2013 年开始分别陆续发布了两个版本的一系列内部审计准则，两个版本的内部审计准则编号不同，具体名称也略有差异，读者可以查阅相关资料参考阅读。

1.5 ‖ 关于深化中央企业内部审计监督工作的实施意见

为有效推动中央企业构建集中统一、全面覆盖、权威高效的审计监督体系，贯彻落实党中央、国务院关于深化国有企业和国有资本审计监督的工作部署，国务院国有资产监督管理委员会于 2020 年制定印发了《关于深化中央企业内部审计监督工作的实施意见》。主要内容如下：

关于深化中央企业内部审计监督工作的实施意见

一、总体要求

深入贯彻落实党中央、国务院关于加快建立健全国有企业、国有资本审计监督体系和制度的工作部署，围绕形成以管资本为主的国有资产监管体制，推动中央企业建立符合中国特色现代企业制度要求的内部审计领导和管理体制机制，做到应审尽审、凡审必严，促进中央企业落实党和国家方针政策以及国有资产监管各项政策制度。深化企业改革，服务企业发展战略，提升公司治理水平和风险防范能力，助力中央企业加快实现转型升级、高质量发展和做强做优做大。

二、强化统一管控能力，进一步完善内部审计领导和管理体制机制

（一）建立健全内部审计领导体制。建立健全党委（党组）、董事会（或主要负责人）直接领导下的内部审计领导体制。党委（党组）要加强对内部审计工作的领导，不断健全和完善党委（党组）领导内部审计工作的制度和工作机制，强化对内部审计重大工作的顶层设计、统筹协调和督促落实。董事会负责审议内部审计基本制度、审计计划、重要审计报告，决定内部审计机构设置及其负责人，加强对内部审计重要事项的管理。董事长具体分管内部审计，是内部审计工作第一责任人。加快建立总审计师制度，协助党组织、董事会（或主要负责人）管理内部审计工作。经理层接受并积极配合内部审计监督，落实对内部审计发现问题的整改。内部审计机构向党委（党组）、董事会（或主要负责人）负责并报告工作。

（二）切实发挥董事会审计委员会管理和指导作用。落实董事会审计委员会作为董事会专门工作机构的职责，审计委员会要定期或不定期召开有关会议并形成会议记录、纪要，加强对审计计划、重点任务、整改落实等重要事项的管理和指导，督促年度审计计划及任务组织实施，研究重大审计结论和整改落实工作，评价内部审计机构工作成效，及时将有关情况报告董事会或提请董事会审议。

（三）不断完善集团统一管控的内部审计管理体制。强化集团总部对内部审计工作统一管控，统一制定审计计划、确定审计标准、调配审计资源，加快形成"上审下"的内部审计管理体制。推动所属二级子企业及二级以下重要子企业设置内部审计机构，未设置内部审计机构的子企业内部审计工作由上一级审计机构负责。所属子企业户数多、分布广或人员力量薄弱的企业，需设立审计中心或区域审计中心，规范开展集中审计或区域集中审计。各级内部审计机构审计计划、审计报告、审计发现问题、整改落实情况以及违规违纪违法问题线索移送等事项，在向本级党委（党组）及董事会报告的同时，应向上一级内部审计机构报告，审计发现的重大损失、重要事件和重大风险应及时向集团总部报告。

（四）健全内部审计制度体系。在不断完善内部审计各项制度规定基础上，对落实党和国家方针政策、国企改革重点任务、国有资产监管政策以及境外国有资产监管、内控体系建设等重要事项、重点领域和关键环节，补短板、填空白，持续构建符合国有资产监管要求和公司治理需要的企业内部审计制度体系。

（五）强化激励约束机制。落实审计工作结果签字背书责任制度，明确审计项目负责人及相关审计人员对审计结论和审计程序分别承担相应的审计责任。研究制定本企业审计质量考评标准，推动审计人员绩效考核结果与薪酬兑现、职业晋升、任职交流等挂钩，探索建立与其他业务部门差异化的内部审计考核体系，作为被审计对象的同级业务部门不参与对内部审计机构及其负责人的绩效测评。对审计工作中存在失职、渎职的要严肃追责问责，涉嫌违纪违法的，按程序移送纪检监察机构处理。下一级内部审计机构负责人任免和年度绩效考核结果需报上一级内部审计机构备案。

三、有效履行工作职责，全面提升内部审计监督效能

（六）积极推动内部审计监督无死角、全覆盖。坚持应审尽审、凡审必严，在贯彻执行党和国家重大方针政策、国资监管工作要求、完成国企改革重点任务、领导人员履行经济责任以及管理、使用和运营国有资本情况等方面全面规范开展各类审计监督，重点关注深化国有企业改革进程中的苗头性、倾向性、典型性问题。对所属子企业确保每5年至少轮审1次；对重大投资项目、重大风险领域和重要子企业实施重点审计，确保每年至少1次。企业可以根据审计工作需要，规范购买社会审计服务开展相关工作。

（七）加快推动内部审计信息化建设与应用。按照国有资产监管信息化建设要求，落实经费和技术保障措施，构建与"三重一大"决策、投资、财务、资金、运营、内控等业务信息系统相融合的"业审一体"信息化平台。及时准确提供审计所需电子数据，并根据审计人员层级赋予相应的数据查询权限。信息化基础较好的企业要积极运用大数据、云计算、人工智能等方式，探索建立审计实时监督平台，对重要子企业实施联网审计，提高审计监督时效性和审计质量。

（八）加强企业内部监督协同配合。加强与企业监事会、纪检监察、巡视以及法律、财务、违规责任追究等部门的沟通协调，将各方面集中反映的问题领域作为

重点关注事项。通过联席会议、联合检查等方式，加强信息通报与交流、问题线索移送与协查等工作协同，对内部监督发现的共性问题或警示性问题在一定范围内进行通报，提高企业内部监督透明度和影响力。

（九）提升审计队伍专业化、职业化水平。选拔政治过硬、德才兼备、具备专业技能和业务知识的复合型人才充实审计队伍，鼓励审计人员参加相关执业资格考试。加大与财务、内控、运营、采购、销售、企业管理等业务部门之间的人员交流力度，拓宽内部审计人员职业发展通道，将内部审计岗位打造成企业内部人才培养和选拔任用的重要平台。落实审计专项经费预算，配备与企业规模、审计业务量等相适应的审计人员，打造专业化、职业化的内部审计工作队伍。

四、聚焦经济责任，促进权力规范运行和责任有效落实

（十）深化和改善经济责任审计工作。贯彻落实党中央、国务院关于深化和改善经济责任审计工作要求，围绕权力运行和责任落实，坚持以对领导人员任职期间审计为主，对所属二级子企业主要领导人员履行经济责任情况任期内至少审计1次，对掌握重要资金决策权、分配权、管理权、执行权和监督权等关键岗位的主要领导人员加大审计力度。完善定性评价与定量评价相结合的审计评价体系，落实"三个区分开来"要求，审慎作出评价和结论，鼓励探索创新，激励担当作为，保护企业领导人员干事创业的积极性、主动性、创造性。

（十一）规范有效开展经济责任审计。聚焦经济责任，突出对党和国家重大方针政策、国资监管工作要求、企业改革发展目标任务等落实情况，企业法人治理结构的健全完善、投资经营、风险管控、内控体系建设与运行、整改落实等方面以及领导人员廉洁从业和贯彻落实中央八项规定精神情况的监督检查。研究确定经济责任审计中长期规划，制定年度审计计划，强化审计计划刚性约束，不断完善企业内部经济责任审计组织协调、审计程序、审计评价、审计结果运用等工作机制。建立健全经济责任审计情况通报、责任追究、整改落实、结果公告等制度，有效落实企业领导人员经济责任。

五、突出关键环节，强化对重点领域的监督力度

（十二）围绕提质增效稳增长开展全面监督。适应常态化疫情防控和国际形势变化，结合经营业绩考核指标，重点关注会计政策和会计估计变更、合并报表范围调整、期初数大额调整、收入确认、减值计提等会计核算事项，保障会计信息真实性。加大对成本费用管控目标实现情况、应收账款和存货"两金"管控目标完成情况、资金集中管控情况、人工成本管控情况以及降杠杆减负债等工作的审计力度。

（十三）突出主责主业专项监督。围绕持续推动国有资本布局优化，聚焦主责主业发展实体经济等工作要求，加大对非主业、非优势业务的"两非"剥离和无效资产、低效资产的"两资"处置情况的审计力度。将打通供应链、稳住产业链等工作落实情况以及投资项目负面清单执行、长期不分红甚至亏损的参股股权清理、通过股权代持或虚假合资等方式被民营企业挂靠等情况纳入内部审计重要任务。对国有资产监管机构政策措施和监管要求落实情况进行跟踪审计，推动各项工作要求落

实到位。

（十四）对混合所有制改革全过程进行审计监督。将混合所有制改革过程中的决策审批、资产评估、交易定价、职工安置等环节纳入内部审计重点工作任务，及时纠正混合所有制改革过程中出现的问题和偏差。规范开展混合所有制改革中参股企业的审计，通过公司章程、参股协议等保障国有股东审计监督权限，对参股企业财务信息和经营情况进行审计监督，坚决杜绝"只投不管"现象。

（十五）强化大额资金管控监督。针对近年来电子支付、网络交易等新兴资金结算手段的普遍使用等资金管理新形态，重点关注关键岗位授权、不相容岗位分离等内控环节的健全完善及执行情况，深入揭示资金审批、结算、对账等各日常业务环节的薄弱点。对资金中心等资金管理机构每年至少应当审计1次，对负责资金审批和具体操作的关键岗位和重要环节应进行常态化监督。

（十六）加强对赌模式并购投资监督。将使用对赌模式开展的并购投资项目纳入内部审计重点工作任务，对对赌期内的被并购企业开展跟踪审计，对赌期结束后开展专项审计。重点关注对赌指标完成情况的真实性、完整性以及作为分期支付投资款或限售股份解禁、收取对赌补偿等程序重要依据的合规性，及时揭示问题，防止国有资产流失。

（十七）加大对高风险金融业务的监督力度。加大对金融业务领域贯彻中央重大决策部署、执行国家宏观调控和经济金融政策等方面审计力度，重点关注脱离主业盲目发展金融业务、脱实向虚、风险隐患较大业务清理整顿，以及投机开展金融衍生业务、"一把手"越权操作、超授权交易等内容。对重点金融子企业和信托、债券、金融衍生品等高风险金融业务每年至少开展1次专项审计，切实防止风险交叉传导。

（十八）落实对"三重一大"事项的跟踪审计。对重大决策、重要项目安排和大额资金使用情况进行全过程跟踪审计。加强对可行性研究论证、尽职调查、资产评估、风险评估等对重大决策、重要项目具有重要影响环节的监督力度，强化对决策规范性、科学性的监督，促进企业提高投资经营决策水平。

六、强化境外内部审计，有力保障境外国有资产安全完整

（十九）加大境外企业内部审计监督力度。结合境外企业所在国家或地区的法律法规及政治、经济、文化特点，研究制定境外内部审计制度规定，在与外方签订的投资协议（合同）或公司章程等法定文件中推动落实中方审计权限。切实推进境外审计全覆盖、常态化，对重点境外经营投资项目（投资额1亿美元以上）或重要境外企业（机构），每年至少应审计1次。完善审计方式方法，配备具备外语能力、熟悉国际法律的复合型审计人员，探索开展向重要境外企业（机构）和重大境外项目派驻审计人员，根据工作需要可聘请境内外中介机构提供服务支持。

（二十）突出境外内部审计重点关注领域。聚焦境外经营投资立项、决策、签约、风险管理等关键环节，围绕境外经营投资重点领域以及境外大额资金使用、大额采购等重要事项，对重大决策机制、重要管控制度和内控体系有效性进行监督，

保障境外国有资产安全，提升国际化经营水平。

七、加强内控体系审计，促进提升企业内控体系有效性

（二十一）规范有效开展内控审计。将企业内控体系审计纳入内部审计重点工作任务，围绕企业内部权力运行和责任落实、制度制定和执行、授权审批控制和不相容职务分离控制等开展监督，倒查企业内控体系设计和运行缺陷。突出重大风险防控审计，重点检查企业重大风险评估、监测、预警和重大风险事件及时报告和应急处置等工作开展情况，以及企业合规建设、合规审查、合规事件应对等情况。规范开展对投资决策、资金管理、招投标、物资采购、担保、委托贷款、高风险贸易业务、金融衍生业务、PPP业务等重点环节、重要事项以及行业监管机构发现的风险和问题的专项内控审计，切实促进提升内控体系有效性。

八、压实整改落实责任，促进审计整改与结果运用

（二十二）压实整改落实责任。内部审计机构对审计发现问题整改落实负有监督检查责任，被审计单位对问题整改落实负有主体责任，单位主要负责人是整改第一责任人，相关业务职能部门对业务领域内相关问题负有整改落实责任。加快建立完善审计整改工作制度，完善整改落实工作规范和流程，强化内部审计机构监督检查职责，积极构建各司其职、各负其责的整改工作机制，促进整改落实工作有效落地。

（二十三）强化整改跟踪审计及审计结果运用。密切结合国家审计、巡视巡察、国资监管等各类监督发现问题的整改落实，建立和完善问题整改台账管理及"销号"制度，由内部审计机构制定统一标准并对已整改问题进行审核认定、验收销号。对长期未完成整改、屡审屡犯的问题开展跟踪审计和整改"回头看"等，细化普遍共性问题举一反三整改机制，确保真抓实改、落实到位。建立审计通报制度，将审计发现问题及整改成效依法依规在企业一定范围内进行通报。将内部审计结果及整改情况作为干部考核、任免、奖惩的重要依据之一，对审计发现的违规违纪违法问题线索，按程序及时移送相关部门或纪检监察机构处理。

九、加强出资人对内部审计工作的监管，组织开展检查评价和责任追究

（二十四）强化对内部审计工作的监管。国资委指导中央企业按照国家审计机关对内部审计工作有关要求，围绕国资监管重点任务研究制订本企业年度内部审计工作计划，有效开展内部审计各项工作。加强对内部审计工作的统筹谋划和资源整合，充分发挥内部审计力量在国资监管工作中的专业优势。各中央企业要定期向国资委报送年度审计计划、年度工作报告等情况，及时报送审计发现的重大资产损失、重要事件和重大风险等情况。认真做好对企业报送的年度内部审计工作报告审核工作，持续加强企业内部审计工作情况的汇总、分析和评价。

（二十五）建立健全出资人检查评估工作机制。国资委探索研究制定内部审计工作效能评估指标体系，对企业内部审计体系建设、审计监督、整改落实等工作开展抽查，对审计计划执行、审计质量控制、审计结果运用等工作效能进行评估，每5年全部评估1次。对内部审计工作开展不力和存在重大问题的企业印发提示函或

通报，压紧压实内部审计监督责任。

（二十六）加大内部审计责任追究力度。中央企业内部审计机构对重大事项应列入审计计划而不列入，或发现重大问题后拖延不查、敷衍不追、隐匿不报等失职渎职行为，要严肃追究直接责任人员的责任及企业相应领导人员的分管或协管责任；对重大问题应当发现而未发现、查办不力或审计程序不到位的，要逐级落实责任，坚决追责问责。

《关于深化中央企业内部审计监督工作的实施意见》（以下简称《意见》）体现了下列特点：

1）内部审计领导体制

《意见》重点强调要进一步完善企业内部审计领导体制，明确党委（党组）对内部审计工作的顶层设计、统筹协调和督促落实责任，充分体现党对企业的核心领导作用；明确董事长是内部审计工作第一责任人，具体分管企业内部审计。

2）内部审计管理体制

《意见》提出，中央企业应当建立健全内部审计管理体制，重点强调中央企业集团总部应当加强对内部审计工作的统一管控，包括统一制定审计计划、统一调配审计资源、统一确定审计标准、统一把控审计质量，加快形成"上审下"的内部审计管理体制，并对企业二级及以下子企业内部审计机构设置及报告机制提出明确要求。

3）内部审计运行机制

《意见》从内部审计工作实施的广度和深度、信息化建设与应用、与其他内部监督协同配合、审计队伍建设四个方面对中央企业内部审计工作履行提出了明确要求。《意见》还强调，要加强内部审计与企业监事会、纪检监察、巡视、法律、财务、违规责任追究等其他内部监督部门的沟通协调和信息共享，并对企业内部审计队伍的专业化、职业化建设提出了明确要求。

4）内部审计重点领域

《意见》重点从经济责任、提质增效稳增长、主责主业、混合所有制改革、大额资金管控、对赌模式并购投资、高风险金融业务、"三重一大"事项、境外资产、内控体系等十个重点领域或重要事项，对中央企业内部审计提出明确要求。

5）内部审计整改落实与成果运用

整改落实与成果运用是企业内部审计工作必不可少的关键一环。《意见》明确提出，中央企业应当压实整改落实责任，细化落实内部审计机构、被审计对象、相关职能部门三方在审计整改中的责任分工，并强调被审计对象主要负责人是整改第一责任人。通过台账管理、销号制度、跟踪审计、"回头看"等措施，强化对审计发现的整改落实。同时，《意见》明确，中央企业应通过建立审计通报制度，将审计结果及整改情况与干部考核、任免、奖惩相挂钩等措施，充分发挥审计成果对企业内部治理的推动和促进作用。

6）出资人的监督作用

《意见》从三个方面明确出资人应对中央企业内部审计工作强化监督：一是指

导中央企业制定年度内部审计工作计划，加强对企业内部审计工作的统筹谋划和资源整合；二是建立健全出资人检查评估工作机制，探索制定内部审计工作效能评估指标体系，对企业内部审计体系建设、运行和整改落实进行抽查；三是加大责任追究力度，对内部审计工作中存在的失职渎职行为要严格追究直接责任人员和相应领导人员的责任。

1.6 新时代审计工作指导思想

1.6.1 学习贯彻党的二十大精神

习近平总书记在党的二十大报告中指出：深化标本兼治，推进反腐败国家立法，加强新时代廉洁文化建设，教育引导广大党员、干部增强不想腐的自觉，清清白白做人、干干净净做事，使严厉惩治、规范权力、教育引导紧密结合、协调联动，不断取得更多制度性成果和更大治理效能。

我们要落实新时代党的建设总要求，健全全面从严治党体系，全面推进党的自我净化、自我完善、自我革新、自我提高，使我们党坚守初心使命，始终成为中国特色社会主义事业的坚强领导核心。

完善党的自我革命制度规范体系。坚持制度治党、依规治党，以党章为根本，以民主集中制为核心，完善党内法规制度体系，增强党内法规权威性和执行力，形成坚持真理、修正错误，发现问题、纠正偏差的机制。健全党统一领导、全面覆盖、权威高效的监督体系，完善权力监督制约机制，以党内监督为主导，促进各类监督贯通协调，让权力在阳光下运行。推进政治监督具体化、精准化、常态化，增强对"一把手"和领导班子监督实效。发挥政治巡视利剑作用，加强巡视整改和成果运用。落实全面从严治党政治责任，用好问责利器。

1.6.2 中央审计委员会工作部署

2018年5月23日，中共中央总书记、国家主席、中央军委主席、中央审计委员会主任习近平主持召开中央审计委员会第一次会议并发表重要讲话。习近平强调，改革审计管理体制，组建中央审计委员会，是加强党对审计工作领导的重大举措。要落实党中央对审计工作的部署要求，加强全国审计工作统筹，优化审计资源配置，做到应审尽审、凡审必严、严肃问责，努力构建集中统一、全面覆盖、权威高效的审计监督体系，更好发挥审计在党和国家监督体系中的重要作用。

习近平指出，要深化审计制度改革，解放思想、与时俱进，创新审计理念，及时揭示和反映经济社会各领域的新情况、新问题、新趋势。要坚持科技强审，加强审计信息化建设。要加强对全国审计工作的领导，强化上级审计机关对下级审计机关的领导，加快形成审计工作全国一盘棋。要加强对内部审计工作的指导和监督，调动内部审计和社会审计的力量，增强审计监督合力。

习近平指出，要加强审计机关自身建设，以审计精神立身，以创新规范立业，以自身建设立信。审计机关各级党组织要认真履行管党治党政治责任，努力建设信念坚定、业务精通、作风务实、清正廉洁的高素质专业化审计干部队伍。

会议审议通过了《中央审计委员会工作规则》《中央审计委员会办公室工作细则》《2017 年度中央预算执行和其他财政支出情况审计报告》《2018 年省部级党政主要领导干部和中央企业领导人员经济责任审计及自然资源资产离任（任中）审计计划》等文件。

2023 年 5 月 23 日，习近平主持召开二十届中央审计委员会第一次会议强调，发挥审计在推进党的自我革命中的独特作用，进一步推进新时代审计工作高质量发展。

会议强调，审计是党和国家监督体系的重要组成部分，是推动国家治理体系和治理能力现代化的重要力量。党的十九大以来，在党中央集中统一领导下，中央审计委员会推动审计体制实现系统性、整体性重构，走出了一条契合中国国情的审计新路子，审计工作取得历史性成就、发生历史性变革。一是深入推进审计管理体制改革，党中央对审计工作的集中统一领导不断细化实化制度化。二是对中国特色社会主义审计事业的规律性认识不断深化。三是审计服务党和国家大局的主动性更强、契合性更高，独特监督作用更加彰显。四是审计整改总体格局初步成型，审计成果运用贯通协同更加顺畅、权威、高效。

会议指出，做好新时代新征程审计工作，总的要求是在构建集中统一、全面覆盖、权威高效的审计监督体系，更好发挥审计监督作用上聚焦发力。要如臂使指，增强审计的政治属性和政治功能，把党中央部署把握准、领会透、落实好。要如影随形，对所有管理使用公共资金、国有资产、国有资源的地方、部门和单位的审计监督权无一遗漏、无一例外，形成常态化、动态化震慑。要如雷贯耳，坚持依法审计，做实研究型审计，发扬斗争精神，增强斗争本领，打造经济监督的"特种部队"；做好与其他监督的贯通协同，形成监督合力。

会议要求，要扎实做好今年的审计工作，突出重大问题加大审计力度，促进把党中央决策部署贯彻好、落实好。聚焦高质量发展首要任务，加大对重大项目、重大战略、重大举措落实落地情况的监督力度。聚焦稳增长稳就业稳物价，继续盯紧看好宝贵的财政资金，加大对稳经济一揽子政策措施落实情况的审计力度。聚焦实体经济发展，加大对金融支持实体经济、助企纾困政策落实情况的审计力度，推动落实好"两个毫不动摇"。聚焦推动兜牢民生底线，紧盯人民群众最关心最直接最现实的利益问题，推动惠民富民政策落实。聚焦统筹发展和安全，密切关注地方政府债务、金融、房地产、粮食、能源等重点领域，牢牢守住不发生系统性风险底线。聚焦权力规范运行，充分发挥审计在反腐治乱方面的重要作用，坚决查处政治问题和经济问题交织的腐败，坚决查处权力集中、资金密集、资源富集领域的腐败，坚决查处群众身边的"蝇贪蚁腐"。

会议强调，审计整改"下半篇文章"与审计揭示问题"上半篇文章"同样重要，必须一体推进。要把督促审计整改作为日常监督的重要抓手，将审计结果作为干部考核、任免、奖惩的重要参考。对整改不力、敷衍整改、虚假整改的，要严肃问责。

会议要求，各级党委要切实扛起政治责任，提高对审计工作的领导力。主要负责同志要亲自抓、亲自管，充分发挥审计委员会牵头抓总、统筹协调作用。

关键概念

公司治理 审计委员会 内部审计机构 审计关系

本章小结

公司治理是由所有者、董事会和高级管理人员构成的相互制衡关系，内部审计是公司治理的重要组成部分并在其中扮演着重要角色。英美公司治理模式、德国公司治理模式、日本公司治理模式都是在自己国家特有的历史背景下形成的。SOX法案的出台，对公司治理和内部审计产生巨大影响。我国公司治理模式是综合的、具有中国特色的，因而其内部审计也有其特殊性。正确处理好各种审计关系，严格执行内部审计准则，是每一个审计人必须要做到的。

阅读案例

浙江日发数码精密机械股份有限公司内部审计实践①

浙江日发数码精密机械股份有限公司（简称"日发数码"）成立于2000年，位于浙江省新昌县省级高新技术园区的日发数码科技园。日发数码是浙江省机械行业的骨干企业、原国家机械部数控机床重要制造基地、国家级CIMS工程示范企业、国家级高新技术企业。2010年12月10日，日发数码在深圳证券交易所成功上市，公司股票代码为002520。

公司专业生产各类数控机床，引进德国、日本的设计理念和制造技术，产品数控化率达100%，行业排名第一。公司主要产品包括立式数控车床、卧式数控车床、立式加工中心、卧式加工中心、龙门加工中心、数控落地镗加工中心、轴承磨床、数控磨床等8大系列126种规格。产品广泛应用于汽车、航天航空、工程机械、石油化工、冶金等行业。公司经过十多年的发展，目前已进入全国普及型数控机床前五强，多次被中国机床工业协会评为"中国机床行业综合经济效益十佳企业""中国机床行业数控产值十佳企业"，被中国轴承工业协会评为"优秀轴承工艺装备制造企业"。公司贯彻"您只要提出要求，其余让我们来做"的营销理念，全面推行交钥匙工程和完善的售前、售中、售后服务体系，协助客户实现数字化工厂的梦想，确保使用"RIFA"数控机床的每位用户日日发达。

一、机构设立与审计理念

公司于2008年7月设立了内审部，从2009年开始全面开展内部审计工作，至今已累计完成内部审计项目45项（其中优秀内审项目1项）；内审队伍逐渐壮大，现有内审员3人。内审部在公司董事会及审计委员会的领导下独立开展内部审计工

---

① 本案例由该公司内审部黄林军同志提供，浙江省新昌县内部审计协会会长陈茂璋先生推荐。

作，并直接向公司董事长汇报工作，具有很强的独立性。公司以"独立、客观、廉洁、服务"八字方针作为内部审计文化。公司在2010年度和2011年度已连续两次被评为绍兴市内部审计工作先进单位。

树立正确的内部审计职业理念，是内部审计工作得以发展的重要保障。审计人员经过三年多的实践树立了"一个宗旨、两个认识、三个不能、四种意识"的内部审计职业理念："一个宗旨"就是内部审计旨在改善组织管理、降低组织风险、增加组织价值、实现组织目标；"两个认识"就是内部审计人员一要认识到做好内部审计工作必须具有敬业精神，二要认识到内部审计不在于揭示和追究，而在于建议和改善；"三个不能"就是在审计工作中不能以情面代替审计原则，不能以习惯代替审计流程，不能以信任代替相互监督；"四种意识"就是审计人员必须树立风险意识、廉洁意识、服务意识和创新意识。

二、内部审计工作特点

公司内审部受公司董事会直接领导，直接向董事长汇报内审工作，内审工作的独立性很强，审计范围很广。

内审部注重风险控制审计和管理审计，已确立了以风险为导向、以控制为主线、以治理为目标、以增值为目的的风险导向型内部审计模式。

内审部前移了风险控制的工作重心，注重企业风险的事前防范和事中控制。公司注重合同审计，特别重视对合同签订前的风险审计，并将合同风险评审作为签订合同的必经程序，因此内审部参与销售、采购、投资、技术合作、工程建设等重要合同签订之前的合同风险评审。内审部还参与公司重大采购项目、工程建设项目招投标过程的监督，以及公司重大投资项目实施之前的尽职调查和风险评估。

此外，在充分发挥内部审计的监督和评价职能的基础上，更加突出内部审计的咨询和服务职能。

三、开展风险管理审计的主要方面

1.重抓销售风险的控制

（1）销售风险事前控制：内审部加强了对所有销售合同的风险评审和赊销客户的信用评估。

（2）销售风险事中控制：内审部利用ERP系统和OA系统不定期地对销售合同的签订生效、发货签收凭证、货物验收凭证和货款回笼情况进行监督检查，并每月定期对销售应收款进行对账和风险评估。

（3）销售风险事后控制：内审部每月定期对逾期应收款的催讨计划和坏账处理方案进行监督审计，并向董事长和营销部经理提交逾期应收款的分析报告。

内审部通过对销售风险的事前、事中和事后控制，使公司近三年销售坏账率均被控制在万分之五以内。

2.加大管理审计，为企业增值

内审人员加大对工程服务部的售后服务管理审计，提高了公司的售后服务质量和用户满意度，从而增加了老客户的后续订单；加大对物资采购中的供方管理、采购招投标和采购价格的审计，降低了公司采购成本（5%~10%），提高了采购物资的质量，从而提升了机床的材料成本增值率和品质；加大对工程服务物资、生产物资和废旧物资的管理审计，减少了公司的物资流失和浪费，三年累计查出物资浪费约330万元，增加经济效益168万元。

3.增强审计的咨询服务职能

内审人员应向决策层提交全面客观的调查报告、分析评估报告和审计报告，首先应为公司决策层的决策服务，让内部审计成为企业领导的第三只眼睛；应针对存在的问题提出合理的审计建议和改进意见，并将公司员工"敢怒不敢言"的意见和建议真实地反馈到企业决策层，让内部审计成为企业内部沟通的桥梁，从而为改善管理服务；通过座谈、培训等形式向企业相关业务人员和职能部门传授企业经营业务中的风险防范知识和反腐知识，从而让审计为提高企业的风险防范意识和反腐意识服务。

4.积极开展合同审计

合同审计是指内部审计机构和人员对合同的签订、履行、变更、终止过程及合同管理进行独立客观的监督审查和评价。开展合同审计有助于完善合同条款，防范合同风险；有助于强化企业内部风险控制机制，增强相关业务部门的责任意识；有助于确保合同的合法性和规范性，避免或减少合同纠纷，维护合同当事人的合法权益。

四、合同审计实例

合同审计的重点有：合同签订前的审计、合同履行过程的审计、合同日常管理的审计。企业应按合同类型制定相应的合同评审流程。

销售合同评审流程如图1-8所示。

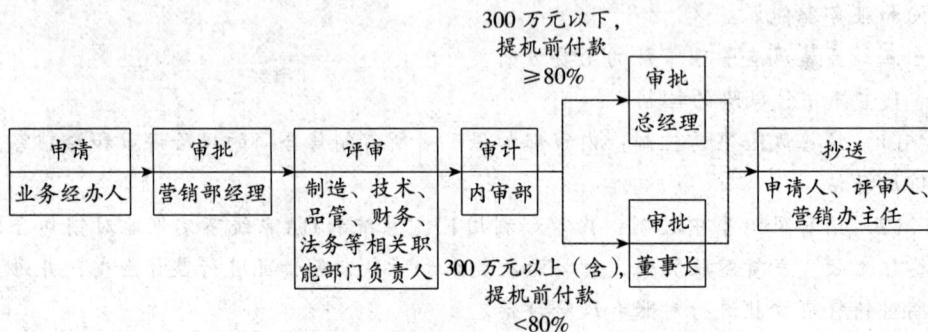

图1-8 销售合同评审流程

（一）合同签订前的审计

1.合同签订前审计的主要内容

（1）审查签订合同的必要性；

（2）审查合同的合法性、合规性和合理性；

（3）审查合同条款内容的真实性、完整性和规范性；

（4）审查对方合同当事人的资信状况和履约能力。

2.实例

买卖合同

买方：上海××公司　　合同编号：SHQZ-ZJRF-20×10615

卖方：浙江××公司　　签订地点：上海市奉贤区　　　　签订时间：20×1/06/15

1.产品名称、型号规格、生产厂家、数量、金额、交货时间：

产品名称	型号规格	生产厂家	单位	数量	单价	合计金额	合计金额（大写）	交货时间
立式数控加工中心	RFMV60		台	10	32万元	320万元	叁佰贰拾万元整	20×1/08/15前

2.质量标准：符合国家标准及技术协议。

3.卖方对质量负责期限：质量"三包"，质保期为1年。

4.包装标准：符合防潮、防湿、防震、防锈等要求，适合于吊运、装卸及长途内陆运输等。

5.交货地点：买方使用地或买方指定地点。

6.运输方式及费用负担：卖方负责将设备运到买方使用地或买方指定地点，运输费由卖方承担。

7.检验标准、方法、地点及期限：按约定的质量标准在卖方现场进行预验收，在买方现场进行终验收。终验收合格之后，如设备存在质量问题，买方仍有权根据技术协议或《产品质量法》等要求卖方按合同总额5%以上的金额支付违约金。

8.设备安装与调试：卖方负责安装调试，买方应配合。

9.设备所有权：自终验收合格后双方签署终验收报告之时起转移。

10.结算方式及时间：承兑汇票结算。合同签订后买方支付合同总额20%定金，预验收合格提货时付40%，终验收合格后付30%，质保期满后付清余款10%。

11.违约责任：若设备延期交货，违约金每天按合同总额3‰计算；若给买方造成损失，由卖方承担全部损失。其他违约责任执行《中华人民共和国民法典》的有关规定。

12.合同争议的解决方法：发生争议，由双方协商解决；协商不成的，依法向合同签订地人民法院起诉。

13.合同生效及有效期：双方签章并收到20%定金后合同生效，有效期自双方签章之日起至合同内容执行完毕止。

14.其他约定事项：（1）若对设备质量无异议，双方应签署终验收报告；（2）本合同及附件即双方确认的技术协议一式两份，双方各执一份，具有同等法律效力；（3）卖方应根据买方的要求开具13%的增值税发票；（4）未尽事宜，双方协商后做出补充协议。

买方：上海××公司　　　　　　　　卖方：浙江××公司

3.实例分析

（1）卖方风险

①生效时间不确定，但交货时间约定太死板，容易造成交货延期。

②交货地点不明确，影响合同实际履行。

③验收时间不明确，影响货款及时回笼。

④所有权转移时间不合理，延长了卖方承担货物风险的时间。

⑤货款支付时间不明确，容易造成货款延期支付。

⑥违约责任约定不公平，质量问题的违约责任不合理。

⑦合同纠纷管辖约定对卖方不利。

（2）买方风险

①合同金额中没有注明是否含税和安装调试费用。

②质保期起算时间不明确。

③售后服务要求及违约责任没有具体约定。

④运输费中没有注明是否含卸货时的吊车、叉车费用。

4.合同条款的审计要点

（1）审查合同条款内容是否符合国家法律、法规的强制性规定，是否损害国家利益和社会公共利益，是否存在以合法形式掩盖非法目的的情形；（合同无效）

（2）审查合同中是否存在重大误解、显失公平条款；（可撤销）

（3）审查合同内容是否符合本企业规章制度的要求；

（4）审查合同价格确定的依据是否符合招标竞价或比价结果；

（5）审查合同中的质量要求及质保期是否与本企业产品相符；

（6）审查履行方式和履行地点是否与实际相符，是否存在风险；

（7）审查结算方式是否符合本企业结算规定，货款是否有风险；

（8）审查违约责任的约定是否明确，是否公平合理；

（9）审查合同纠纷管辖约定是否公平合理。

（二）合同履行过程的审计

1.合同履行过程审计的主要内容

（1）审查实际履行合同的主体是否与合同上约定的当事人一致，有无代为履行现象。

（2）审查合同双方当事人是否按合同的约定履行自己的合同义务。

（3）审查双方当事人在合同履行过程中是否存在违约行为，对违约行为的处理是否及时、正当。

（4）审查合同履行过程中是否存在合同变更、补充和提前终止的现象，理由是否正当，手续是否完备。

2.实例

乙方公司是甲方公司合作多年的铸件供应商。20×1年2月22日，甲、乙双方公司代表在甲方公司签订了一份铸件采购合同，合同约定：甲方公司向乙方公司订购机床铸件510吨，价格按7 800元/吨计算，合同范围内价格不变；具体交货时间和数量按甲方公司的通知履行，如乙方公司延期交货，按1 000元/天支付违约金；合同签订后甲方公司先支付定金120万元（定金在乙方公司履行供货义务后按到货结算价的30%冲抵），其余货款在货到验收合格并收到全额增值税发票后一个月内支付；合同经双方公司代表签字和单位盖章后生效。当天，甲方公司在合同上签字盖章后交乙方公司代表带回公司盖章，并且将120万元银行承兑汇票作为定金支付给乙方公司。

20×1年7月，甲方公司内审部在对采购合同履行情况进行审计时发现：在乙方公司盖章后寄回的采购合同中，乙方公司已单方面将数量510吨改为150吨，将定金改为预付款；由于铸件价格上涨较快，甲方公司不同意价格调整，乙方公司实际向甲方公司供应150吨铸件后就终止了供货；甲方公司采购部一直没有追究乙方公司的违约责任。审计后，甲方公司及时通过诉讼要求乙方公司继续履行合同并承担违约责任，最后双方和解并继续履行合同。

3.实例分析

关于采购合同履行情况的审计要点如下：

（1）加强对采购合同原件及补充协议、变更协议的审核，审查合同上的签字、盖章是否符合要求，在合同履行过程中内容是否有补充或变更，变更的手续是否完备。

（2）审查供方是否按合同约定履行供货义务（包括供货的时间、数量、价格、质量、方式）。

（3）审查供方在合同履行中是否存在违约行为，需方对供方的违约行为是否采取了合理的救济措施。

（4）审查采购价格和货款支付是否符合合同约定。

（5）审查采购合同是否完全履行完毕。

（6）审查采购人员在合同履行中是否存在失职或违规行为。

（三）合同日常管理的审计

1.合同日常管理审计的主要内容

（1）审查企业是否设有专门的管理机构对合同和合同印章进行规范管理。

（2）审查合同上双方的签字、盖章是否符合要求。

（3）审查企业是否已建立完善的合同管理制度，合同管理制度的实际执行情况如何。

（4）审查合同的归档和保管工作是否规范。

2.合同审计的主要方法

（1）合同风险评估分析法

①分析评估合同风险发生的可能性和概率。

②分析评估合同风险发生后对企业的影响程度。

③分析评估企业对合同风险的承受能力和控制能力。

当风险难以量化或者定量评估数据难以获取时，一般采用定性分析法。

（2）合同风险与收益权衡法

①当风险大于收益时，可以根据风险的可控性和企业的风险承受能力来选择签订合同。

②当风险小于收益时，可以先签订合同，再采取控险措施。

③当风险与收益相当时，可以在风险可接受范围内签订合同。

　　总之，风险管理审计是企业现代内部审计的重要组成部分，通过有效的风险管理审计可以提升企业的内部风险控制和科学治理。合同审计是企业风险管理审计的重点，合同签订前的审计又是合同审计的重点，有效的合同审计有利于防范和降低企业的经营风险。

　　亲爱的读者，从该案例的学习中，您对内部审计有何认识？

实务点拨

《论语》与审计工作

第 2 章　内部审计特征

学习目标

通过本章学习，正确把握内部审计的基本特征，以及内部审计与政府审计和民间审计在技术方法层面的区别，从而正确指导内部审计实践。

2.1 　政府审计与民间审计特征比较

2.1.1　政府审计特征

政府审计是由政府审计机关代表政府依法进行的审计，主要是监督检查各级政府及其部门的财政收支及公共资金的收支、运用情况。政府审计的目标是对单位的财政收支或财务收支的真实、合法和效益依法进行审计；政府审计的依据是《中华人民共和国审计法》和政府审计准则；政府审计履行职责所必需的经费列入财政预算，由本级人民政府予以保证；审计机关有权就审计事项的有关问题向有关单位和个人进行调查，并取得有关证明材料，有关单位和个人应当支持、协助并如实提供证明材料；对违反国家规定的财政、财务收支行为，可以在法定职权范围内做出审计决定或向有关主管部门提出处理、处罚意见。

美国政府审计准则将审计工作类型分为财务审计、鉴证业务和绩效审计。

（1）财务审计主要是对被审计单位的财务报表遵循了公认会计原则、在所有重大方面公允表达提供合理保证。

（2）鉴证业务主要是对鉴证事项或与鉴证事项有关的陈述进行检查、审核或执行商定程序并报告其结果。鉴证业务的对象有多种形式，包括历史的或预期的业绩或状况、物理特征、各个历史事件、分析、系统和过程或行为，覆盖广泛的财务或非财务问题。

（3）绩效审计是指对照客观标准，客观地、系统地收集和评价证据，对项目的绩效和管理进行独立评价，对前瞻性问题、有关最佳实务的综合信息或某一深层次问题进行评估。

我国政府审计增加了经济责任审计，突出表现在党政领导干部任期经济责任审计和国有企业及国有控股企业领导人员任期经济责任审计，把对事的审计转向对人的审计。

2004 年 7 月 7 日，具有 83 年历史的美国审计总署正式改变机构名称的用词，英文缩写为 GAO，全称则从 General Accounting Office（直译为总会计办公室）变更为 Government Accountability Office（直译为政府责任办公室）。这一措辞上的变化是美国审计总署近年来工作内容转变的结果，反映了美国审计总署未来的发展方向。

2.1.2 民间审计特征

民间审计是由经政府有关部门审核批准的注册会计师组成的会计师事务所进行的审计。会计师事务所不附属于任何机构，自收自支、独立核算、自负盈亏、依法纳税，在业务上具有较强的独立性、客观性和公正性，并为社会公众所认可。民间审计的目标是注册会计师依法对被审计单位会计报表的合法性和公允性进行审计；民间审计的依据是《中华人民共和国注册会计师法》和中国注册会计师审计准则；审计收入来源于审计客户，由注册会计师与客户协商确定；对审计过程中发现需要调整和披露的事项只能提请被审计单位调整和披露，没有行政强制力，如果被审计单位拒绝调整和披露或审计范围受到限制，可以出具不同类型的审计报告；注册会计师审计通常是定期审计，每年对被审计单位的会计报表审计一次；独立性较强，为需要可靠信息的第三方提供服务，不受被审计单位管理层的制约；委托人和会计师事务所之间是双方自愿选择，没有强制性。

随着信息时代的到来，知识经济的崛起，民间审计业务范围一直在不断丰富与发展，努力为社会提供多元化、全方位的专业服务，以进一步增强可靠性与相关性。多数国家民间审计已触及社会经济生活的各个方面，主要包括：

（1）会计报表审计，即评价会计报表的公允性、合法性。

（2）鉴证服务，就是通过评价某一对象在所有重大方面是否符合既定的标准，以增强有关对象信息的可信性，包括电子商务鉴证、信息系统鉴证、风险评估鉴证、绩效评价鉴证、养老工作鉴证等其他鉴证。

（3）税务服务，包括税务代理和税务筹划。

（4）管理咨询，包括就公司治理、信息系统、经营效益、人力资源等提供专业意见与建议。

（5）资产评估，是对资产现时价值的评估，主要涉及存货和不动产、企业兼并与收购业务。

（6）会计服务，包括代理记账、编制报表和法务会计服务。

2.2   内部审计特征

2.2.1 内部审计"两面观"

目前，外行看审计，还是有很大的误区，认为审计就像魔鬼，审计就是查会计，审计就是找舞弊，审计就是挑毛病，审计就是抓小偷。如果审计挑不出毛病、找不到舞弊就不是审计，审计工作就没有业绩，特别是在每年年底，"防火防盗防审计"的气氛异常浓厚。实际工作中，管理层往往把内部审计不自觉地分成三种类型：看门狗（Watchdog、House Dog）、猎犬（Hunting Dog）、宠物狗（Pet Dog）。亲爱的读者，您喜欢哪一种呢？您所在单位的内部审计又属于哪一类呢？

而内行看审计就不同了，审计人自己总感觉"里外不是人""三百六十行，最难看的脸是审计人的脸""世界上说话最难听的人是审计人"等。为什么? 内部审计的标准难找, 内部审计的责任难以界定, 内部审计的关系难以处理, 内部审计的技术方法变幻莫测, 内部审计的管理方式需要与时俱进, 内部审计职业本身对内部审计人员的素质要求比对国家审计人员和民间审计人员的素质要求更高。其实, 内部审计是一个充满挑战的职业, 是一个激动人心的职业, 每一次审计工作都是全新的旅程, 每一个审计项目都是全新的考验。内部审计有"道"亦无"道"。内部审计, 需要我们在实践中不断创新。

2.2.2 理论分析

国际内部审计师协会认为, 内部审计是一种独立、客观的确认和咨询活动, 其目的在于为组织增加价值并提高组织的运作效率。它采取系统化和规范化的方法, 对风险管理、控制和治理程序进行评估和改善, 从而帮助组织实现其目标。

中国内部审计协会认为, 内部审计是指组织内部的一种独立客观的监督和评价活动, 它通过审查和评价经营活动及内部控制的适当性、合法性和有效性来促进组织目标的实现。

一般认为, 内部审计是由各部门、各单位内部设置的专门机构或人员实施的审计, 主要监督检查本部门、本单位的财务收支和经营管理活动。"内部审计是做总经理想做而又没有做到的事情"。

内部审计的目标是对组织内部的经营活动和内部控制的适当性、合法性和效益性进行审计; 独立性较弱, 为组织内部服务, 接受总经理或董事会领导; 遵循的审计依据是《审计署关于内部审计工作的规定》和内部审计准则; 通常对单位内部组织进行定期或不定期的审计, 根据管理层不同时期的工作需要来安排, 时间灵活; 强制性比较突出, 内部审计是管理层的内部监督, 单位内部的组织必须接受; 审计服务具有内向性、及时性和广泛性。内部审计的根本目的就是: 防范内部与外部的各种经营风险和管理风险, 消除组织与个人可能发生的财务舞弊和管理舞弊, 最终增加组织价值。内部审计的功能有三: 一是制约功能, 揭示差错和舞弊, 维护财经法纪; 二是促进功能, 改善管理, 提高效益; 三是证明功能, 鉴定、证明、公证、取信于民。

内部审计的范围主要有:

(1) 财务审计: 主要内容是会计核算和财务报表方面的审计。

(2) 营运审计: 主要内容是企业营运的效率和效益方面的审计。

(3) 信息系统审计: 主要内容是信息系统的安全性和控制的有效性审计。

(4) 风险管理审计: 主要内容是风险管理系统有效性审计。

(5) 公司治理审计: 主要内容是公司治理方面的情况审计。

(6) 其他审计: 包括环境审计、舞弊审计、专项审计等。

以下流行语有助于理解内部审计:

(1) "21金维他", 健康你我他。(审计理念)

（2）由内而外的保养。（审计理念）

（3）大家好才是真的好。（审计理念）

（4）牵挂你的人是我。（面对被审计人）

（5）舍不得你的人还是我。（面对被审计人）

（6）初恋般的感觉。（面对被审计人）

（7）你本来就很美。（面对被审计人）

（8）爱你在心口难开。（面对被审计人）

（9）真诚到永远。（面对领导）

（10）在大多数人关心你飞得多高时，只有少数人关心你飞得累不累。（面对领导）

2.2.3　若干比较研究

1）政府审计、内部审计与民间审计的综合比较（见表2-1）

表2-1　　　　　　政府审计、内部审计与民间审计的综合比较

比较	政府审计	内部审计	民间审计
服务对象	为国家、政府、公众服务	为本单位适当管理层服务	为需要可靠财务信息的第三方服务
审计范围	政府机构、国有企业公共资金	单位内部财务收支、经营管理、内部控制	一切营利和非营利单位
内容侧重	①财政财务收支合法性审计 ②绩效审计	①经营审计 ②管理审计 ③财务收支审计 ④遵循性审计	财务报表审计
机构模式	立法模式、司法模式、行政模式、独立模式	对董事会负责、对监事会负责、对总经理负责	独资、合伙制、有限公司制
基本特点	①强制性 ②无偿性 ③处罚性 ④定期审计	①审计服务内向性 ②审计业务多样性 ③审计时间不定期 ④持续性审计	①受托审计 ②有偿审计 ③鉴证审计 ④定期审计
管理体制	统一领导、分级管理	依单位实际情况而定	法律规范、政府监督和行业自律
审计人员	高级审计师、审计师和助理审计师（公务员）	国际内部审计师（CIA）	注册会计师（CPA）

2）政府审计、内部审计与民间审计的报告比较（见表2-2）

表2-2 政府审计、内部审计与民间审计的报告比较

比较	政府审计	内部审计	民间审计（财务报告审计）
特点	预算执行与财政财务收支合法性、合规性与有效性	经营活动与内部控制适当性、合法性和有效性	财务报表合法性与公允性
正文内容	审计范围内容 被审计单位情况 被审计单位承诺 审计步骤方法 审计评价意见 审计查明问题 提出意见建议	审计概况 审计依据 审计发现 审计结论 审计建议 其他方面	引言段 管理层责任段 注册会计师责任段 说明段 意见段 强调事项段
报告类型	审计报告 审计结果报告 审计工作报告	中期审计报告 终结审计报告 后续审计报告	无保留意见 保留意见 否定意见 无法表示意见

3）内部控制评价报告与内部控制审计报告比较（见表2-3）

表2-3 内部控制评价报告与内部控制审计报告比较

比较	内部审计：内部控制评价报告	民间审计：内部控制审计报告
内容	①董事会对内部控制报告真实性的声明 ②内部控制评价工作的总体情况 ③内部控制评价依据 ④内部控制评价范围 ⑤内部控制评价程序和方法 ⑥内部控制缺陷及其认定情况 ⑦内部控制缺陷整改情况 ⑧有效性结论	①收件人 ②引言段 ③管理层责任段 ④注册会计师的责任段 ⑤内部控制固有局限的说明段 ⑥财务报告内部控制审计意见段 ⑦非财务报告内部控制重大缺陷描述段

4）内部审计报告比较（见表2-4）

表2-4 内部审计报告比较

比较	终结审计报告	中期审计报告	后续审计报告
内容	①审计概况（立项依据、背景介绍、整改情况、审计目标与范围、审计重点、审计标准） ②审计依据 ③审计发现 ④审计结论 ⑤审计建议	①审计发现 ②审计建议	①回顾上次审计发现问题与原来的结论建议 ②评价被审计单位针对问题采取措施的及时性和有效性 ③存在的问题是否已经解决 ④尚未解决问题的原因及其对组织的影响

2.2.4 国外内部审计概览

没有比较就没有鉴别，在比较中寻求"异中之同和同中之异"（黑格尔语）。在国际内部审计师协会"经验分享、共同进步"宗旨的感召下，研究比较异国内部审计，对我国内部审计工作的开展具有现实的指导意义。

2.2.4.1 澳大利亚的内部审计

澳大利亚的内部审计起源于20世纪20年代，大中型工商企业开始建立审计委员会，到50年代已经具备了现代内部审计的基本框架。澳大利亚的内部审计现阶段主要特点是：（1）没有明确的法律规定必须在公司内部设立审计机构，但是大型企业一般都自觉设立审计委员会，并设置内部审计机构、配备专业审计人员，为公司领导提供高效、合理的建议。企业进行内部审计管理是一种自觉的、主动的行为，是企业管理不可缺少的重要组成部分。（2）审计部门直接对董事会设立的审计委员会负责，不受公司经营管理者和管理部门的影响，建立了审计工作的独立性、权威性和客观性。审计报告直接送至首席执行官，同时抄送内部审计协会。（3）澳大利亚规定从事内部审计的人员必须是注册会计师，必须具有执业资格证书。（4）审计工作涉及企业管理的各个方面，审计工作已经起到综合管理的作用。（5）外部审计与内部审计具有良好的协调关系。

以BHP钢铁公司为例，该公司是澳大利亚最大的钢铁公司，位于新南威尔士州，具有88年历史，员工11 000多名，产量占澳大利亚和新西兰市场的80%。内部审计是在董事会设立的审计委员会下开展工作，由董事会直接领导；审计部门的年度财务预算和审计人员的工资、奖金都由审计委员会决定；公司内部审计部门不仅对公司金融和财务管理以及领导人员的调离任进行审计，而且对公司的供应管理、生产管理、产品质量管理、市场预测及销售管理、经营风险管理、生产安全管理进行审计；每年年初对各管理部门提出审计要求，年终对各管理部门进行年度审计并出具报告，定期向董事会报告审计结果，列示公司的潜在风险，提出规避风险的措施。

2.2.4.2 奥地利的内部审计

奥地利的内部审计现阶段主要特点是审计机构独立、审计结果公开、审计内容丰富，这些是与其他国家的共同点。此外，其主要特点还有：

（1）目的十分明确，每个审计项目突出目标、规划、决策、执行、监督五个控制环节。

（2）强调经济性、效率性和效果性审计。

（3）注重风险审计，分四个步骤：一是确定风险分析对象，把整个企业的风险分为高风险区域、中风险区域等，或者分为战略风险、部门风险和操作层面风险等；二是明确具体风险，即哪些方面可能会有问题；三是分析风险，即对已明确的具体风险进行评估，排列优先顺序，并确定相关控制措施；四是通过风险规划来规避风险、监视风险、管理风险，帮助企业渡过难关。

2.2.4.3　德国的内部审计

1875 年，德国最大企业之一的克虏伯公司（主营采煤、冶金、机械、军火）率先实行内部审计制度。德国的内部审计现阶段主要特点是：（1）总经理领导下的内部审计机构是主要形式，少数企业在董事会下设置内部审计机构且隶属于董事会，西门子公司就是如此。（2）内部审计人员有两种，即专职审计人员和监事，其中专职审计人员是主体。对内部审计人员的学历、专业和经验没有专门法律规定，但实际上对内部审计人员素质要求很高，一般为本科以上学历，熟练掌握外语和计算机技术。以奔驰公司内部审计部为例，其直接隶属于董事长领导，配备约20名内部审计人员，公司要求内部审计人员懂得2~3门外语，熟悉两国以上的法律和文化及计算机系统，具备专业知识和领导才能等，但对内部审计人员的专业背景没有严格限制，可以来自经济、金融、会计专业，部门内工程师、会计师和经济管理人才各占1/3。这一方面是为了满足内部审计范围较广的需要，另一方面是为了发挥不同专业的协同效应。（3）审计范围涉及财务收支审计、内部控制审计、经营审计、人事审计、管理效益审计、舞弊审计、环境保护审计等。（4）在审计方法与程序上，德国的内部审计是风险导向的典型代表，内部审计根据企业各个领域发生风险的概率大小来确定审计对象、内容和时间，而且内部审计部门还要对审计项目的风险水平与审计投入产出进行分析，力求在确保控制企业主要风险的前提下实现内部审计的经济效益。（5）注重审计目标，讲求实效，必须做到合法、安全和经济。

2.2.4.4　法国的内部审计

法国的内部审计具有100多年历史，现阶段主要特点是：（1）内部审计的主要职责是服务，帮助组织各层次人员实现其工作目标，审计部门与管理层之间是伙伴关系，而不是"警察与小偷"的关系。（2）内部审计部门已经成为创造价值的部门，以风险评估为主要工作内容，及时发现各种风险，提出规避风险的意见和建议。（3）审计机构的独立性很强。内部审计机构的计划由董事会批准实施，不列入企业其他计划。内部审计负责人直接对董事长负责，向董事会、审计委员会报告工作，可以对企业任何部门、个人进行审计，各级管理人员、总经理乃至董事、董事长都必须接受审计，不得拒绝和设置障碍。对于审计报告中提出的意见和建议，被审计单位要在限期内予以实施。（4）审计工作注重科学性和实效性。每年制订的审计计划都不是随意的，而是听取多方意见进行综合评估的结果，一般会提出大于计划一倍以上的项目，然后从中筛选年度审计项目，力求用最经济的方式对最关键的领域进行审计，十分注重实效。（5）对内部审计人员素质要求高，一般要求本科以上学历，具有良好的专业知识和组织能力，熟练掌握1~2门外语及计算机技术，同时具有良好的道德品质。内部审计部门不仅具有财务、管理专家，而且有技术、计算机、法律方面专业人才，很多审计人员是复合型人才。内部审计部门实行定期岗位轮换制度，内部审计人员在审计岗位工作3~5年后，要到其他管理岗位工作，以保证工作活力。（6）外部审计与内部审计具有良好的协调关系。

2.2.4.5 英国的内部审计

英国的内部审计历史悠久，内部审计活动的开展可以追溯到诺曼人和古罗马人统治时期。英国的内部审计现阶段主要特点是：（1）内部审计角色由以往的"监督和复核"转换为"保证和建议"，由"内部警察"变为"保健医生"。（2）法律并没有强制性要求各企业建立内部审计机构，但是各企业出于内部管理的需要都建立了内部审计机构。内部审计部门在行政上受总裁领导，在业务上受审计委员会领导。（3）内部审计监督体系为审计委员会、内部审计部门和委托外部会计师事务所。审计委员会隶属于董事会，一般至少3名非执行董事，主要职责为审核公司重大财务报告问题，评价公司内部财务控制和风险管理程序的完整性及有效性，评价内部审计工作，监控外部审计师提供的审计服务，关注公司内部的舞弊预警信号。审计部门承担具体内部审计事务，内部审计主管随时可以向企业高级管理人员和审计委员会报告，并对审计报告全权负责，任何人无权更改审计报告。在审计业务量大时，审计委员会可以决定将某些专项内部审计业务外包给会计师事务所，如企业年度决算报表审计和纳税审计。内部审计部门和会计师事务所之间可以相互评价对方的审计工作情况。（4）内部审计关注的热点问题有风险与风险管理、公司治理、信息系统审计。（5）内部审计被认为是很好的职业，对初级审计人员和中级审计人员需求量很大。内部审计职业要求严格，不具备一定专业素质、管理水平和实践经验的人员不能到内部审计部门工作，准备提拔的高层管理人员也需要有内部审计的工作经历，内部审计岗位具有很强的吸引力。（6）内部控制自我评估（CAS）日益受到重视。

2.2.4.6 美国的内部审计

美国的内部审计可以追溯到20世纪初在铁路系统开展的内部稽核。美国的内部审计现阶段主要特点是：（1）内部审计已经发展为一种公认的职业。（2）世界上第一个内部审计师职业组织成立，并发展为国际性组织。（3）审计师的要求为必须具备丰富的专业知识，必须经过注册内部审计师资格考试，严格遵守职业道德标准。（4）内部审计组织具有较高的地位和较强的独立性。（5）开拓了经营审计，以提高效率、降低成本、增加利润。

下面以美国通用电气公司（GE）内部审计为例加以说明：（1）内部审计工作目标是"超越账本，深入业务"。（2）GE的内部审计人员绝大多数是工作过几年的年轻人，其中80%有财会学历，15%有相关产业知识背景和管理方面经验，5%进行过信息处理。审计部门要求每个新人都能带来他人所没有的新思想或无法做到的新贡献，不同的经历和见解有助于问题的发现和解决，要求其工作专注，有极高的自觉性、积极性和创造性。公司每年从几百个报名者中精心挑选几十名进入审计部门，同时从审计部门输送同样数量的人去充实各业务集团的管理干部队伍。包括副总裁在内的各级管理干部中有相当多的人有过审计工作经历，整个GE中级以上财会管理人员中有60%左右是由审计部门输送的，每年离开审计部门的人员中有40%可以被直接提升为中级以上管理人员。（3）审计工作的安排独具匠心，平均每

3 个月，审计人员就接受一项新任务，每次都是不同的审计对象、不同的组成人员、不同类型的业务问题，审计人员互相学习借鉴，在对比中发现问题。(4) 在审计的独立性、权威性以及审计方法的先进性、注重实效等方面，GE 的内部审计与其他国家的企业内部审计一样。

2.2.5　浙江内部审计实践探索

1) 正泰集团内部审计实践

正泰集团组建于 1994 年，其内部审计机构诞生于 1997 年，创立了以需求为导向的内部审计模式。一是集团公司在不同发展阶段，根据具体需求，先后开展了被并购企业资产质量分析检查、内部控制审计评价、经济效益审计、专项审计调查以及规范财务收支审批制度等各项审计工作，促进集团健康发展。二是每年 12 月份开展"下年度内部审计需求调查"，向各个职能部门征求意见，特别是咨询服务需求调查，根据需求反馈信息，安排下年度审计项目，拓展审计服务领域。三是从其他方面积极发现审计需求。例如，优先安排董事会、监事会或管理层要求的审计项目；对员工普遍关心的热点问题（食堂、工会、物业、废品处理等）纳入内部审计需求的选择范围；对审计事项的整改，先由被审计单位自查自纠，审计部门再进行实地抽查，对所有审计项目进行全面跟踪检查，把部门自查自纠和审计部门抽查发现的突出问题和普遍问题都作为内部审计需求的关注点。

2) 杭州日报报业集团内部审计实践

杭州日报报业集团的内部审计工作起始于 2004 年。面对审计业务量大而审计力量配备不足的矛盾，集团在各个报刊、经营部门、全资子公司建立审计联系人制度。例如，《都市快报》配备了专职的内部审计人员；《萧山日报》则整合内部资源开展内部审计工作，形成审计工作联系网络，适度借助相关人员的力量开展内部审计工作，专职与兼职相结合，既加强了审计信息的对称性，又节约了审计成本，提高了审计效率。同时，建立审计联系人例会制度，每季度召开审计联系人工作例会，充分了解审计信息，评价审计工作，保证内部审计意见和决定落实到位。

3) 杭州市城市建设投资集团有限公司内部审计实践

杭州市城市建设投资集团有限公司成立于 2003 年，是杭州市政府出资并授权经营的国有独资有限公司，涵盖公共交通、城市供水、供气、市政工程、垃圾污水处理、热电、房地产开发、建筑工程、科研设计等九大行业。由于行业多、经济业务复杂，该公司建立了审计巡检工作机制，在公司范围内组建了一支政治素质过硬、有一定工作和管理经验，并由各方面专业技术人员组成的巡检队伍，把内部审计工作和集团公司党风廉政建设工作有机结合，把经济责任审计与党务政务工作有机结合，以促进领导干部加强管理、防范风险，对各个单位的政策执行、制度建设、内部控制、风险管理、财务管理、薪酬管理、投资建设、人力资源等各项经济活动定期实施全面的监督检查。巡检工作分为巡检准备阶段、巡检动员阶段、现场工作阶段、巡检报告阶段、结果反馈和问题整改阶段、巡检回访阶段等六个主要步骤。巡检采用了"听、查、谈"方式，听取各种汇报，受理来信、来电、来访，召开集体座谈会或进行个别谈话，收集分析各种书面资料，使巡检审计工作呈现"范围大、方式多、重服务"的特点。

4）浙江大学内部审计实践

浙江大学充分认识到，只重审计、不重整改是难以发挥审计成效的，因此审计处狠抓审计整改，注重审计实效，积极创建了完备的审计整改制度。自2008年以来，学校审计工作由校长直接主管，每个项目审计报告都要抄报校党委书记、校长、分管组织工作的党委副书记和其他相关学校领导，定期综合分析审计结果和整改情况，将严重问题、重大风险和整改结果编印审计简报，报送领导班子全体成员，供学校领导决策参考。学校还建立了领导干部经济责任审计联席会议制度，联席会议由纪检、监察、组织、人事、财务、审计等部门负责人组成，每半年召开一次联席会议，对审计发现问题的整改做出决议，明确整改落实责任单位，并以学校专题会议纪要形式印发相关部门，加大审计整改力度。审计处把审计发现的问题分成三类：一是属于被审计单位自身的问题，可以通过审计督促进行自我整改加以解决；二是在被审计单位发现但是属于其他单位也存在类似情况的普遍性问题，这就需要相关部门积极配合共同努力，将审计整改推而广之；三是属于体制内存在的问题，审计处需要积极联系其他部门，协商解决。审计处还建立了完善的审计跟踪制度和后续审计制度，出具审计"三函"，根据管理需求和问题严重程度分别发出审计咨询建议函、审计整改函和审计关注函。对于被审计单位提出的管理需求，出具审计咨询建议函；对于审计发现的问题，出具审计整改函，督促问题整改，并限期反馈整改结果；对审计发现重大问题或长期不能解决的问题，并且具有普遍性、给学校带来较大经济风险的，向相关部门发出关注函，提醒相关领导重视。

5）浙江省地质勘查局内部审计实践

浙江省地质勘查局于2006年设立审计处，人员编制只有3名，承担了15家局属单位的年度经济责任审计，审计力量与审计任务的矛盾比较突出。2009年浙江省地质勘查局建立特约审计员制度，给局属单位的17名同志颁发特约审计员聘书，聘请其参与经济责任审计、工程项目招投标审计、工程项目跟踪调查以及各种财务收支审计等工作。特约审计员队伍的建立，充实了审计队伍，拓展了审计范围，做到了审计关口前移，提前化解风险。为了使特约审计员提高业务水平，浙江省地质勘查局定期开展业务培训和经验交流，大家一起研究审计方法、创新审计思路，使审计工作知识化、专业化、大众化。

6）嘉兴市秀洲区王店镇人民政府内部审计实践

嘉兴市秀洲区王店镇人民政府自2006年成立由镇长分管的专职内部审计办公室以来，审计工作不断创新，讲实效、重实效，为促进当地经济健康发展发挥了重要作用。其主要做法有三：一是事前把关看住权，廉政建设保护干部。内部审计将监督关口前移，加大对各个部门、行政村各种投资项目的监督检查，凡是投资在1万元以上的建筑、装潢、道路、桥梁、水利、绿化等建设项目，不仅保证招投标工作公开透明，而且审计工作时时跟进，核减工程造价，降低成本提高效益。二是同步指导管好钱，促进整改加强规范。审计部门在审计过程中注重指导与服务，做到边审计边整改，针对发现问题及时召集被审计单位相关人员召开座谈会，共同分析原因研究对策，及时完善规范制度。三是主动跟进办难事，落实政策维护稳定。为了促进有关政策落实到位，保证重点工程顺利进行，审计部门主动跟进，变事后审计为事前服务，在政策制定、资金结算、征地丈量、拆迁结算等方面层层把关，及时化解各种社会矛盾和难题。

7）雅戈尔集团内部审计实践

雅戈尔集团为最大限度地预防和降低经营风险，推行了审计联络员制度，实现了事后审计向事前、事中和追踪审计转型。2004年雅戈尔集团参照审计署审计特派员、财政部财政驻厂员、税务专管员办法起草了《审计联络员制度》，目的是实时了解联络企业情况，构建集团与下属企业的信息反馈渠道，促进企业建立健全内部管理体制。具体做法是，为每位审计人员指定1~2家联络企业，每周安排1~2天时间去下属企业，沟通了解财务经营情况、制度建立与执行情况、对外投资情况等，重点掌控大额资金流向。审计联络员定期以书面形式汇报工作情况，并对审计联络时发现的企业中存在的困难和问题向主管领导反映，使公司领导及时掌握重大情况，同时将领导意见传达给对方企业，做好有效沟通，充分发挥审计联络员的纽带作用，同时为常规的审计工作做好铺垫，将很多问题消灭在萌芽状态。通过实施审计联络员制度，审计部门感到审计信息的渠道更加宽广和通畅。

2.2.6　审计文化

《周易·贲卦·彖》载："刚柔交错，天文也；文明以止，人文也。观乎天文，以察时变；观乎人文，以化成天下。"文化的基本含义是文治教化。文化是铭刻于人们内心的，是慢慢形成的。文化是一种沟通体系，它把人类的生物和技术行为完美地融合到语言体系和非语言体系中，使人类得以生存和发展。文化通常包括信仰、价值观、语言、行为以及生活方式等方方面面。文化建立了一套行为模式和执行标准，以及人与人之间和人与环境之间关系的处理方式，从而减少了许多不确定性，提高了社会成员对事物发展的可预测性。文化是一种介质，它可以将个人想法变成公开的观点，让社会中的其他成员去理解。同时，文化使每一个新生代能在代与代之间的隔离中架起稳固延续的桥梁。

审计文化是审计人的共同信仰和共有价值观，具体包括物质文化、行为文化、制度文化和精神文化。

物质文化是指审计人员工作的环境、办公条件和生活环境，以及各种审计报告和审计公告等方面。物质文化是最表层的审计文化，是行为文化、制度文化和精神文化的外在表现。它一方面受到行为文化、制度文化和精神文化的制约，具有从属性；另一方面又是社会和人们感受到审计文化存在的外在形式，具有形象性和生动性。

行为文化是指审计人员在审计过程中的活动文化，是以审计人的具体行为形态为存在形式。行为文化是浅表层的审计文化。它一方面不断向审计人的意识转化，影响审计精神文化的生成；另一方面又不断向审计人的物质文化活动转化，最终物化为审计物质文化。审计职业判断能力、职业怀疑能力、想象能力、取证能力等都是审计行为文化的具体体现。

制度文化是指审计组织为了达到特定目的所制定的行为规范，是人为制定的程序化、标准化的行为模式和运行方式，带有鲜明的强制性，具有基础性作用。内部审计工作规定、内部审计准则以及内部审计机构的各种工作制度、责任制度、行为规范制度、考评办法、质量管理制度等，都是制度文化的具体体现。

精神文化是一种最深层次的文化，处于审计文化系统的核心，既是其他文化层次的结晶和升华，又是其他文化层次的支撑。文化的核心是价值观，价值观是形成制度的直接依据。审计人员的价值观、审计职业道德等是重要内容，具体表现为独立、客观、公正，坚持原则、依法审计，严谨细致、开拓创新等方面。

审计特有的精神文化似莲花又似梅花，高贵典雅，至清至纯，坚强执着，不畏不惧。

周敦颐在《爱莲说》中写道："水陆草木之花，可爱者甚蕃。晋陶渊明独爱菊。自李唐来，世人盛爱牡丹。予独爱莲之出淤泥而不染，濯清涟而不妖，中通外直，不蔓不枝，香远益清，亭亭净植，可远观而不可亵玩焉。"意思是说，水里边和陆地上的草木，可爱的有很多。晋朝的陶渊明独爱菊花。从唐朝以来，世上的人们很喜爱牡丹。我则唯独爱莲花，莲花从污泥中生长出来，却不沾染污秽，它经过清水的洗涤，却不显得妖艳。它的茎中间空、外部直，不生枝蔓，也不长旁枝，它的气味清香，越远越觉得它香，它挺拔、洁净地立在那里，可以远远地观赏它，但不能玩弄它。

陆游在《卜算子·咏梅》中写道："驿外断桥边，寂寞开无主。已是黄昏独自愁，更著风和雨。无意苦争春，一任群芳妒。零落成泥碾作尘，只有香如故。"意思是说，驿亭之外的断桥边，梅花自开自落，无人理睬。暮色将临，梅花无依无靠，已经够愁苦了，却又遭到了风雨的摧残。梅花并不想费尽心思去争艳斗宠，对百花的妒忌与排斥毫不在乎。即使凋零了，被碾为泥浆了，梅花依然和往常一样散发出缕缕清香。

毛泽东在《卜算子·咏梅》中写道："风雨送春归，飞雪迎春到。已是悬崖百丈冰，犹有花枝俏。俏也不争春，只把春来报。待到山花烂漫时，她在丛中笑。"

愿我们的审计人员既有莲花正直高洁的品格，也有梅花凌霜傲雪的风骨，坚守审计特有的精神文化。正如《孟子·滕文公下》所载："居天下之广居，立天下之正位，行天下之大道。得志，与民由之；不得志，独行其道。富贵不能淫，贫贱不能移，威武不能屈，此之谓大丈夫。"

关键概念

内部审计特征　内部审计范围　审计文化

本章小结

内部审计相对于政府审计和民间审计来说更具有挑战性。内部审计的范围远远超越了财务收支和财务报告，涉及更为广泛的风险管理和经济效益审计。内部审计的功能不仅仅是监督，更主要的是开展各项服务。内部审计不仅需要多种多样的技术方法，更需要丰富多彩的管理方法。内部审计人员不仅需要懂得财务会计知识，更需要掌握法律、税收、管理等多方面的知识。但是，目前内部审计的理论远远落后于审计实践，需要各位同仁共同努力。可以说，莲花的品格和梅花的风骨是永恒的审计精神文化。

阅读案例

千年舟集团"共建共治共享"的审计管理①

一、千年舟集团简介

千年舟集团始创于 1999 年，集多品类中高端板材的研发、生产、销售于一体，致力于向终端消费者提供绿色、环保、高品质的装饰板材及其配套产品，并积极向下游定制家居、装配式建筑木质构件等业务延伸，主持或参与制定国际标准、国家标准、行业标准、团体标准和"浙江制造"标准，拥有多项授权专利。作为杭州 2022 年第 19 届亚运会官方板材供应商，集团累计有 6 个产品获得浙江省"品"字标认证，12 项产品获得浙江省省级工业新产品称号。近年，集团在山东日照、郯城两地建成刨花板、LSB、OSB 生产基地，助力公司在碳达峰、碳中和目标推动 OSB 等低碳木竹建材应用的背景下形成差异化的产能优势。

集团目前拥有十多家分、子公司，员工人数 2 000 余人，审计部成立于 2015 年，2018 年正式开始采用风险导向的经营管理审计，2019 年吸收法务打假职能并改组为审计监察部。审计监察部以"共建共治共享"为管理理念，以"防风险、促管理、增价值"为价值导向：通过赢得高层支持，共建审计环境；通过集团管理部门的协同和分、子公司的整改落实，间接参与共治，推动管理提升；通过奖励激励机制，让审计人员和公司共享审计价值增值，实现公司价值和个人价值的统一。近年来，审计部门得到迅速发展，使得审计价值得以充分体现，受到集团董事会高度认可，先后获得"优秀团队""卓越团队""总裁特别奖"等殊荣。

二、共建良好环境，为审计工作提供保障

在民营企业中，审计环境往往是制约审计工作开展的关键因素。千年舟集团通过组织架构设置、高层领导认可以及审计部门积极宣传，打造了良好的审计环境。

1.审计负责人兼任纪委书记，提高部门独立性和权威性

审计监察部隶属于董事会下的审计委员会，保障了审计独立性。此外，在重视党建工作的千年舟集团，集团纪委书记职务由审计部门负责人兼任，进一步提升了内部审计工作的全面性和权威性。

---

① 本案例由千年舟新材科技集团股份有限公司王杰华、陈瑶瑶提供。

2.高层领导高度重视，为审计工作的开展提供保障

审计监察部直接向董事长汇报工作。针对每份审计报告，董事长都很重视并批示整改意见。对于突出问题，审计监察部可以直接召集集团副总裁及各分、子公司总经理等相关人员召开专项整改会议。董事长多次强调："国家有审计署，有中央纪委国家监委，企业有内部审计部门。该部门是必设部门，他们什么都可以审计监督"；"只要大家都站在公司立场上，有追求不断改进、提升的想法，审计就是来帮助你们的"；"各单位要抱着积极的心态，主动要求审计"。

3.审计部门积极宣传审计，提升各单位对审计的配合度

为加强审计宣传及推动审计落地，审计部门定期向集团发布"审时适度、推动改进、献计运营、追求卓越"的审计内刊。审计内刊主要宣传审计文化，通报典型问题，分析典型案例，宣传廉洁自律等。通过审计内刊的持续宣传，各单位各部门都提高了对审计的认识，并且更加重视审计工作。

三、完善管理体系，确保审计工作质量

1.审计与监察协同配合，提供专业性保障

审计监察部设审计科和监察科，编制15人，其中研究生学历3人次，中高级职称4人次，具有国际注册内部审计师资格（CIA）4人次，保障了审计队伍的专业性。审计科侧重对分、子公司经营管理进行审计，监察科侧重对市场、采购及纪律执行进行监督，必要时审计与监察联合形成小组，协同配合，提高工作效率。

2.构建三级管理制度体系，保障审计质量

为保证审计工作的质量，审计监察部建立了"三级管理制度体系"（如图2-1所示，一级为工作准则，二级为基本管理规范，三级为具体业务操作指南），以规范和指导审计工作开展；明确要求审计人员遵循"一个目标，两个抓手、三重素养、四项纪律、五个要求"工作准则，并将其张贴在每位员工工位上（如图2-2所示）。

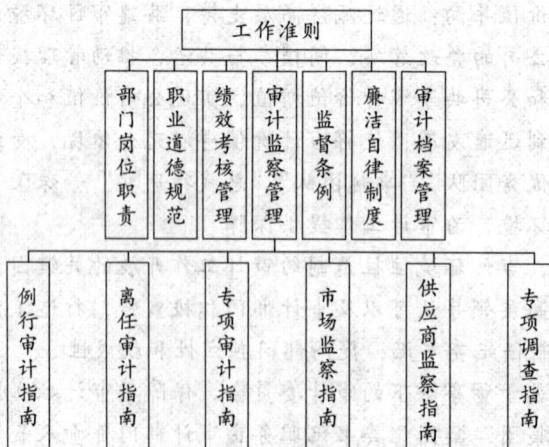

图2-1 三级管理制度体系

审计监察部工作准则

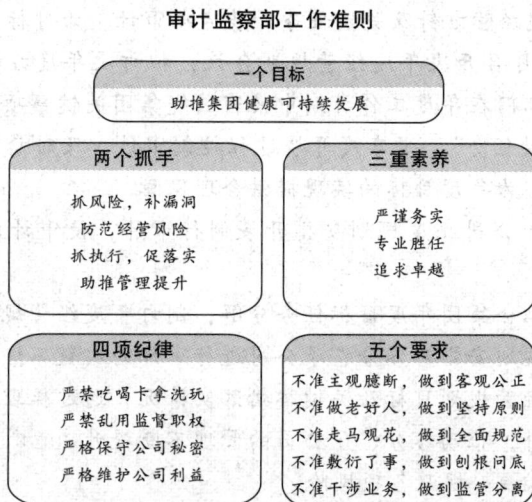

```
┌─────────────────────────────┐
│          一个目标            │
│     助推集团健康可持续发展    │
└─────────────────────────────┘

┌──────────────┐    ┌──────────────┐
│   两个抓手    │    │   三重素养    │
│              │    │              │
│ 抓风险，补漏洞 │    │   严谨务实    │
│  防范经营风险  │    │   专业胜任    │
│ 抓执行，促落实 │    │   追求卓越    │
│  助推管理提升  │    │              │
└──────────────┘    └──────────────┘

┌──────────────┐    ┌──────────────────────────┐
│   四项纪律    │    │        五个要求            │
│              │    │                          │
│ 严禁吃喝卡拿洗玩 │    │ 不准主观臆断，做到客观公正 │
│ 严禁乱用监督职权 │    │ 不准做老好人，做到坚持原则 │
│ 严格保守公司秘密 │    │ 不准走马观花，做到全面规范 │
│ 严格维护公司利益 │    │ 不准敷衍了事，做到刨根问底 │
│              │    │ 不准干涉业务，做到监管分离 │
└──────────────┘    └──────────────────────────┘
```

图2-2　审计监察部工作准则

3.建立贡献奖励机制，共享价值增值，激发审计人员干劲

为激发团队活力，审计监察部建立了绩效考核管理机制，除了从审计项目、规范性、报告质量、问题风险点等方面定量考核外，对于审计中发现的重大问题、挽回损失、通过采纳审计建议产生增值事项，均按一定比例或一定金额进行奖励，充分体现审计人员按贡献分配原则，也调动审计人员挖掘审计创造价值的积极性。

四、开展战略审计，为企业保驾护航

1.围绕集团战略布局，为公司战略保驾护航

审计监察部始终坚持围绕集团战略目标制订审计规划，围绕集团"一核两翼三驱动"战略规划，从经营、管理、内控执行等维度入手，以审计和监察为抓手布局审计，围绕"一核战略"开展经营管理审计，围绕"两翼战略"开展市场监察和供应监察，围绕"三驱动战略"开展专项审计，为集团战略的落实保驾护航，促进集团战略目标实现（如图2-3所示）。

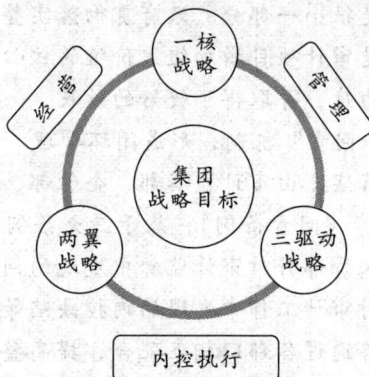

图2-3　集团"一核两翼三驱动"战略规划

2.围绕集团年度经营方针及关键任务开展专项审计，为目标实现提供合理保障

集团于每年10月召开次年度经营规划会议，拟订次年度经营目标方针。为确保目标实现，审计部门在年度工作计划中紧密围绕集团关键事项做好审计安排，如围绕集团"十大关键任务"，每季度开展过程控制审计，及时总结并梳理存在的问题，避免走偏走远，为年度目标的实现提供合理保障。

3.围绕各分、子公司年度规划安排开展例行审计，使审计成为管理提升的助推器

各分、子公司结合集团年度目标任务分解，制订年度经营规划及关键举措。审计部门围绕其年度规划安排对各分、子公司进行审计的次数不少于一年一次，在审计过程中重点关注经营规划目标及关键举措落实情况，通过梳理经营管理中存在的问题，督促整改提升，推动各分、子公司的管理不断提升。

五、强化过程控制，规避各项风险

1.强化事前控制和过程监督，提前规避风险

对于公司重大采购、招投标、工程管理、重大资产处置等重大事项，审计部门均参与过程监督，通过事前、事中审计，参与过程控制，规避管理风险。

2.防促并重，重在预防

审计部门建立廉洁自律制度，进行多场次的线上线下培训宣传与贯彻执行，组织关键岗位人员以及管理层参观监狱警示教育基地，与管理层签订廉洁倡议书，每年度进行廉洁表彰和重大节日廉洁提醒，倡导廉洁自律文化，从思想上预防员工的行为风险。

3.定期梳理典型问题，自查自纠，力争做到"发现一个问题，解决一类问题"

每年均对审计项目进行综合性的复盘分析，总结提炼具有苗头性、倾向性、普遍性问题及典型个案，梳理出自查自纠的问题清单，并下发给各分、子公司进行自查自纠，起到预防性控制作用。

六、共同推动闭环整改，实现价值增值

一个审计项目，从立项到出具报告，工作量就完成了80%，甚至达到90%，但是对于企业的价值而言仅是很小一部分。只有贯彻落实整改，才能真正实现审计增值功能，因此，审计整改是审计项目增加组织价值的核心工作。千年舟集团审计部门运用多种方法加大整改力度，并取得了较好的效果。

1.建立"监督—奖惩—问责"机制，形成闭环管理

为强化集团监督管理落实，由审计监察部、企管部、人资部三个部门联合制定了《监督条例》《奖惩条例》《问责条例》，基于三大条例形成闭环管理，由审计监察部全面履行监督职责，人资部针对审计监督中发现的问题兑现奖惩并对失职失责行为进行问责，企管部针对审计工作中发现的内控缺陷等问题督促完善内部机制并下发审计整改追踪表，最终通过各部门相互配合，提高整改效果。

2.将审计整改纳入审计人员的考核项，提高整改成效

为确保审计价值的实现，审计部门将审计整改纳入审计人员的考核项，要求审

计过程中审计人员与相关责任人有效沟通，在退出会议前做好培训宣传并形成一致意见。在审计报告征求意见环节，被审计单位须落实整改责任人、整改方案、整改期限等，为审计问题得到有效整改提供保障。

3.将审计整改完成率纳入集团副总裁的考核项，确保审计整改成效不打折扣

为进一步推动整改力度，集团将审计整改完成率纳入集团副总裁的考核项，并于每月在一楼大厅公示。该举措不仅体现出千年舟的"赛龙舟"精神，更是大大提升了各单位对整改工作的重视程度。

七、共建共审共治，共享审计成果

1.通过审计推动公司整改，促进公司管理提升，实现审计价值增值

近年来，审计部门每年通过审计工作提出上百条改进建议，推动数十项公司内控流程制度改进；通过评估近三年公司内控指数，促进内部管理水平大幅提升；通过审计发现问题规避风险及督促审计建议改进落实，为公司创造价值、挽损、止损及产生间接效益数百万元。

2.总结典型案例，分享优秀管理经验

针对审计过程中发现的典型问题或重大问题，编写成案例，提交集团人才学院用于培训教育。审计部门每年输出典型案例20余个，其中40%以上被评为优秀案例。

3.共享审计价值增值，成就审计人员价值

对于审计挽损、止损及通过审计建议产生经济利益，集团按绩效奖励政策给予奖励；对于通过审计规避重大风险和解决突出问题，集团按贡献大小给予一定金额的奖励；对于其他形式的审计价值增值，集团每年还会兑现额外奖励。集团通过共享审计价值增值，充分激发了审计人员的工作积极性和个人成就感。

实务点拨

从五个哲学观看哲学对审计工作的指导作用

第 3 章　内部审计人员与行业协会

学习目标

通过本章学习，了解内部审计人员职业道德的基本内容，了解内部审计人员执业能力的基本要求，了解内部审计协会的基本情况；重点把握职业道德作为内部审计职业规范对内审人员的重要意义，在市场经济条件下内部审计人员应当具备的执业能力。

3.1　内部审计人员的职业道德

3.1.1　内部审计人员职业道德概述

3.1.1.1　强调内部审计人员职业道德的必要性

内部审计是组织内部一种独立、客观的监督和评价活动，它的目的是通过对组织的经营活动及内部控制的适当性、合法性和有效性进行审查、评价，促进组织目标的实现。内部审计是专业性较强的职业，这一职业的复杂性使外部人员难以对内部审计过程及内部审计人员的工作做出评价。因此，有必要针对内部审计人员制定职业道德规范，对他们在工作中的操守、品质进行约束，促使他们认真工作。同时，职业道德规范的建立是内部审计职业取得外界理解与支持，增加外界对内部审计职业的信赖的必然要求。

从 20 世纪 80 年代内部审计重新登上历史舞台以来，内部审计为我国社会主义市场经济健康、规范地发展做出了很大的贡献。但由于历史和现实的种种原因，内部审计人员尚未普遍树立起强烈的风险意识、责任意识和道德意识，还存在一些有违职业道德的现象，因而在建立社会主义市场经济体制的进程中强调内部审计人员的职业道德，更有其深刻的现实意义和深远的历史意义。

中国内部审计学会（2002 年更名为中国内部审计协会）自 1984 年组建以来，一直非常重视内部审计的道德标准建设和道德教育。2000 年年初，在国家审计署的领导下，专门设立了准则委员会来负责内部审计准则的起草、修改和论证工作。从 2013 年起，中国内部审计协会陆续对 2003 年以来发布的内部审计准则进行了全面、系统的修订。其中，《中国内部审计准则第 1201 号——内部审计人员职业道德规范》对内部审计人员职业道德进行了规范；《第 1101号——内部审计基本准则》《第 2309 号内部审计具体准则——内部审计业务外包管理》《第 3204 号内部审计实务指南——经济责任审计》等准则的修订与发布进一步完善了内部审计准则体系，指导内部审计实践，以便更好地发挥内部审计准则在规范内部审计行为、提升内部审计质量方面的作用。

3.1.1.2 制定内部审计人员职业道德规范的目的

制定内部审计人员职业道德规范的目的，具体概括为以下三个方面：

（1）确立衡量内部审计人员行为的道德标准，约束内部审计人员职业行为，促使内部审计人员恪守独立、客观、正直、勤勉的原则，以应有的职业谨慎态度提供各种专业服务，有效发挥内部审计的监督、评价与服务作用。

（2）明确内部审计人员的职业要求和职业纪律，促使内部审计机构和内部审计人员遵守内部审计准则及相关的职业准则，不断提高技术技能和道德水准，维护和提高内部审计人员的职业形象；取得外界的理解与支持，增加外界对内部审计职业的信赖。

（3）明确内部审计人员的职业责任，维护内部审计人员的正当权益，维护国家利益、组织利益、员工利益，保护投资者和其他利害关系人的合法权益，促进社会主义市场经济的健康发展。

内部审计人员职业道德规范适用于内部审计人员执行业务的全过程以及对各类组织所进行的内部审计。

3.1.2 内部审计人员职业道德的含义和基本要求

3.1.2.1 内部审计人员职业道德的含义

内部审计人员职业道德是内部审计人员在开展内部审计工作中应当具有的职业品德、应当遵守的职业纪律和应当承担的职业责任的总称。

（1）职业品德。职业品德是指内部审计人员应当具备的职业品格和道德行为。它是职业道德体系的核心部分，其基本要求是独立、客观、正直、勤勉。

（2）职业纪律。职业纪律是指约束内部审计人员职业行为的法纪和戒律，尤指内部审计人员应当遵循的执业准则及国家其他相关法规。

（3）职业责任。职业责任是指内部审计人员对国家、组织、员工和其他利害关系人所应当履行的责任。

3.1.2.2 内部审计人员职业道德的基本要求

内部审计人员职业道德的基本要求包括两个方面：

第一，内部审计人员在履行职责时，应当严格遵守中国内部审计准则及中国内部审计协会制定的其他规定。我国内部审计准则的制定是在参考了国际内部审计师协会颁布的内部审计实务标准的基础上，结合我国的经济情况及内部审计工作的实际情况制定的，具有一定的科学性、现实性和前瞻性。中国内部审计准则体系由内部审计基本准则、内部审计人员职业道德规范、20 个具体准则、5 个实务指南构成。内部审计基本准则和内部审计人员职业道德规范是准则体系的第一层次，内部审计基本准则是内部审计准则的基础，是制定具体准则和实务指南的依据；内部审计具体准则作为准则体系的第二层次，是对内部审计人员实施内部审计活动过程中具体问题的规范；内部审计实务指南作为准则体系的第三层次，是针对内部审计过程中具有典型意义或特殊业务制定的规范性操作指南。内部审计基本准则和内部审计具体准则针对内部审计工作各个环节中的重大问题提出了原则性的指导，既具有操作性，又有一定的灵活性，它是内部审计人员在实施内部审计时必须遵循的执业标准，内部审计人员应认真遵守内部审计准则等规定；而内部审计实务指南只是提供一个示范和模板，不要求内部审计人员在执业过程中强制执行。

第二，内部审计人员不得损害国家利益、组织利益和内部审计职业声誉。内部审计人员作为组织经营活动和内部控制的评价者与监督者，在从事内部审计活动时，应保持自身的诚实、正直，忠于国家，忠于组织，维护职业荣誉，认真履行职责，不得损害国家利益、组织利益和内部审计职业声誉。

3.1.3 职业道德的一般原则

内部审计人员职业道德的一般原则如下：

（1）内部审计人员在从事内部审计活动时，应当保持诚信正直。

（2）内部审计人员应当遵循客观性原则，公正、不偏不倚地做出审计职业判断。

（3）内部审计人员应当保持并提高专业胜任能力，按照规定参加后续教育。

（4）内部审计人员应当遵循保密原则，按照规定使用其在履行职责时所获取的信息。

3.1.3.1 诚信正直

内部审计人员在实施内部审计业务时，应当诚实、守信，不应歪曲事实、隐瞒审计发现的问题、进行缺少证据支持的判断、做误导性的或者含糊的陈述。内部审计是组织经营管理过程中的一个重要环节，是为了促进组织目标的实现而服务的。内部审计人员隶属于组织，是组织的成员，其工作目标应该是促进组织目标的实现。因此，内部审计人员应当尽职尽责、诚实地为组织服务，不能违反诚信原则，从事有损于组织的活动。

内部审计人员在实施内部审计业务时，应当廉洁、正直，不应利用职权谋取私利，不应屈从于外部压力、违反原则。廉洁是指内部审计人员在履行职责时不得从被审计单位获得任何可能有损职业判断的利益，包括内部审计人员自身或其亲属可能从被审计单位获取的各种直接和间接的利益。正直是指内部审计人员应当将国家、组织、员工利益置于个人利益之上，明辨是非，坚持正确的行为、观点，按照法律及职业要求，不偏不倚地对待有关利益各方，不以牺牲一方利益为条件而使另一方受益。

3.1.3.2 客观性

内部审计人员实施内部审计业务时，应当实事求是，不得由于偏见、利益冲突而影响职业判断。换言之，内部审计人员对有关事项的调查判断、意见表述和分析处理时，不应受外来因素的影响，如掺杂个人的好恶、成见、主观愿望或者为委托单位或第三者的意见所左右等，而应当在执业过程中基于客观的立场，以客观事实为依据，一切从实际出发，注重调查研究。

客观性和独立性密不可分，是审计人员在进行内部审计活动时应坚持的一种精神状态。独立性是指内部审计人员在执行内部审计业务时，应当在形式上和实质上独立于审计对象。形式上的独立，也称面貌上的独立，是针对第三者而言的。内部审计人员必须在第三者面前显现出一种独立于审计对象的身份，即在他人看来，内部审计人员是独立的，这样才能使内部审计结果为使用者所信任。实质上的独立，也称事实上的独立，它要求内部审计人员与审计对象之间必须确实毫无利害关系，与审计对象之间不存在任何可能的潜在利益冲突，不能负责被审计单位的经营活动和内部控制的决策与执行，这样才能够使其专业判断不受影响，公正执业，保持客观和职业怀疑，以公正的态度发表意见。实质上的独立包括计划、实施和报告三个环节的独立性。

可能损害客观性和独立性的因素有经济利益、自我评价、密切关系和外在压力等。内部审计人员应当识别下列可能影响客观性的因素：（1）审计本人曾经参与过的业务活动；（2）与被审计单位存在直接利益关系；（3）与被审计单位存在长期合作关系；（4）与被审计单位管理层有密切的私人关系；（5）遭受来自组织内部和外部的压力；（6）内部审计范围受到限制；（7）其他。

内部审计人员实施内部审计业务前，应当采取下列步骤对客观性进行评估：（1）识别可能影响客观性的因素；（2）评估可能影响客观性因素的严重程度；（3）向审计项目负责人或者内部审计机构负责人报告客观性受损可能造成的影响。

内部审计机构负责人应当采取下列措施保障内部审计的客观性：（1）提高内部审计人员的职业道德水准；（2）选派适当的内部审计人员参加审计项目，并进行适当分工；（3）采用工作轮换的方式安排审计项目及审计组；（4）建立适当、有效的激励机制；（5）制定并实施系统、有效的内部审计质量控制制度、程序和方法；（6）当内部审计人员的客观性受到严重影响且无法采取适当措施降低影响时，停止实施有关业务，并及时向董事会或者最高管理层报告。

3.1.3.3　专业胜任能力

1）专业知识、职业技能和实践经验

内部审计人员要提供高质量的专业服务，除必须具有良好的职业品德外，还应当具备下列履行职责所需的专业知识、职业技能和实践经验：（1）审计、会计、财务、税务、经济、金融、统计、管理、内部控制、风险管理、法律和信息技术等专业知识，以及与组织业务活动相关的专业知识；（2）语言文字表达、问题分析、审计技术应用、人际沟通、组织管理等职业技能；（3）必要的实践经验及相关职业经历。特别值得注意的是人际沟通能力。一方面，内部审计是为组织服务的，与组织管理层以及被审计单位以外的其他部门和人员保持良好的人际关系，是提高服务质量、促进组织目标实现的必然要求。另一方面，内部审计人员的工作需要揭露被审计单位的错误或不足之处，因此，内部审计人员与被审计对象之间存在着潜在的冲突倾向。处理好与被审计对象之间的人际关系，增加交流与合作，可以减少被审计对象的抵触情绪，减少工作阻力，对于顺利开展内部审计工作具有良好的促进作用。内部审计人员在人际关系的处理中应注意保持内部审计的独立性和客观性。

如果内部审计人员依法取得了执业资格证书，就表明其在该领域具备了一定的知识。内部审计人员所掌握的专业知识、职业技能和实践经验应能达到这样一个水平：能够发现组织经营过程中存在的或潜在的问题，提出解决问题的建议，并将审计结果清楚地表达出来，经济、有效地完成审计业务。一个合格的内部审计人员不仅要充分认识自己的能力，对自己充满信心，更重要的是，必须清醒地认识到自己在专业胜任能力方面的不足，不高估，不虚报。如果内部审计人员缺乏足够的专业知识、职业技能和实践经验，但却宣称自己具有提供专业服务的专业知识、职业技能和实践经验，就构成了一种欺诈。如果内部审计人员不具备完成某项专业服务的专业知识、职业技能和实践经验，但却从事了这样的业务，其后果往往导致审计质量无法满足有关各方的需要或维护国家、组织、员工的利益。因此，内部审计机构不能承接业务能力不能胜任或不能按时完成的业务，不得委派内部审计人员承办其专业能力不能胜任的业务；内部审计人员不得承办其专业能力不能胜任的工作。

当然，内部审计人员并非所有领域的专家，可能并不具备完成局部特定业务的专业知识、职业技能或实践经验，所具有的专业知识和专业能力并不能保证对审查的所有事项都能做出合理的判断。当内部审计人员所审查的事项需要运用到某些特定领域的专业知识时，如遇到某些生产过程中的技术问题或对某些物品进行估价时，应当聘请相关专家协助，所聘请的专家可能来自组织外部，也可能来自组织内部其他部门或机构。在有助理人员、专家和其他专业人员参与时，审计项目负责人要对助理人员、专家和其他专业人员的独立性和专业胜任能力进行评价，对其工作结果负责。在业务执行之前对助理人员、专家和其他专业人员进行必要培训，在业务执行过程中对其进行切实的指导、监督、检查，确保其执业质量且遵守职业道德。

2）职业后续教育

内部审计人员应当通过后续教育和职业实践等途径，了解、学习和掌握相关法律法规、专业知识、技术方法和审计实务的发展变化，保持和提升专业胜任能力。

3）职业谨慎和职业判断

内部审计人员实施内部审计业务时，应当保持职业谨慎，合理运用职业判断。

应有的职业谨慎要求内部审计人员应该具备谨慎态度和技能。内部审计人员在实施内部审计活动时，应具备一丝不苟的责任感，秉持应有的职业谨慎，注意评价自己的能力、知识、经验和判断水平是否胜任所承担的责任，严格遵守职业技术规范和道德准则，对其所负责的各项业务妥善规划与监督。根据所审查项目的复杂程度，运用必要的审计程序，警惕可能出现的错误、遗漏、消极怠工、浪费、效率低下和利益冲突等情况，还应小心避免可能发生的违法乱纪的情形等。对于审查中发现的控制不够充分的环节，应提出合理可行的改进措施。应有的职业谨慎只是合理的谨慎，并非意味着永远正确、毫无差错，内部审计人员只能在合理的程度上开展检查和核实的工作，而不可能进行详细的检查，内部审计工作并不能保证发现所有存在的问题。

审计职业判断是审计工作的重要组成部分，它贯穿于整个审计工作的全过程，从对被审计单位的选择、内部控制制度测试结果的评估、重要性原则的运用、审计抽样方法的选择及其结果的评价，直至决定审计意见的表述，都离不开审计人员的职业判断。职业判断水平的高低直接影响着审计工作的成败。因此，合理使用职业判断、提高职业判断的准确性是降低审计风险、实现审计目标的一个重要途径。职业判断除了依据专业标准外，在较大程度上还依赖于审计人员的自身经验，通过审计人员的职业判断可以将审计风险降低到一个合理的可接受水平。职业判断的准确程度越高，审计风险水平就越低，反之亦然。职业判断能力是内部审计人员学识、经验、能力和道德水平的综合反映。

3.1.3.4 保密

内部审计人员应当对实施内部审计业务所获取的信息保密，非因有效授权、法律规定或其他合法事由不得披露。

由于内部审计工作的性质决定了内部审计人员经常会接触到组织的一些机密的内部信息，内部审计人员对于执行业务过程中知悉的商业秘密、所掌握的被审计单位的资料和情况，应当严格保守秘密。这一责任不因审计业务结束而终止。当然，保密责任不能成为内部审计人员拒绝按专业标准要求揭示有关信息、拒绝出庭作证的借口。通常情况下，内部审计人员应当对执业过程中获悉的被审计单位的信息保密，但是内部审计人员有责任将审计过程中所了解的重要事项如实进行反映，在审计报告中应客观地披露所了解的全部重要事项。否则，可能使所提交的审计报告产生曲解或使潜在的风险不为组织的管理层所重视。在内部审计活动中，内部审计人员可能会碰到这样一种情况，即发现一些可能会对组织产生重大影响的现象，但是又没有足够充分的证据表明一定会产生影响。在这种情况下，内部审计人员不能隐瞒这些事项，应当在审计报告中客观披露，但不能随便得出结论。另外，如果被审计单位存在违法违规行为，就面临着法规强制内部审计人员披露信息的要求。也就是说，内部审计人员在以下情况下可以披露被审计单位的有关信息：（1）取得被审计单位的授权；（2）根据法规要求，为法律诉讼准备文件或提供证据，以及向有关机构报告发现的违反法规行为；（3）向组织适当管理层报告有关信息。在决定披露客户的有关信息时，内部审计人员应当考虑以下因素：（1）是否了解和证实了所有相关信息；（2）信息披露的方式和对象；（3）可能承担的责任和后果。

内部审计人员在社会交往中应当履行保密义务，警惕非故意泄密的可能性。内部审计人员在内部审计机构及外勤工作处所以外的任何场所均不应谈论可能涉及被审计单位机密的情况，要防止因为这些信息与资料的泄露给组织带来损失。内部审计机构应制定严格的审计档案管理制度，限制无关人员对审计档案资料的接触，还应当采取措施，确保协助内部审计人员工作的业务助理人员和专家信守保密原则。

内部审计人员不得利用其在实施内部审计业务时获取的信息谋取不正当利益，或者以有悖于法律法规、组织规定及职业道德的方式使用信息。

3.1.4 国际内部审计师协会（IIA）的《职业道德规范》简介

国际内部审计师协会（The Institute of Internal Auditors，IIA）在《国际内部审

计专业实务框架》中对内部审计职业道德规范做出了明确的规定。

国际内部审计师协会（IIA）制定《职业道德规范》的目的是促进内部审计职业道德文化的发展。

《职业道德规范》基本由三个部分组成：适用性与执行、原则和行为规则。

3.1.4.1 适用性与执行

《职业道德规范》既适用于提供内部审计服务的个人，也适用于提供内部审计服务的团体。规范中的"内部审计师"指协会会员、IIA职业资格的获得者或申请者以及那些在内部审计定义范围内提供内部审计服务的人。同时，《职业道德规范》中对于违反职业道德规范的行为做出了处理的规定。对于违反《职业道德规范》的协会会员、IIA职业资格的获得者或申请者，将根据协会规章制度予以评价和管理。

3.1.4.2 原则

《职业道德规范》中明确规定，内部审计师应运用并信守以下原则：

（1）诚信。内部审计师的诚信建立信用，从而为对其判断的信任提供基础。

（2）客观。内部审计师在收集、评价和沟通有关被检查活动或过程的信息时，要显示出最大限度的职业客观性。在做出判断时，内部审计师不受其个人喜好或他人的不适当影响，对所有相关环境做出公正的评价。

（3）保密。内部审计师尊重所获取的信息的价值和所有权，没有适当授权不得披露信息，除非是在有法律或职业义务的情况下。

（4）胜任。内部审计师在执行内审计业务时能够使用所需要的知识、技能和经验。

3.1.4.3 行为规则

1）诚信

（1）内部审计师应当诚实、勤恳并负责地开展工作。

（2）内部审计师应当遵守法律，按照法律及职业要求进行披露。

（3）内部审计师不得蓄意参与非法活动，或参加有损于内部审计职业或其所在组织的行为。

（4）内部审计师应当遵守并协助实现组织的法律和道德目标。

2）客观

（1）内部审计师不应参与可能损害或被认为会损害其公正评价的活动或关系，包括参与与组织利益相冲突的活动。

（2）内部审计师不能接受可能损害或被认为会损害其职业判断的任何物品。

（3）内部审计师应当披露已知的，如果不予披露，可能会歪曲检查工作报告的所有重大事实。

3）保密

（1）内部审计师应当谨慎利用和保护履行职责过程中获取的信息。

（2）内部审计师不应当利用信息谋取私利，或者以任何有悖法律规定或有损组织法律和道德目标的方式使用信息。

4）胜任

（1）内部审计师应当只从事与其所具备的知识、技能或经验相适应的服务活动。

（2）内部审计师应当依据《国际内部审计专业实务标准》开展内部审计服务。

（3）内部审计师应当持续提高专业能力和服务的效果、质量。

3.2　内部审计人员的执业能力

3.2.1　内部审计人员执业能力的基本要求

"国以才立，政以人治，业以才兴"。审计作为一项社会经济活动，有着悠久的历史。随着社会经济和审计事业的发展，人们对审计的认识在不断深化，审计的地位也在不断提高。随着社会经济的发展，当前审计工作所涉及的事项越来越复杂，综合性越来越强，这就对审计人员的素质提出了新要求。培养造就精通审计业务、掌握审计发展规律、熟练运用现代审计技术方法的高层次高技能审计人才，是实现审计工作适应时代发展、与时俱进、保持长久生命力的根本途径。

内部审计人员要提供高质量的专业服务，必须具备较强的执业能力。对内部审计人员的执业能力的基本要求包括政治素质、职业道德、职业作风、业务素质及综合素质。

3.2.1.1　政治素质

内部审计人员的政治素质主要包括以下几个方面：

一是要有高度的责任感和使命感，认真履行法律赋予自己的神圣职责，始终保持坚定的政治立场，不断增强政治意识、政治敏锐性和政治责任感，依法履行审计监督职责，努力做一名人民利益的忠诚捍卫者，为经济建设保驾护航。

二是要有正确的世界观、人生观、价值观，这是每个内部审计人员必须具有的最基本的政治素养。内部审计人员应当坚持自尊、自重、自律原则，牢固树立正确的世界观、人生观、价值观、荣辱观，实现自我完善。在审计工作岗位上，诚实守信，勇于开拓、积极进取，严格执法、依法审计，规范审计行为，提高审计质量，认真履行其职责，高质量地完成本职工作。

三是要有坚定的职业理念。内部审计人员要有热爱本职、献身审计的职业理想。强调敬业爱岗，提倡干一行、爱一行、钻一行，正确地调整个人和职业、审计工作服务对象之间的关系，自觉地按照职业要求规范自己的行为，忠实地履行自己的职责。内部审计人员作为组织经营活动和内部控制的评价者与监督者，应保持自身的诚实、正直，忠于国家，忠于组织，维护职业荣誉，不能从事有损国家利益、组织利益和内部审计职业荣誉的活动。

3.2.1.2　职业道德

优良的职业道德是任何一个内部审计人员执业能力的基础。审计人员是审计活动的主体，行使审计监督的权力。这种职责在本质上决定了审计职业具有独立性、权威性、规范性等特点。审计人员只有保持良好的职业道德，才能不为他人意志所左右，才能充分发挥审计监督的作用。审计人员只有以优良的职业道德在审计过程中保持独立性，才能做到客观公正、实事求是。良好的职业道德，是审计人员依法审计的重要保证，是审计权威性的重要保证。

关于内部审计人员的职业道德，我们在上一节已作了较为详细的阐述，这里主要强调以下几个方面：

（1）依法审计，坚持原则。审计人员在实施审计任务时，要按照国家的法律、法规和审计程序办事。对问题的处理，要坚持以事实为依据，以法律为准绳，做到不徇私情，不拿原则做交易，不被干扰所影响，不被人际关系所左右，正确行使审计职权，严格进行审计执法，努力维护法律、法规的严肃性和审计监督的权威性。

（2）实事求是，客观公正。审计人员在办理审计事项时，要以严肃认真的态度、严谨扎实的作风，从严实施审计，力求掌握最真实可靠的审计证据，并对获取的信息资料认真加以归纳分析，对问题不掩盖、不夸大，如实反映情况，慎重做出审计评价，确保审计质量，尽力规避审计风险，力争使每一个审计结论都能经得起法规和历史的检验。

（3）廉洁奉公，保守秘密。审计人员只有做到廉洁奉公，才能树立良好形象；只有做到保守秘密，才能赢得被审计单位信任。因此，审计人员一定要自觉遵守各项规定，严守工作纪律，依法行使职责和权力。

3.2.1.3　职业作风

审计职业作风是指内部审计人员的敬业精神及对待审计工作的态度。

1）工作作风

审计工作的特殊性决定了内部审计人员必须具有扎实的工作作风：

一是要严肃认真。在日常工作中，内部审计人员要严格落实各项规章制度，坚持按审计程序办事；在实施具体审计任务时，要潜下心来，真抓实干，切实把问题查深查细查透，做到不留死角、不走过场。

二是要准确无误。内部审计人员对审计数据要准确统计，对审计查出的问题要如实反映，对问题的处理要提出合理合法、切实可行的解决办法和建议。

三是要严谨细致。审计工作是一项既细致又烦琐的工作，稍有疏忽，就会出现差错。因此，内部审计人员一定要注意磨炼自己的细心和耐性，做到不马虎、不厌烦，努力把工作中可能出现的差错降低到最低点。

四是要实事求是。内部审计人员要敢于说真话，不欺上瞒下，不弄虚作假，做到"诚实、本分、公正、可靠"。

2）进取精神

审计工作面临许多困难和矛盾，客观上要求内部审计人员必须具有创新意识和顽强拼搏的精神，顺应形势，跟上时代发展的步伐，要求审计人员不断更新知识结构，加强学习与研究，提高消化新知识、理解新思想、挑战新技术的能力和水平。

因此，内部审计人员一定要知难而进，树立有所作为的思想，消除畏难情绪，勇于向困难挑战，变压力为动力，不断增强使命感、责任感。要勇于创新，敢于同陈腐的意识决裂，实现思维方式、思想观念和行为模式的转变，在实践中探索出一套内部审计工作的新思路、新方法，以适应未来审计的需要，实现审计工作的跨越式发展。

3）团队意识

审计工作是一项集体性工作，需要依靠审计人员的集体智慧、分工协作去完成，这就要求审计人员必须牢固树立团队意识。因此，在审计工作中，审计人员要明确自己所承担的角色和任务，充分发挥自己的主观能动性，努力做好本职工作，力争在团队中实现自己的价值。审计工作专业性强，每个人都有自己的专业特长，所以，相互之间要注意协调配合，取长补短，齐心协力，共同为团队的整体利益与目标的实现而尽力。

3.2.1.4　业务素质

审计人员业务素质的高低是影响审计工作质量好坏的一个重要因素。具有良好的业务素质是审计人员得以从事审计工作最基本的要求。内部审计人员必须拥有实施内部审计活动所必需的专业知识、职业技能和其他能力。内部审计人员应当具备的业务素质通常包括：

1）专门知识

专门知识主要是会计、审计、税收、管理、相关法规和其他有关专门知识。审计人员应当具备与其从事的审计工作相适应的专业知识。这是对审计人员最基本的技术要求。现代社会信息量大、知识更新快、新生事物不断涌现，这就对审计人员的业务技能提出了更新、更高的要求，广大审计人员必须拥有严谨的治学态度、锲而不舍的拼搏精神，博览群书，广泛积累知识，以适应时代发展的需要。

法规制度是审计人员判断审计项目是非曲直的一把尺子，依法审计是审计人员必须遵循的基本原则，这就要求审计人员不仅要熟悉会计制度和会计准则，而且要掌握相关的法律条文和行业规章等，并准确理解其基本精神，只有这样才能客观公正、实事求是地对审计事项做出正确的判断和评价。

审计是一个综合性很强的领域，客观需要其人员的知识结构层次呈现多学科、多领域的状态，因此，审计人员必须随着时代的发展，不断学习，深钻细研，尽快实现知识更新换代，在相关专业上成为复合型人才，达到一专多能、精益求精的要求。

2）职业经验

职业经验主要是实践经验。审计是一项实践性很强的工作，如何以敏捷的思维和眼力发现问题并找出问题的根源，以较高的政策法律水平准确无误地定性和处理，需要不断地通过审计工作的实践积累职业经验。一位职业经验丰富的审计人员，可以更敏锐地透过纷繁的经济活动发现和解决问题，达到事半功倍的效果。

3）专业训练

内部审计人员的执业环境（包括法律、社会、经济等因素）是不断发展变化的，对审计人员的专业胜任能力和执业水平的要求也是在不断变化的。因此，内部审计人员只有不断接受专业训练，不断提高专业能力和执业水平，才能满足执业需要，保证执业质量。

4）业务能力

审计人员要完成审计工作，实现审计目标，必须具备相应的业务能力。审计人员应当具备的业务能力主要包括：宏观思维能力、职业敏感和洞察能力、分析和综合判断能力、口头与书面表达能力等。

（1）宏观思维能力。审计工作要发挥宏观监督职能，这要求审计人员具备宏观思维能力。审计作为组织内部独立的经济监督活动，应当从组织的宏观角度来审查、分析、解决问题，要抓住主要矛盾和问题的要害，不能就事论事，切忌只从某一个部门或某一个问题来考虑，应当为组织管理层提供相应的服务。

（2）职业敏感和洞察能力。审计人员面对特定的审计材料，为什么有的人能迅速找到切入点，有的人能从蛛丝马迹中发现问题，很重要的原因就在于个人对问题观察的敏锐程度，这种敏感性需要经过长时间的知识和经验的积累。在具备职业敏感性的基础上，要进一步解决问题，关键要有敏锐的洞察力。敏锐的洞察力可以帮助审计人员找到解决问题的着眼点，即从哪方面着手可以有效地取得对问题做出正确判断的依据。

（3）分析和综合判断能力。这不是简单的分析判断，而是在统筹分析基础上对所掌握的材料进行高度的概括和总结，对被审计单位的现状进行深入的研究，从而把握审计所涉及的方方面面。审计人员既需要从问题的微观层面进行甄别，更需要从问题的宏观层面进行剖析，分析问题的产生和发展脉络，提出有价值的意见和建议，以便恰当处理问题。

（4）口头与书面表达能力。审计是与人打交道的工作，要做到良好的交流与沟通，充分运用审计询问等工作方法，发现被审计单位存在的问题，并提出相应的意见和建议，就必须要有良好的口头表达能力。审计计划、审计工作底稿是安排和记录审计工作的书面文件，是审计人员必须掌握的基本文书；审计调查报告、审计报告和审计信息是审计成果的载体，集中反映了审计工作的整体水平和审计人员的业务水平。要让更多的审计报告、审计信息辅助领导决策，提高审计地位，审计人员就必须要有良好的文字表达能力。对审计中发现的问题，能以小见大、由表及里地分析问题的根源，围绕组织的中心工作和经济形势，归纳、提炼出具有本质性、规律性的东西和管理制度中的薄弱环节，进而从机制上提出预防和解决问题的办法，使审计报告可供管理层决策参考。

3.2.1.5 综合素质

审计是一项综合性很强的工作，因此需要审计人员具备相应的综合素质。这些素质主要包括：沟通能力、协调能力、应变能力等。

1）沟通能力

内部审计人员要与不同的审计对象打交道，因此应该具备建立良好人际关系的意识和能力，要与他人建立协调、融洽的人际关系。在处理人际关系时，内部审计人员应当积极主动地与相关主体进行沟通，尤其是在发现问题或者需要相关信息时，以避免由于时间拖延带来的误会，提高工作效率。在沟通时，内部审计人员应当注意沟通的有效性，注重语言、形体、表情的恰当运用，以促进良好人际关系的形成。审计人员的工作贯穿于整个组织，需要与组织内部的各个部门打交道，测试和评价他们的工作，并将审计中发现的问题和改进建议向适当管理层报告。沟通是为了保证审计结果的客观、公正，并取得被审计单位、组织适当管理层的理解。内部审计机构在与被审计单位、组织适当管理层进行结果沟通时，可以与对方交流看法，听取对方的意见，从不同角度检验审计结论和建议，对可能存在的错误或不当之处进行修正，以保证审计结果的客观、公正。同时，在与被审计单位、组织适当管理层的交流中，争取对方的理解和支持，以确保审计结论和建议的落实与贯彻。

2）协调能力

审计工作需要协调处理好审计与被审计对象、各有关部门、组织适当管理层的关系。这些关系协调处理得好坏，将直接影响到审计组织的形象与威信，影响审计工作的开展与审计效果。审计人员要充分发挥自己的主观能动性，把各方面的力量吸引到关心、支持审计工作上来，努力形成领导重视、各方面协同的良好审计氛围。

3）应变能力

在审计工作中经常会遇到一些突发事件。审计人员在遇到突发事件时，应当保持沉着冷静的心态，应及时采取有效的应对措施。

3.2.2 国际注册内部审计师

1）国际注册内部审计师考试

国际注册内部审计师（Certified Internal Auditor，CIA）考试由总部设在美国佛罗里达州的国际内部审计师协会（IIA）出题，并在全世界70多个国家用20多种语言进行统一考试。此项考试的权威性源于"三个全球统一"，即统一考试时间、统一考试内容、统一批阅试卷。国际注册内部审计师不仅是国际内部审计领域专家的标志，也是目前国际审计界唯一公认的职业资格。拥有"国际注册内部审计师"资格在美国被称为"世界级卓越人才（Global Excellence）"。

国际内部审计师协会是世界范围的内部审计师组织，自1974年起在全球指定地点举行注册内部审计师资格考试，给考试合格者颁发注册内部审计师证书，授予"注册内部审计师"称号，并吸纳为国际内部审计师协会的合格会员，协会现有全球会员7万多人。证书永久有效，但必须要参加国际内部审计师协会的后续教育。

2）国际注册内部审计师考试的作用与意义

为了借鉴西方企业先进的科学管理技术和方法，提高我国企业的现代管理水平，培养一批具有国际视野的企业管理人才，使之具备与国外同行在同一层次上对话的资格，维护我方利益，增强我国企业在国际竞争中的优势，为经济建设和现代企业制度服务，不断提高我国内部审计人员的素质，推进我国内部审计工作法制化、制度化和规范化的进程，中国内部审计协会于1998年6月与IIA签订协议，将CIA考试引入中国，并取得了成功。实践证明，开展CIA考试，对于提高我国内部审计人员的专业知识、技能和业务素质，加快我国内部审计工作与国际惯例接轨的进程，进一步提高我国内部审计的国际地位，意义十分重大。

3）国际注册内部审计师与传统内部审计人员的差异

正确评估自身实力是企业参与竞争的先决条件，同时也为领导者做出正确决策提供数据支持，而这项工作主要是由企业的内部审计师来完成的。与传统的内部审计人员仅仅停留在内部财会及查账层次相比，国际注册内部审计师更强调与企业管理层之间的互动性，他们是"警察"，同时也是"高参"。随着中国经济的发展，企业现有的内部审计人员已不能够适应国际化的要求，因此，拥有一张国际普遍认可的证书成为国内众多内部审计人员的当务之急。国际企业把国际注册内部审计师定位为：核心、增加价值、改善运作、实现组织目标。世界五百强企业均设有由高素质国际注册内部审计师组成的专门审计部门，许多资深国际注册内部审计师还进入了跨国公司的决策层。据了解，IBM公司30%的管理人员是内审部门培养出来的，CIA考试为他们"打开了对外学习的一扇窗口"。

4）国际注册内部审计师考试在中国举行的情况

1998年11月，首次在中国举行国际注册内部审计师考试，由中国审计署和国际注册内部审计师考试协会监考，考试地点在广州市中山大学，考试语言为英语。首次考试的中国考生中有4名一次通过全部科目，这4名考生分别来自上海和广州。1999年11月，中国审计署宣布新增山东省济南市为中国的第二个国际注册内部审计师考场，考试语言增加了中文，由国际内部审计师协会组织翻译。考生可根据自己的实际情况来选择考试语种。截至目前，中国已有30多个城市设置了CIA考点，报名参加考试的人数每年都在增加，已成为CIA在全球最大的考试区域。2023年，CIA考试（机考）共安排4次审核、4次考试。

（1）考试的组织领导机构

中国内部审计协会负责全国国际注册内部审计师资格考试的组织领导和协调工作，负责与国际内部审计师协会的联系和协调工作。设考点的省、自治区和直辖市内部审计（师）协会负责本考点的国际注册内部审计师资格考试的组织领导和协调工作。

（2）考试内容、科目及方式

①考试内容。考试按三个层次检验报考者的知识水平和实际能力：

基础知识：检验报考者对基本概念和术语的理解、对问题的确认、对事实的判断能力等。

理解能力：检验报考者的理解和胜任能力，即能否正确理解各种关系，判断各种问题，做出正确的结论并采用正确的处理方法等。

熟练程度：检验报考者应用各种技能处理各项工作的实际能力。

②考试科目。

第一科：内部审计基础。具体包括：内部审计基础、独立性与客观性、专业能力及应有的职业审慎、质量保证与改进程序、治理、风险管理和控制、舞弊风险。

第二科：内部审计实务。具体包括：管理内部审计活动、计划审计业务、执行审计业务、沟通审计业务结果并监督进展。

第三科：内部审计知识要素。具体包括：业务敏感度、信息安全、信息技术、财务管理。

③考试方式。IIA 会经常更改考试大纲，调整考试内容和题型。考试方式为分科闭卷机考。2023 年，第一科试题为 125 道单项选择题，考试时间为 150 分钟；第二、三科试题均为 100 道单项选择题，考试时间均为 120 分钟。

（3）报名条件

为了鼓励广大内部审计人员通过取得 CIA 资格提升职业能力，根据 IIA 在全球范围内的统一要求，原则上只要具有大专及以上教育背景（如不能满足教育背景的要求，则需要满足一定内部审计相关工作年限的要求，包括内部审计、风险管理、内部控制、与内审相关的咨询和评价服务、国家审计、社会审计等，下同），并通过资质审核，均可参加 CIA 考试，同时强调了实务经验的重要性，将内部审计相关工作经历纳入认证流程，作为取得 CIA 资格的必要条件，具体年限要求根据考生的学历、学位确定。

报考资格的审查和确认工作由各考点具体负责，考点所在的省级内部审计（师）协会及其下属机构应认真做好报考资质审核和审核资料备案工作。

（4）报名程序及要求

对于首次参加 CIA 资格认证的新考生，机考报考分为创建账户和完善个人信息、提交申请和证明材料、资质审核、完成经历证明、报考科目（考试注册）并交纳考务费、预约考试、参加考试并获知成绩、达成认证要求和领取证书八个步骤。

（5）有效期

认证流程中的各类有效期如下：自考生成功交纳申请费之日起 90 天内完成品德证明批准；考生必须在 3 年内通过所有科目（如实际考试日期超出上述 3 年成绩有效期，则考试成绩无效）并完成工作经验验证；考生须在 180 天内完成科目报考预约并参加考试；考生未通过某一科目的考试，60 天内（含 60 天）不得再次参加该科目考试；考生已通过某一科目的考试，3 年内（含 3 年）不得再次参加该科目考试。

（6）考试收费标准

2023 年考试收费标准为：申请费 45 美元；考务费第一科 170 美元/科，第二、三科均为 145 美元/科。目前国际标准约为申请费 200 美元、考务费 350 美元/科。

（7）考试参考用书

考试参考用书由中国内部审计协会组织翻译和编写，主要包括《国际内部审计专业实务框架》《内部审计基础》《内部审计实务》《内部审计知识要素》《CIA考试习题汇编》。

5）资格证书取得条件与后续教育

（1）资格证书取得条件

具备下列条件者，可以取得国际注册内部审计师资格证书：

① 所有考试科目全部合格；

② 具有2年（含2年）以上审计、会计工作及相关工作经历。

中国考生通常会拿到中英文证书各一本，中文证书（贴有本人照片）由中国内部审计协会颁发，英文证书由IIA颁发（无照片）。

（2）后续教育

取得国际注册内部审计师资格的从业人员，必须每2年接受80学时的后续教育，方可注册，否则取消其资格。后续教育的内容、形式和学时计算等按照国际注册内部审计师协会发布的《年度职业资格续期政策》的规定执行。

3.2.3　内部审计人员的后续教育

内部审计人员职业后续教育，是指内部审计人员为保持和提高专业胜任能力，根据职业发展需要而进行的相关新知识、新技能和新法规的学习与研究。内部审计人员接受职业后续教育是提高专业胜任能力与执业水平的重要手段，也是造就一支业务过硬、素质合格的内部审计队伍的有效途径。内部审计人员只有不断接受职业后续教育，广泛涉猎，掌握和运用相关的新知识、新技能和新法规，才能胜任内部审计工作。这不仅是内部审计人员自身职业发展的需要，也是社会各方面对内部审计人员的必然要求。因此，内部审计人员职业后续教育应当贯穿于内部审计人员整个执业生涯。

3.2.3.1　内部审计人员后续教育的组织领导和范围

1）组织领导

内部审计协会应履行审计机关赋予的业务指导和监督职责，提供适当的后续教育方式，使内部审计人员了解和掌握内部审计的相关知识与技能。

2）范围

接受后续教育的内部审计人员，是指在中华人民共和国境内从事内部审计工作的专（兼）职人员。

3.2.3.2　内部审计人员后续教育的内容、层次与形式

内部审计人员的后续教育应当不断适应内部审计事业的发展需要，学以致用，讲求实效。

1）后续教育的主要内容

（1）国家颁布的有关法律法规和规章；

（2）行业发布的内部审计规定和办法等；

（3）中国内部审计准则；

（4）现代内部审计理论与实务；

（5）国内外具有前瞻性的内部审计理念；

（6）其他相关专业知识与技能。

2）后续教育的层次

后续教育应当区分内部审计机构负责人和一般内部审计人员两个层次。具体内容包括：

（1）内部审计机构负责人应当学习和研究组织领导本单位（部门）内部审计人员开展内部审计工作的知识和技能，包括：相关法律法规和规章，内部审计准则，内部审计在组织治理、内部控制、风险管理等方面的流程、作用，审计关系处理与协调，审计管理案例，组织文化与政策，自我控制与评价，开展咨询服务业务的有关理论和实务等。

（2）一般内部审计人员应当学习和研究实施审计项目所需的知识和技能，包括：相关法律法规和规章，内部审计准则，财务管理、经济管理等方面的知识，审计方案编制、审计取证、审计评价、审计报告撰写、审计案例分析、人际关系沟通等方面的技术和方法。

3）后续教育的形式

内部审计人员的后续教育形式主要包括参加有组织的后续教育和其他形式的后续教育。

（1）有组织的后续教育

①参加现场培训，主要包括参加中国内部审计协会和省级内部审计（师）协会组织的现场培训，以及其他具备教育场所和设施、拥有相应师资队伍和管理力量的机构组织的现场培训。

②参加网络培训，主要包括参加中国内部审计协会或省级内部审计（师）协会开办的网络培训。

③参加专业会议和经验交流活动，主要包括参加国际内部审计师协会、亚洲内部审计师协会联合会组织的专业会议，中国内部审计协会、省级内部审计（师）协会举办的专业会议和经验交流活动。

（2）其他形式的后续教育

①参与省级以上内部审计（师）协会组织的课题研究，并通过结项验收。

②公开出版审计类专业著作或在中文核心期刊上发表审计类专业论文。

③翻译内部审计专业著作或学术文章，并公开出版或发表。

④参加中国内部审计协会、省级内部审计（师）协会组织的理论研讨，并获得一、二、三等奖。

⑤获得专业资格，主要包括考取国际注册内部审计师、内部控制自我评估专业资格等国际内部审计师协会授予的各种专业资格，以及其他中国内部审计协会认可的相关专业资格。

⑥在内部审计（师）协会任职。

⑦成为国际内部审计师协会或省级以上内部审计（师）协会个人会员。

⑧ 其他中国内部审计协会认可的形式。

3.2.3.3 内部审计人员后续教育的学时标准

后续教育学时的标准，按内部审计人员接受后续教育的时间计算。内部审计人员每年参加后续教育的学时数累计不得少于40学时。

内部审计人员取得的后续教育学时只在当前年度内有效。

后续教育学时数可以减半或免除的情形有：（1）年度内在境外工作的；（2）年度内休病假的；（3）年度内休产假的；（4）其他中国内部审计协会认可的特殊情形。内部审计人员当年后续教育需要减半或免除的，应当提供卫生部门或所在单位人事、外事部门的证明。

3.2.3.4 内部审计机构与内部审计协会的管理职责

内部审计机构应当支持、督促本单位（部门）内部审计人员参加后续教育，并履行下列职责：（1）制订本单位（部门）内部审计人员的后续教育计划；（2）积极组织内部审计人员参加后续教育，保证内部审计人员参加后续教育的时间，并给予必要的保障；（3）建立后续教育档案，详细记录内部审计人员参加后续教育的情况；（4）接受审计机关和内部审计协会的指导与监督。

内部审计协会负责所在地区内部审计人员后续教育的组织管理工作。中国内部审计协会负责指导和监督全国内部审计人员的后续教育情况；各省级内部审计（师）协会负责指导和监督所在地区内部审计人员的后续教育情况。

内部审计协会应当采取适当方式对每年内部审计人员参加后续教育的学时进行监督检查，并将内部审计机构所属内部审计人员参加后续教育情况、学时档案资料库建立情况作为评选内部审计先进单位和先进工作者、实施内部审计质量评估的重要依据。

3.3 ‖ 内部审计协会

3.3.1 中国内部审计协会

3.3.1.1 协会简介

中国内部审计协会（China Institute of Internal Audit，CIIA）是由具有一定内部审计力量的企事业单位、社会团体和从事内部审计工作的人员自愿结成的全国性、行业性、非营利性社会组织。

中国内部审计协会依照《中国共产党章程》有关规定建立党的组织，开展党的活动，为党的组织的活动提供必要条件，承担保证政治方向、团结凝聚群众、推动事业发展、建设先进文化、服务人才成长、加强自身建设等职责。协会的登记管理机关是中华人民共和国民政部，党建领导机关是中央和国家机关工作委员会。协会接受登记管理机关、党建领导机关、业务管理部门的业务指导和监督管理。

中国内部审计协会前身是于1987年4月成立的中国内部审计学会，2002年5月经民政部批准，更名为中国内部审计协会。经外交部和审计署批准，加入国际内部审计师协会。

3.3.1.2　协会宗旨

中国内部审计协会的宗旨是服务、管理、宣传、交流，即以内部审计职业化建设为主线，通过向会员提供优质服务、实行职业自律管理、加强内部审计宣传、开展国内外交流，不断提升协会的职业代表性和社会影响力，充分发挥现代内部审计理念引领者、职业代言人、实践推动者、智力支撑者的作用，以推动我国内部审计事业的科学发展。协会遵守宪法、法律、法规和国家政策，践行社会主义核心价值观，遵守社会道德风尚，自觉加强诚信自律建设。

3.3.1.3　业务范围

中国内部审计协会的业务范围如下：

（1）调查研究内部审计发展中的新情况、新问题，提出规范内部审计发展的意见和建议；

（2）根据内部审计发展的不同阶段，研究内部审计工作方向，制定内部审计战略规划；

（3）组织开展内部审计理论和实务研究，提供技术支持；

（4）依照有关规定经批准组织制定内部审计准则、职业道德规范，并监督检查和评估会员单位的实施情况；

（5）向有关部门提出内部审计立法的意见和建议；

（6）组织内部审计业务培训，开展职业教育，提升内部审计人员的综合素质，经有关部门批准在中国大陆组织实施国际内部审计师协会等国际组织相关国际证书的统一考试及管理工作；

（7）总结交流内部审计工作经验，推介良好审计实务，举办专业会议；

（8）开展内部审计宣传，依照有关规定组织撰写、翻译并出版内部审计专业书籍，出版发行本会杂志、管理本会网站、微博和微信公众号等自办宣传媒体；

（9）经相关部门批准，开展全国内部审计先进集体、先进个人评选工作；

（10）统计全国内部审计机构、人员、业务开展等基本情况；

（11）开展国际及港澳台交流与合作；

（12）推动并开展内部审计质量评估工作，促进内部审计质量的提高；

（13）提供内部审计咨询等中介服务；

（14）协调业内、业外关系；

（15）发展会员，维护会员合法权益；

（16）承担法律、行政法规规定和政府有关部门委托或授权的其他工作。

业务范围中属于法律法规规章规定须经批准的事项，依法经批准后开展。

3.3.1.4　组织架构

中国内部审计协会组织架构如图3-1所示。

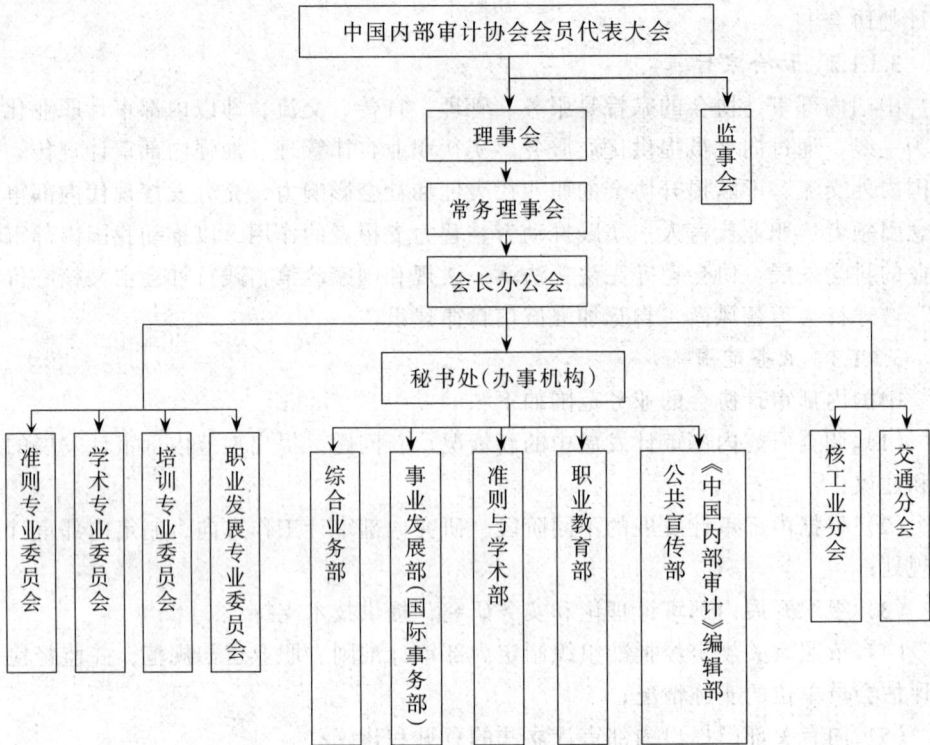

图3-1 中国内部审计协会组织架构

1）会员代表大会

协会的最高权力机构是会员代表大会。会员代表大会的职权是：

（1）制定和修改章程；

（2）决定本会的工作目标和发展规划；

（3）制定和修改会员代表、理事、常务理事、监事、负责人产生办法，报党建领导机关备案；

（4）选举和罢免理事、监事；

（5）制定和修改会费标准；

（6）审议理事会的工作报告和财务报告；

（7）决定名誉职务的设立；

（8）审议监事会的工作报告；

（9）决定本会名称变更事宜；

（10）决定本会的合并、分立和终止事宜；

（11）决定其他重大事宜。

会员代表大会每5年召开1次。会员代表大会须有2/3以上会员代表出席方能召开，决议事项符合规定条件方能生效。

2）理事会

理事会是会员代表大会的执行机构，在代表大会闭会期间领导本会开展工作，对会员代表大会负责。

理事会的职权是：

（1）执行会员代表大会的决议；

（2）选举和罢免常务理事、负责人，根据会员代表大会的授权，在届中更换、增补或罢免部分理事；

（3）决定名誉职务的人选；

（4）筹备召开会员代表大会，负责换届选举工作；

（5）向会员代表大会报告工作和财务状况；

（6）决定设立、变更和终止分支机构、代表机构、办事机构和其他所属机构；

（7）根据秘书长的提名，决定副秘书长、各所属机构主要负责人的人选；

（8）领导本会所属机构开展工作；

（9）决定会员的吸收和除名；

（10）审议本会发展战略和规划，年度工作报告、工作计划，年度财务预算、决算；

（11）决定本会负责人和工作人员的考核及薪酬管理办法；

（12）决定其他应由理事会审议的事项。

理事人数不得超过 300 人，每个理事单位只能选派一名代表担任理事。

理事会须有 2/3 以上理事出席方能召开，其决议须经到会理事 2/3 以上表决通过方能生效。理事会每年至少召开一次会议。情况特殊的，可采取通讯形式召开。

3）常务理事会

协会设立常务理事会，常务理事人数不得超过 51 人。常务理事由理事会采取无记名投票方式从理事中选举产生，在理事会闭会期间行使协会章程规定的相应职权，对理事会负责。

常务理事会须有 2/3 以上的常务理事出席方能召开，其决议须经到会常务理事 2/3 以上表决通过方能生效。

常务理事会至少每 6 个月召开一次会议。情况特殊的，可采取通讯形式召开。

4）负责人和会长办公会

协会负责人包括会长 1 名、副会长 8 至 10 名、秘书长 1 名，共同组成会长办公会。会长、副会长、秘书长每届任期 5 年，连任不超过 2 届。

5）监事会

监事会是本会工作的监督机构，对会员代表大会负责。监事会由 5 名监事组成，其中设监事长 1 名，必要时可以增设副监事长 1 名，由监事会推举产生。

3.3.1.5 会员

协会的会员分为单位会员和个人会员。拥护本会章程，符合下列条件的机构和个人，可以自愿申请加入本会：

1）会员入会条件

（1）单位会员。具有一定审计力量、依法成立的独立法人机构和组织。

（2）个人会员。从事和有意从事内部审计及相关领域工作的人员，且具有完全民事行为能力，无不良从业记录，无犯罪行为。

2）会员享有的权利

（1）本会的选举权、被选举权和表决权；

（2）对本会工作批评建议权和监督权；

（3）参加本会的活动并获得本会服务的优先权；

（4）退会自由。

3）会员履行的义务

（1）遵守本会章程及各项规定；

（2）执行本会决议；

（3）按规定交纳会费；

（4）维护本会的合法权益；

（5）向本会反映有关情况，提供有关资料，按规定报送和更新会员信息；

（6）接受本会的指导、监督和管理，个人会员按要求完成后续教育和专业学习任务；

（7）承办本会委托的合法合规的工作任务；

（8）依据章程应尽的其他义务。

4）处分

会员如有违反法律法规和《章程》的行为，经理事会或常务理事会表决通过，视情节轻重，给予下列处分：警告；通报批评；暂停行使会员权利；除名。

5）会员退会

会员退会须书面通知并交回会员证。

会员有下列情形之一的，自动丧失会员资格：

（1）单位会员2年不按规定交纳会费，个人会员1年不按规定交纳会费；

（2）2年不按要求参加本会活动；

（3）不再符合会员条件；

（4）丧失民事行为能力；

（5）个人会员被剥夺政治权利。

6）主要刊物

中国内部审计协会主办的主要刊物是《中国内部审计》。

3.3.2 国际内部审计师协会

3.3.2.1 协会简介

国际内部审计师协会（IIA）是由内部审计人员组成的国际性审计职业团体，成立于1941年，其前身是美国内部审计师协会。1941年以前，美国只有个别的内部审计人员、内部审计小组或机构。由于当时企业规模较小，管理水平较低，那时的内部审计一般是在单位内部的会计机构管理和控制之下，从事一些防护性审查、保护财产、查找弊端的工作，而且人数较少，在单位的地位很低，作用很小，不构成单位内部一项独立的职能，被视为会计的秘书。随着公司规模的扩大，管理层越来越需要别人的帮助，这种情况为内审的发展提供了机会。1941年春，爱迪生电力研究所和美国电气化联合会这两个公用事业组织率先建立了内部审计分委会。4月，分委会邀请北美公司内部审计负责人约翰·B.瑟斯顿（John B.Thurston）作题为"内部审计——管理之必需"的讲演，使与会者受到很大的鼓舞。会后，他们的观点达成一致：在公用事业行业，内部审计要作为独立的职业从会计行业分离出来。就在这时，维克托·Z.布林克（Victor Z.Brink）出版了《内部审计的性质、作用和程序方法》一书，把内部审计提高到理论的高度，进一步推动了内部审计人员建立内审职业机构的步伐。于是在1941年9月23日由24名会员成立了创立委员会，由阿瑟·E.霍尔德（Arthur E.Hald）任主席；10月27日通过了协会章程；12月9日举行了第一次年会，选举约翰·B.瑟斯顿为第一任主席，宣告美国内部审计师协会成立，它标志着内部审计从此成为一种独立的职业。

协会成立之初，只在纽约设有分会，后来发展到底特律、芝加哥、费城、洛杉矶和克利夫兰，然而至此，协会也只是美国的协会。1944年，协会在加拿大多伦多设立分会，开始跨越国境。随后，1948年又在伦敦设立分会，逐步发展成为国际性组织。协会面向全球，以"经验共享，共同进步（Progress Through Sharing）"为宗旨。进入20世纪90年代以来，协会更把"在全世界范围内提高内部审计的形象"作为战略目标。国际内部审计师协会由国家分会、各国的一般分会、审计俱乐部和个人会员组成。协会现有196个分会，分布在全球100多个国家和地区。中国内部审计学会在1987年加入该组织，成为其国家分会。

国际内部审计师协会是联合国经济及社会理事会的顾问组织，是最高审计机关国际组织的常任观察员，是国际政府财政管理委员会、国际会计师委员会的团体会员。

3.3.2.2 机构设置

国际内部审计师协会的组织机构主要有理事会、执行委员会、国际委员会和总部。

1）理事会

理事会是协会的最高领导机构，由执行委员会委员、大区组织和地区组织的主任和一般主任组成。他们是来自各行各业的内部审计师，作为志愿者为协会无偿服务，任期一年。理事会的主要职责是审批协会工作计划、预算，受理各委员会提出的建议，指导协会的工作。

2）执行委员会

执行委员会由理事会主席、第一副主席、三位副主席、国际秘书、国际司库、三名近期前任理事会主席组成，负责监督协会日常工作。

3）国际委员会

国际委员会是专业实务部、高级技术委员会、专业标准委员会、专业问题委员会的总称，在组织体系上隶属于执行委员会领导。各国际委员会的成员全部由志愿者担任。

（1）专业实务部，负责发表《内部审计实务标准》（"标准"一词亦译为"准则"）。

（2）高级技术委员会，负责发表《内部审计实务标准公告》。

（3）专业标准委员会，负责发表《内部审计实务标准说明》。

（4）专业问题委员会，就一些专业性问题向协会提出建议。

4）总部

总部设在美国佛罗里达州，负责处理协会的日常事务工作，由协会常任主席领导。总部下设与执行委员会下属的各国际委员会对口的机构，以便为其服务。总部还设有财务部，以处理协会日常财务收支业务。

3.3.2.3　国际内部审计师协会的主要职责

国际内部审计师协会的主要职责如下：

（1）为会员履行各项专业职责和促进内部审计事业的发展提供服务。

（2）在国际范围内开展全面的专业开发活动，制定内部审计实务标准，颁发国际注册内部审计师证书。进入20世纪90年代后，国际内部审计师协会把"在全世界范围内提高内部审计的形象"作为战略目标，把"突出介入风险管理和高层管理的必要性、指导内部审计适应形势并发挥作用"作为战略方向，而发展并推广全球性的国际注册内部审计师认证考试，全面提高内部审计人员的专业胜任能力，则是其主要措施之一。

（3）为协会会员和全世界公众提供研究、传播、发展内部审计包括内部控制以及有关课题的知识与信息。

（4）加强各国内部审计师之间的联系，交流内部审计信息和各国内部审计经验，促进内部审计教育事业的发展。

协会每年举行一次年会，围绕各国内部审计师普遍关注的问题和面临的挑战确定主题和分题。由与会代表各自提交论文，参加分组讨论，互相交流经验，探讨新的理论。会议期间还展示内部审计最新的成果和书刊。

3.3.2.4　国际内部审计师协会出版的主要刊物

国际内部审计师协会出版的主要刊物如下：

（1）《内部审计师》（The Internal Auditor），是一本学术性双月刊。

（2）《今日内部审计协会》（The IIA Today），是一本新闻简讯双月刊。

（3）《国际内部审计师协会教育者》（The IIA Educator），是由学术界出版的简讯。

关键概念

职业道德　执业能力　内部审计协会

本章小结

本章主要涉及三个方面：

一是内部审计人员的职业道德规范。该部分主要阐述了内部审计人员职业道德的必要性和目的，内部审计人员职业道德的含义和基本要求，职业道德的一般原则——诚信正直、客观性、专业胜任能力、保密等问题，并对国际内部审计师协会（IIA）的《职业道德规范》做了简要介绍。

二是内部审计人员的执业能力。该部分主要阐述了内部审计人员执业能力的基本要求，包括政治素质、职业道德、职业作风、业务素质、综合素质，并对国际注册内部审计师（CIA）考试及其作用与意义、CIA 与传统内部审计人员的差异、CIA 考试在中国等情况进行了介绍，还就内部审计人员后续教育的组织领导和范围、内容与方式、学时标准、内部审计机构与内部审计协会的管理职责进行了阐述。

三是内部审计协会。该部分主要介绍了中国内部审计协会的性质、宗旨、业务范围、组织架构、会员等相关情况，并对国际内部审计师协会的性质、机构设置、主要职责、主要刊物等问题做了简要阐述。

阅读案例

这些审计人员的审计行为恰当吗

某股份有限公司审计部审计人员赵明于 20××年 2 月对该股份有限公司所属一家生产企业进行了年终审计。经审计得知该企业年内亏损严重，如果短期内无法扭转亏损，可能马上就要宣布破产。但考虑到为企业保守商业秘密，赵明未在审计报告中予以反映。

张新也是该股份有限公司审计部审计人员。在对所属东方电子公司进行年度审计时，东方电子公司要求张新在半个月内完成所有的审计任务，并出具审计报告，以便向公司股东大会汇报。张新同意了这一条件，并按此要求编制项目审计计划。该项目的另一位审计人员黎明多年来一直协助东方电子公司编制会计报表。为了及时完成任务，张新临时聘用了一批还没有毕业的会计专业的大学生。由于张新手上还有一个项目没有完成，因此，他对这些学生进行应急培训之后，即告诉他们如何核对账册、检查凭证等，然后就请他们去东方电子公司进行审计，还指派了一个学习成绩较好的学生作为该项目的临时负责人，他自己则在另一家公司进行电话指挥。10 天后，这些学生带回厚厚一叠工作底稿。因为时间有限，张新将这些工作底稿稍作整理，就草拟了审计报告，并在两周之内提交给了东方电子公司。

根据以上资料，评价上述审计人员的审计行为是否合适，并解释原因。

实务点拨

审计干部应具备的基本业务素养探析

第4章 内部审计机构

学习目标

通过本章学习，了解内部审计机构设置原则，了解内部审计机构的职责和权限，重点把握内部审计机构常见设置模式，熟悉内部审计机构管理。

4.1 内部审计机构的设置原则

根据2018年3月1日起施行的《审计署关于内部审计工作的规定》，单位应当依照有关法律法规、本规定和内部审计职业规范，结合本单位实际情况，建立健全内部审计制度，明确内部审计工作的领导体制、职责权限、人员配备、经费保障、审计结果运用和责任追究等。

国家机关、事业单位、社会团体等单位的内部审计机构或者履行内部审计职责的内设机构，应当在本单位党组织、主要负责人的直接领导下开展内部审计工作，向其负责并报告工作。国有企业内部审计机构或者履行内部审计职责的内设机构应当在企业党组织、董事会（或者主要负责人）直接领导下开展内部审计工作，向其负责并报告工作。国有企业应当按照有关规定建立总审计师制度。总审计师协助党组织、董事会（或者主要负责人）管理内部审计工作。内部审计机构的设置应遵循独立性原则和权威性原则。

4.1.1 独立性原则

独立性，是指内部审计机构和人员在进行内部审计活动时，不存在影响内部审计客观性的利益冲突的状态。独立性一般是指内部审计机构的独立性。独立性是内部审计的灵魂，内部审计活动只有具备应有的独立性，才能做出公正的、不偏不倚的鉴定和评价。

内部审计机构的独立性主要受内部审计机构与董事会或最高管理层关系的影响，并需要依靠规范的机构管理工作得以保证。具体而言，内部审计机构的独立性受到以下因素的影响：（1）董事会或最高管理层的支持；（2）内部审计机构的管理体制；（3）内部审计机构负责人的权责范围；（4）内部审计活动受到的外在压力以及干涉程度；（5）其他可能影响内部审计机构独立性的因素。

为确保内部审计机构的独立性，根据中国内部审计准则的相关规定，内部审计机构应隶属于董事会或最高管理层，接受其指导和监督并取得其支持；内部审计机构应通过制定内部审计章程明确其职责和权限范围，并报经董事会或最高管理层批准，以确保内部审计活动不受组织内其他部门的干涉和限制；内部审计机构应向董事会或最高管理层提交审计报告及工作报告，并在日常工作中与其保持有效的沟通；内部审计机构负责人的任免应由董事会或最高管理层经过适当的程序确定，内部审计机构负责人应直接向董事会或最高管理层负责；内部审计机构负责人有权出席或参加由董事会或最高管理层举行的与审计、财务报告、内部控制、治理程序等有关的会议，并积极发挥内部审计的作用。

4.1.2　权威性原则

权威性，是具有使人信服的力量和威望的性状。内部审计的权威性主要体现在内部审计机构的组织地位和设置层次上，组织地位和设置层次越高，权威性越大，内部审计作用的发挥也就越充分。

为确保内部审计机构的权威性，内部审计机构的设置必须独立于各职能部门，内部审计人员必须与被监督对象毫无利益关系并且在审计过程中得到董事会或最高管理层的充分支持。

世界各国的内部审计实践表明，内部审计的组织地位和作用的发挥是相辅相成的。一方面，作用的发挥为内部审计赢得更高的组织地位创造了机会；另一方面，组织地位的提高、独立性的增强又为内部审计人员卓有成效地履行其职责、发挥内部审计的作用提供了条件。

4.2　　内部审计机构常见的设置模式

随着经济全球化和信息技术的应用与发展、并购浪潮的不断兴起，企业面临的竞争日趋激烈。这些环境的变化以及由此带来的由外向内传递的种种风险，使得人们对内部审计的期望在发生改变。内部审计作为现代企业制度的重要组成部分，是一种为改善组织经营而设计的独立的、客观的确认与咨询活动，已成为强化企业经营管理的重要手段。

国内外实践表明，内部审计机构的设置主要有两种模式：外包和内置。

4.2.1　外包模式

内部审计外包，又称"内部审计外部化"，是指组织及其内部审计机构将内部审计的职能部分或全部通过契约委托给组织外部具有一定资质的中介机构来执行。内部审计外部化源于迈克尔·波特的竞争理论，最先是由安达信、安永、毕马威等全球知名的咨询机构提出的。20世纪90年代开始，内部审计外包引起了越来越多的关注，已经有为数不少的企业或事业单位实行内部审计外包。

内部审计外包一般有两种形式：一是企业不设置内部审计机构，将内部审计的全部职能外包给中介机构；二是企业设置内部审计机构，内部审计机构根据具体情况将内部审计的部分职能或者业务外包给中介机构。部分职能外包主要有补充与审计管理咨询两种形式。补充是企业将特定部分的内部审计职能赋予有专业胜任能力的称职的第三方，通常是工程、法律、计算机、金融等方面的专家，以获得所需的专业技能，在这种模式下，外包承包人与企业内部审计部门一起完成短期内需要大量时间或需要专门技术的工作；审计管理咨询是对会计师事务所现有咨询或审计项目的延伸和扩展，其目的是帮助企业确定内部审计机构设置、人员数量及配备情况，促进内部审计计划的形成和改进，帮助管理层定义主要风险领域，帮助企业招聘内部审计人员等。在内部审计机构现有的资源无法满足工作目标要求、内部审计人员缺乏特定的专业知识或技能，或者聘请中介机构符合成本效益原则等情形下，内部审计机构经批准可以将内部审计业务全部或部分外包给中介机构。内部审计业务外包管理的关键环节一般包括选择中介机构、签订业务外包合同（业务约定书）、审计项目外包的质量控制、评价中介机构的工作质量等。内部审计机构应当对中介机构开展的受托业务进行指导、监督、检查和评价，并对采用的审计结果负责。

内部审计外包是社会经济发展及专业化分工协作越来越细的结果。从经济学与管理学的角度看，这种模式的主要优点有：（1）有利于保证内部审计的独立性，不同于受雇于企业的内部审计人员，注册会计师等外部审计人员是根据与企业签订的契约开展内部审计工作的，与企业其他职能部门没有内在的利益冲突与联系，能提供更具独立性和客观性的评价结果；（2）有助于获得高水准的服务，作为内部审计的外包机构，会计师事务所拥有大量管理咨询、资产评估、税务服务等方面的专业人才，其服务领域遍布各行各业，其执业人员——注册会计师——熟悉不同的经营理念和管理方式，能根据自身经验及被审计单位的经营过程、风险控制和管理等活动进行客观的评价并提出切合管理者需要的建议。

这种模式的主要缺点有：（1）外包降低了公司治理的效果，内部审计在公司治理中扮演着独特的内部监督与信息传递角色，其作用十分重要。在公司治理结构安排中，如将内部审计外包，高级管理人员和董事会将会失去一个重要的信息反馈来源，势必影响公司治理的有效性。（2）外包放弃了内部审计自身的资源优势，与熟悉公司管理政策、业务程序、经营活动、人事状况以及了解企业组织文化、业务过程、风险控制特点的内部审计人员不同，外部咨询机构只能凭借一些公开的资料、通过询问和观察来确定服务的重点，企业因保密的需要不可能向他们提供完整的资料，这势必影响到外部咨询机构的判断和对企业的进一步了解，从而影响审计的质量。内部审计外包会确保内部审计更加独立，但同时也将使内部审计更加边缘化。

4.2.2　内置模式

内部审计机构内置，是指依据《审计署关于内部审计工作的规定》、中国内部审计准则等相关法规与准则，在企业内部设立专职的内部审计机构，执行内部审计职责。自20世纪80年代审计工作在我国恢复以来，内部审计机构的内置模式主要有单一领导模式和双重领导模式。

4.2.2.1　单一领导模式

在单一领导模式下，内部审计机构只对一个上级主管负责，但可以被设在管理层、监管层、治理层等不同层级上。

1）内部审计机构设在管理层

（1）内部审计机构隶属于财务部门负责人

这是在内部审计的较早阶段普遍采纳的一种模式，该模式符合内部审计初级阶段财务收支审计的目标。在这种"归口管理"模式下，总会计师或主管财务的副总经理既管财会工作又管审计工作，尽管业务协调上比较便利，但实际上形成了自己监督自己的局面，难以保证内部审计机构及其人员开展业务的实质性独立。内部审计机构及其人员在制订审计计划、实施审计程序乃至最后提出审计建议和意见时易受干扰，难以保持应有的客观公正的态度。在这种模式下，内部审计只是进行一些日常性的审计工作，难以从企业整体层面出谋划策，不能直接为经营决策服务。

现代内部审计要求为企业提供整体经营建议，解决的问题涉及企业经营的各个环节，需要不同领域的人员通力合作，提供全面的审计意见。特别是随着近年来内部审计向"服务导向型"转变，现代内部审计的职能已逐步拓展为监督、评价、控制与咨询服务，审计的重点也逐步转向以绩效评价为主的管理审计，这种机构设置模式更显得捉襟见肘、不合时宜。

（2）内部审计机构隶属于总经理等高级管理人员

在这种模式下，内部审计通常是接受总经理的委托，对下属单位各项经营活动进行检查、监督和评价。总经理作为股东的代理人承担着为股东财产保值增值的职责，并将股东财富最大化作为企业的发展目标。在管理过程中，总经理要将自身承担的责任和目标在企业内部层层分解，逐步落实。

内部审计机构隶属于管理层，其职能定位立足于"服务导向型"，力图通过内部审计机构和管理层的良好沟通，帮助改善经营管理，提高管理水平。内部审计机构由总经理管理和负责，是基于总经理与下属部门之间的委托代理关系而产生的，有效的内部审计可减少下属部门的逆向选择和道德风险，降低总经理对下属的监督约束成本。

总经理领导的模式有利于总经理掌握内部审计的详细情况与动态发展，对企业部门进行监督管理。其优势在于：一方面，内部审计能获得一定程度的独立性和较高的级别地位，可以对企业日常的全面经营管理活动进行监督、评价，可以及时向企业高级管理人员反映问题，建议纠正措施，提供决策咨询服务；另一方面，内部审计机构也可以从企业高级管理人员获得连续、及时的信息反馈，并且由企业高级管理人员协调内部审计机构和其他中级管理部门之间的关系，有利于内部审计实现提高经营管理水平和经济效益的目的。

由于隶属关系的限制，这种模式也有其自身的局限性。基于"理性人"假设，总经理在实际工作中很有可能更多地为自身利益考虑，脱离增加股东价值的轨道。总经理领导的模式使总经理凌驾于内部审计之上，内部审计的控制范围被无形地缩小于总经理的权限范围以内。内部审计难以审查企业高级管理人员，无法对总经理的经济责任进行独立的监督和评价。特别是由于企业中级管理部门的很多活动是由总经理授意或控制的，故而当内部审计对这类活动进行检查时将难以保持独立性以及在审查和评价中的客观性。如果被审计对象所体现的总经理意志违反了相关内部控制制度、法律法规或职业道德等，则内部审计活动还很有可能受到来自企业高级管理人员的阻碍和影响。基于委托代理关系产生的所有权与经营权分离制度，使得股东与总经理之间存在利益冲突，内部审计如果不能将监督、评价总经理的行为纳入其职责范围，必然影响内部审计的权威性，不利于保障股东的权利。因此，这种模式对降低股东和总经理（高级管理人员）基于委托代理关系而产生的信息不对称毫无帮助，未能使内部审计达到应有的独立水平，不能完全保证内部审计职能的有效履行。

2）内部审计机构设在监管层

在这种模式下，内部审计机构由监事会领导，作为监事会的具体办事机构，向监事会报告工作。监事会由股东代表和职工代表组成，是企业内部与董事会相互制衡的机构，其主要职权是对董事、经理执行公司职务时违反法律、法规或公司章程的行为进行监督。

将内部审计机构隶属于监事会，其优势在于：内部审计机构完全以监督者的身份出现，与企业高级管理人员甚至董事会脱钩，具有很高的权威性与独立性，监督透明度大，有利于保障内部审计的独立性和公正性。并且，监事会关注内部审计作用的发挥，也期望对内部审计揭示的问题做出其职权范围内的判断，二者有共同的关注点。这种模式适合于企业产权关系易发生紊乱的企业，如国有资产股权比重较大、管理层级复杂的大型企业，采用这种模式有利于强化内部经济监督，保证国有资产保值增值。如果企业不存在内部人控制，内部审计机构隶属于董事会与隶属于监事会是等同的。但事实是企业普遍存在着内部人控制现象，在这种情况下内部审计机构隶属于监事会，其权威性更高。这种制度安排不仅有利于内部审计职能的发挥，而且有利于监事会监督职能的发挥。其局限性在于：由于监事会不能兼任企业的经营管理职务，没有经营管理权，内部审计作为监事会的直属机构就不能及时根据经营管理需要开展专项工作，不能随时为企业经营决策提供咨询服务，对审计中发现的问题也难以立刻向企业高级管理人员反映并提出纠正建议。此外，监事会的工作重点是监督董事会、总经理及其他管理者的行为是否偏离岗位要求，侧重合规性与合法性，而内部审计侧重审查过程与效果，促进价值最大化，工作重点在于经营的效率与效果。将内部审计机构设在监事会下，实际工作中往往会将两者的工作混为一谈从而削弱彼此的作用。该模式下的内部审计不利于促进企业改善经营管理、提高经济效益，不能有效发挥内部审计对企业经营管理的服务职能。

3）内部审计机构设在治理层

内部审计机构设在治理层是指内部审计机构隶属于董事会或其下属的审计委员会。董事会直接对股东（大）会负责，负责执行股东（大）会的决议、决定企业的生产经营策略以及任免总经理等。董事会作为股东代表大会的常设机构，代表股东监督管理人员的工作和企业目标的实现情况。审计委员会是董事会下设的一个专门委员会，由董事会任命，一般由具有企业管理、财务会计、工程技术、市场营销等专业知识和工作经验的独立董事组成。

内部审计机构直接隶属于董事会或其下设的审计委员会，其优势在于：内部审计机构具有较强的独立性、权威性和较高的组织地位，可以确保内部审计独立、客观地对企业全面经营管理活动进行审查以及对企业高级管理人员进行有效的监督和评价。其不足之处在于：董事会或者审计委员会不能及时地召开会议对内部审计工作进行集体讨论决议，从而难以对内部审计工作进行日常监督和指导。内部审计在遇到意外情况时也常常缺乏及时和充分的指示和反馈，导致内部审计工作效率降低，也削弱了内部审计发挥的作用。

4.2.2.2　双重领导模式

双重领导模式是指在业务上向审计委员会报告业绩，在行政上向经理层负责并报告工作。这种双向负责、双轨报告，保持双重关系的组织形式，是目前备受理论界推崇的模式，与国际内部审计师协会的《国际内部审计专业实务标准》的要求相一致。该准则在绪言部分指出，"内部审计的目的是协助该组织的管理成员有效地履行他们的职责"，而内部审计所要协助的本组织的"管理成员""包括管理人员和董事会成员"两方面成员；内部审计机构"根据高级管理人员和董事会所规定的政策来执行其职能"，其宗旨、权力和责任的说明（章程）是"由高级管理人员批准并得到董事会认可的"。

其优势如下：（1）能够最大限度地体现内部审计的独立性和权威性。独立性和权威性的强弱取决于内部审计机构的隶属关系和领导层级的高低。领导层级越高，独立性和权威性越高，反之越弱。董事会和经营管理机构是企业的主要领导机构，故在其领导下的内部审计机构能够较好地体现它的相对独立性和权威性，从而为内部审计工作的顺利开展奠定良好的基础。（2）有利于保证现代企业制度下内部审计职能的发挥。从西方现代内部审计工作的发展趋势来看，其重心已转移到评价、鉴证和建设性功能的发挥，这同样也是我国内部审计的发展趋势。在这种模式下，内部审计机构开展审计业务时，主要发挥监督职能；作为行政部门，则承担评价、服务等职能，更好地发挥内部审计"改善经营管理、提高经济效益"的职能。

4.3 ‖ 内部审计机构的职责与权限

4.3.1　内部审计机构的职责

内部审计机构或者履行内部审计职责的内设机构应当按照国家有关规定和本单位的要求，履行下列职责：

（1）对本单位及所属单位贯彻落实国家重大政策措施情况进行审计；

（2）对本单位及所属单位发展规划、战略决策、重大措施以及年度业务计划执行情况进行审计；

（3）对本单位及所属单位财政财务收支进行审计；

（4）对本单位及所属单位固定资产投资项目进行审计；

（5）对本单位及所属单位的自然资源资产管理和生态环境保护责任的履行情况进行审计；

（6）对本单位及所属单位的境外机构、境外资产和境外经济活动进行审计；

（7）对本单位及所属单位经济管理和效益情况进行审计；

（8）对本单位及所属单位内部控制及风险管理情况进行审计；

（9）对本单位内部管理的领导人员履行经济责任情况进行审计；

（10）协助本单位主要负责人督促落实审计发现问题的整改工作；

（11）对本单位所属单位的内部审计工作进行指导、监督和管理；

（12）国家有关规定和本单位要求办理的其他事项。

4.3.2　内部审计机构的权限

内部审计机构或者履行内部审计职责的内设机构应有下列权限：

（1）要求被审计单位按时报送发展规划、战略决策、重大措施、内部控制、风险管理、财政财务收支等有关资料（含相关电子数据，下同），以及必要的计算机技术文档；

（2）参加单位有关会议，召开与审计事项有关的会议；

（3）参与研究制定有关的规章制度，提出制定内部审计规章制度的建议；

（4）检查有关财政财务收支、经济活动、内部控制、风险管理的资料、文件和现场勘察实物；

（5）检查有关计算机系统及其电子数据和资料；

（6）就审计事项中的有关问题，向有关单位和个人开展调查和询问，取得相关证明材料；

（7）对正在进行的严重违法违规、严重损失浪费行为及时向单位主要负责人报告，经同意做出临时制止决定；

（8）对可能转移、隐匿、篡改、毁弃会计凭证、会计账簿、会计报表以及与经济活动有关的资料，经批准，有权予以暂时封存；

（9）提出纠正、处理违法违规行为的意见和改进管理、提高绩效的建议；

（10）对违法违规和造成损失浪费的被审计单位和人员，给予通报批评或者提出追究责任的建议；

（11）对严格遵守财经法规、经济效益显著、贡献突出的被审计单位和个人，可以向单位党组织、董事会（或者主要负责人）提出表彰建议。

4.4　　内部审计机构管理

内部审计机构管理，是指内部审计机构对内部审计人员和内部审计活动实施计划、组织、领导、控制和协调工作。内部审计机构应当接受董事会或最高管理层的指导和监督，内部审计机构负责人对内部审计机构管理的适当性和有效性负完全责任。

4.4.1　内部审计机构管理的目的

内部审计机构的管理应达到以下目的：

（1）实现内部审计目标；

（2）使内部审计资源得到经济和有效的利用；

（3）提高内部审计质量，更好地履行监督与评价的职责；

（4）使内部审计活动符合内部审计准则的要求。

4.4.2　内部审计机构管理的途径及方式

内部审计机构应当制定内部审计章程，对内部审计活动的目标、职责和权限进行规范，并报经董事会或者最高管理层批准。内部审计章程应包括以下主要内容：内部审计目标；内部审计机构的职责和权限；内部审计范围；内部审计标准；其他需要明确的事项。

内部审计机构应当建立合理、有效的组织结构，多层级组织的内部审计机构可以实行集中管理制或者分级管理。实行集中管理的内部审计机构可以对下级组织实行内部审计派驻制或者委派制；实行分级管理的内部审计机构应当通过适当的组织形式和方式对下级内部审计机构进行指导和监督。

4.4.3　内部审计机构管理的层次

内部审计机构管理可以分为部门管理和项目管理两个层次。

4.4.3.1　内部审计机构的部门管理

部门管理主要包括内部审计机构运行过程中的一般性行政管理。内部审计机构管理的内容主要包括审计计划、人力资源、财务预算、组织协调、审计质量等。

1）审计计划

内部审计机构应当根据组织的风险状况、管理需要及审计资源的配置情况，编制年度审计计划。

2）人力资源

内部审计机构应当根据内部审计目标和管理需要，加强人力资源管理，保证人力资源利用的充分性和有效性。该项管理主要包括：内部审计人员的聘用；内部审计人员的培训；内部审计人员的工作任务安排；内部审计人员专业胜任能力分析；内部审计人员的业绩考核与激励机制；其他有关事项。

3）财务预算

内部审计机构负责人应当根据年度审计计划和人力资源计划编制财务预算。编制财务预算时应考虑以下因素：内部审计人员的数量；内部审计工作的安排；内部审计机构的行政管理活动；内部审计人员的教育及培训要求；内部审计工作的研究和发展；其他有关事项。

4）组织协调

内部审计机构应当根据组织的性质、规模和特点，编制内部审计工作手册，以指导内部审计人员的工作。内部审计工作手册主要包括以下内容：内部审计机构的目标、权限和职责的说明；内部审计机构的组织、管理及工作说明；内部审计机构的岗位设置及岗位职责说明；主要审计工作流程；内部审计质量控制制度、程序和方法；内部审计人员职业道德规范和奖惩措施；内部审计工作中应当注意的事项。

内部审计机构和内部审计人员应当在组织董事会或者最高管理层的支持和监督

下，做好与组织其他机构和外部审计的协调工作。内部审计机构应当接受组织董事会或者最高管理层的领导和监督，在日常工作中保持有效的沟通，向其定期提交工作报告，适时提交审计报告。

5）审计质量

内部审计机构应当制定内部审计质量控制制度，通过实施督导、分级复核、审计质量内部评估、接受审计质量外部评估等，保证审计质量。

4.4.3.2 内部审计机构的项目管理

项目管理主要包括内部审计机构对审计项目业务工作的管理与控制。

1）项目审计计划

内部审计机构应当根据年度审计计划确定的审计项目，编制项目审计方案并组织实施，在实施过程中做好审计项目管理与控制工作。

2）内部审计机构与项目负责人职责

在审计项目管理过程中，内部审计机构负责人与项目负责人应当充分履行职责，以确保审计质量，提高审计效率。

内部审计机构负责人在项目管理中应当履行下列职责：选派审计项目负责人并对其进行有效的授权；审定项目审计方案；督导审计项目的实施；协调、沟通审计过程中发现的重大问题；审定审计报告；督促被审计单位对审计发现问题的整改；其他有关事项。

审计项目负责人应当履行的职责包括下列方面：编制项目审计方案；组织审计项目的实施；对项目审计工作进行现场督导；向内部审计机构负责人及时汇报审计进展及重大审计发现；组织编制审计报告；组织实施后续审计；其他有关事项。

3）管理辅助手段

内部审计机构可以采取下列辅助管理工具，完善和改进项目管理工作，保证审计项目管理与控制的有效性：审计工作授权表；审计任务清单；审计工作底稿检查表；审计文书跟踪表；其他辅助管理工具。

4）审计档案管理制度

内部审计机构应当建立审计项目档案管理制度，加强审计项目工作底稿的归档、保管、查询、复制、移交和销毁等环节的管理工作，妥善保存审计档案。

关键概念

内部审计机构　设置原则　设置模式　职责与权限

本章小结

本章主要介绍了内部审计机构的设置原则、内部审计机构常见的设置模式、内部审计机构的职责与权限、内部审计机构管理。内部审计机构的设置应遵循独立性原则与权威性原则。独立性是指内部审计机构和人员在进行内部审计活动时，不存在影响内部审计客观性的利益冲突的状态。权威性，是具有使人信服的力量和威望的性状。内部审计的权威性主要体现在内部审计机构的组织地位和设置层次上，组织地位和设置层次越高，权威性越大，内部审计作用的发挥也就越充分。内部审计机构的设置主要有两种模式：外包和内置。内部审计外包，又称"内部审计外部化"，是指聘请会计师事务所或其他专业人员来执行内部审计工作。内部审计机构内置，是指依据《审计署关于内部审计工作的规定》、中国内部审计准则等相关法规与准则，在企业内部设立专职的内部审计机构，执行内部审计职责。内部审计机构内置又分为单一领导模式和双重领导模式等。内部审计机构管理，是指内部审计机构对内部审计人员和内部审计活动实施计划、组织、领导、控制和协调工作。内部审计机构管理可以分为部门管理和项目管理两个层次。

阅读案例

帕玛拉特公司的内部审计机构

在组织体系建设中要体现审计的独立性，内部审计机构在组织人员、工作和经费等方面应独立于被审计单位，独立行使审计职权，不受总经理、其他职能部门和个人的干预，以体现监督的客观性、公正性和有效性。内部审计基本准则和具体准则的相关规定与 IIA 的《国际内部审计专业实务标准》的趋同迹象十分明显，如规定内部审计机构应当接受董事会或者最高管理层的领导和监督，并保持与董事会或者最高管理层及时、高效的沟通，以保证内部审计的独立性。

由坦齐始创的帕玛拉特公司曾是意大利的第 8 大企业，位居 2003 年全球五百强的第 369 位，位居食品生产企业的前 10 名。但 2003 年 11 月中旬，公司突然宣布无法偿还到期价值 1.5 亿欧元的债券，继而公司宣称无法清偿约 5 亿欧元的共同基金。2003 年 12 月 27 日，帕玛拉特向帕尔马地方破产法院申请破产保护并得到批准。

帕玛拉特设有内部审计师和法定审计师委员会。内部审计师实质上是由大股东决定，内部审计委员会基本上被坦齐等一小圈人控制。而其法定审计师委员会则由内部董事控制。在诸多的高管舞弊问题上，法定审计师委员会没有察觉或者知而不报，存在严重的失职行为。法定审计师委员会缺乏独立性，只是个摆设，无法真正独立地发挥审计委员会监督制衡的作用。

请分析帕玛拉特公司在内部审计机构的设置和作用发挥方面存在哪些问题。

实务点拨

领导者的内部审计学

第 5 章　内部审计主要工作

学习目标

通过本章学习，了解内部审计人员在审计准备阶段、审计实施阶段、审计终结阶段以及后续审计阶段需要开展的主要工作以及常用的审计方法。

5.1　　审计计划

审计计划，是指内部审计机构和内部审计人员为完成审计业务、达到预期的审计目的，对审计工作或者具体审计项目做出的安排。审计计划一般包括审计机构编制的年度审计计划、审计人员按照年度审计计划编制的项目审计方案。

审计项目负责人可以根据被审计单位的经营规模、业务复杂程度及审计工作的复杂程度确定审计计划阶段工作的繁简程度，合并或省略某些步骤或采用以前审计工作的成果。

5.1.1　年度审计计划

年度审计计划是对年度预期要完成的审计任务所做的工作安排，是组织年度工作计划的重要组成部分。内部审计机构负责人应当在本年度编制下年度审计计划，并报经单位党组织、董事会（或者主要负责人）批准。单位党组织、董事会（或者主要负责人）应当定期听取内部审计工作汇报，加强对内部审计工作规划、年度审计计划、审计质量控制、问题整改和队伍建设等重要事项的管理。

一般情况下，年度审计计划的编制程序如下：（1）自上而下逐级下达审计工作要求；（2）自下而上逐级编报审计工作计划草案；（3）自上而下逐级核定下达审计工作计划。

5.1.1.1　评价具体审计项目的风险

内部审计机构在编制年度审计计划前，应当重点调查了解以下情况，以评价具体审计项目的风险：（1）组织的战略目标、年度目标及业务活动重点；（2）对相关业务活动有重大影响的法律、法规、政策、计划和合同；（3）相关内部控制的有效性和风险管理水平；（4）相关业务活动的复杂性及其近期变化；（5）相关人员的能力及其岗位的近期变动；（6）其他与项目有关的重要情况。

5.1.1.2　年度审计计划的内容

一个完整的年度审计计划一般须有文字说明和数字表格两部分，即审计计划书和审计计划表。文字说明部分主要说明计划年度审计工作的指导思想、方针、重点、主要任务和编制依据，以及实现计划任务的主要措施。年度审计计划应当包括以下基本内容：（1）年度审计工作目标；（2）具体审计项目及实施时间；（3）各审计项目需要的审计资源；（4）后续审计安排。

5.1.2 项目审计方案

项目审计方案是对实施具体审计项目所需要的审计内容、审计程序、人员分工、审计时间等做出的安排。审计项目负责人应当在审计项目实施前编制项目审计方案，并报经内部审计机构负责人批准。

5.1.2.1 了解被审计单位的情况

审计项目负责人应当根据被审计单位的以下情况，编制项目审计方案：（1）业务活动概况；（2）内部控制、风险管理体系的设计及运行情况；（3）财务、会计资料；（4）重要的合同、协议以及会议记录；（5）上次审计的结论、建议以及后续审计情况；（6）上次外部审计的审计意见；（7）其他与项目审计方案有关的重要情况。

5.1.2.2 项目审计方案的编制过程

编制项目审计方案的过程通常可分为以下几个步骤：

（1）查阅被审计单位以往的审计档案。被审计单位多数情况下并不是第一次接受审计。虽然即将进行的审计与以往的审计的工作目标和范围可能不尽相同，但审计项目负责人却可以通过查阅档案获得被审计单位的背景资料，并为审计工作开始前的初步调查做好准备。

（2）与被审计单位的管理层进行沟通。内部审计人员应在审计工作开始前与被审计单位的管理层进行沟通。沟通可以采用非正式的形式，然后再以备忘录加以确认，也可以召开会议，讨论审计项目的关键事项。

（3）初步调查及调查总结。审计人员在审计项目开始前可根据需要进行初步调查，以熟悉被审计单位的营运活动、内部控制系统及风险，确定审计重点并征求被审计单位的意见。

（4）初步评估重要性与审计风险。内部审计人员在整个审计过程中都应充分考虑重要性与审计风险的问题。

（5）编制项目审计方案。在初步调查以及对重要性与审计风险的评估完成后，审计项目负责人应根据取得的材料编制项目审计方案。

5.1.2.3 项目审计方案的内容

项目审计方案应包括以下基本内容：被审计单位、项目的名称；审计目标和范围；审计内容和重点；审计程序和方法；审计组成员的组成及分工；审计起止日期；对专家和外部审计工作结果的利用；其他有关内容。下面详细介绍其中部分内容：

（1）项目审计目标。项目审计目标是对总体审计目标的细化，直接用以指导具体审计程序和方法。通过对被审计对象的初步了解，结合管理层的要求，汇总以前年度的审计发现与改正措施，审计人员可以确定哪些是被审计单位的重要风险，哪些是次要风险，然后按照风险高低程度排列，就可以确定被审计对象的主要风险，亦即项目审计目标。

（2）审计程序。审计程序是内部审计人员为实现审计目标而采取的一系列方法与步骤的综合，即通过询问、观察、检查、测试等步骤来证明审计目标的实现程度。在确定审计程序时，审计人员需要注意以下三个问题：第一，程序要具体明确，不能模棱两可，与审计目标无关或关系不大的审计程序应全部删除；第二，程序要简单，能准确描述审计操作过程、具体数量与步骤即可，不能重复冗余；第三，程序要可执行，有些程序在理论上是可行的但在实际中却难以执行，这种程序就不适合被采用。

（3）审计人员配备。编制项目审计方案的一个重要内容就是合理配备审计组的主要成员和助理人员。审计项目负责人需要根据审计项目的性质、特点及复杂程度，结合审计人员的学识、专业、能力及经验等，合理配备相应的内部审计人员。

（4）审计时间预算。审计时间预算也就是落实审计方案中的具体时间安排。一般情况下，审计人员在审计准备过程中所花费的时间与其进行现场审计、编制审计报告所需要的时间具有一定的相关性。对于同一个审计项目来说，前期准备时间越充分，现场审计所需要的时间可能就越短。一个审计项目越复杂，所需要执行的审计程序就越多，则所需要的时间预算就越长。内部审计部门在长期的审计工作经验的基础上，已经形成了较为固定的审计程序和一些标准化的审计方案，这既有利于现场审计的进行，也使审计人员能较为准确地控制审计进程，从而为审计项目负责人合理分配审计时间提供基础。

项目审计方案既可以按被审计单位的业务循环来编制，也可以按业务部门来编制，还可以按财务报表的项目来编制。对于某些类型的审计，则可以按照被审计事项的特定内容划分审计范围、编制项目审计方案。譬如，合同审计就可以分为内容审计、合同手续审计、合同执行审计等。

在内部审计实务中，项目审计方案举例见表5-1。

表5-1   **项目审计方案**

项目名称：

审计依据			
审计目标			
审计范围			
审计方式	就地审计（ ）	送达审计（ ）	
审计组	组长		主审
	成员		

续表

被审计项目基本情况

项目性质		项目负责人		财务负责人	
所属单位情况					
单位地址					
邮政编码			联系电话		
执行何种财务会计制度					
项目概况					
重要性水平及风险评估					
审计内容及分工（含运用计算机审计的内容）					
对专家和外部审计结果的利用要点					
研究问题及信息要点	责任人：				
审计步骤、起讫时间					
内部审计机构负责人意见					
主管领导意见					

编制人： 　　　　　　　　　　　编制日期： 　年 　月 　日

5.2 审计通知书

本书所称的审计通知书，是指内部审计机构在实施审计之前，告知被审计单位或者人员接受审计的书面文件。在实施审计项目之前，内部审计机构应向被审计单位或者被审计人员送达审计通知书，正式通知被审计单位做好准备，提供有关文件、会计凭证、账册和报表等资料，并为审计组提供必要的工作条件。

5.2.1 审计通知书的作用及要求

5.2.1.1 审计通知书的作用

第一，审计通知书既是内部审计部门对被审计单位的一种正式的书面告知，也是内部审计执业的一种基本礼节。

第二，送达审计通知书有利于消除被审计单位的误解。送达审计通知书，即告知被审计单位，审计活动是按照年度审计计划开展的，其目的是通过审计工作发现被审计单位管理方面可能存在的问题，并为被审计单位提供一些可行的建议。如果审计没有发现问题，则可将被审计单位成功的管理经验向上级领导汇报，向其他部门推广。

第三，送达审计通知书有利于增强审计师与被审计单位的配合。通过预先告知，审计人员可以让被审计单位为审计工作做好准备，提供与审计相关的文件资料和必要的工作安排（如存货盘点等），并提前通知受审计影响最大的那一部分职员。被审计单位也可以通过审计通知书要求审计部门在实施审计程序时尽量不影响被审计单位正常经营业务的开展，必要时也可以请求审计部门推迟本次审计工作的时间。

5.2.1.2　审计通知书的编制及下发要求

根据内部审计具体准则的要求，内部审计机构应当根据经过批准后的年度审计计划和其他授权或者委托文件编制审计通知书。内部审计机构应在实施审计三日前向被审计单位或者被审计人员送达审计通知书，特殊审计业务的审计通知书可以在实施审计时送达。

在某些情况下，审计人员可能认为突击审计是必要的。其原因在于如果预先通知被审计单位，管理层和职员可能会有意隐瞒一些真相。在这种情况下，审计人员会预先通知高级管理人员和审计委员会，但不会预先通知被审计单位。

5.2.2　审计通知书的内容

审计通知书的主要内容包括：（1）审计项目名称；（2）被审计单位名称或者被审计人员姓名；（3）审计范围和审计内容；（4）审计时间；（5）需要被审计单位提供的资料及其他必要的协助要求；（6）审计组组长及审计组成员名单；（7）内部审计机构的印章和签发日期。

如要求被审计单位提前进行自查，应在审计通知书中写明自查的内容、要求和事件，并适当提前发出审计通知书时间。审计通知书的范例见表5-2。

表5-2　　　　　　　　　　　**审计通知书**

×审〔××××〕×号

××××关于审计××（审计项目名称）的通知

××××（被审计单位）：

　　根据××××年度审计工作计划安排，决定派出审计组，自××××年××月××日起，对你单位（××××时间段）（××××内容）（审计目的及审计范围）进行审计。接此通知后，请予以积极配合，并提供有关资料和必要的工作条件。

审计组组长：

审计组成员：

（内部审计机构公章）

审计机构负责人签字：

签发日期：

抄送：

必要时可抄送组织内部相关部门。涉及组织内部个人责任的审计项目，应抄送被审计者本人。

5.3　　　　　　　　　　　审计证据

本书所称的审计证据，是指内部审计人员在实施内部审计业务中，通过实施审计程序所获取的，用以证实审计事项，支持审计结论、意见和建议的各种事实依据。只有取得充分适当的审计证据，才能形成合乎要求的审计工作底稿，并为做出审计结论和建议提供合理依据。由此可见，如何收集并鉴别审计证据是影响审计质量的关键。

5.3.1　审计证据的含义

审计证据是内部审计人员在实施内部审计业务中，通过实施审计程序所获取的，这表明了审计证据的获取范围。审计证据属于证据，但其范围比证据小，不是在审计活动中取得的信息不能成为审计证据。

获取审计证据的目的是证实审计事项，做出审计结论和建议。由于目的的特殊性，审计证据与法律证据等其他类型的证据具有一定的区别。某些证据虽然不能构成法律证据，但具有一定的说服力，能形成审计结果和建议，也属于审计证据。

5.3.2　审计证据的类型

内部审计人员应当依据不同的审计事项及其审计目标获取不同种类的审计证据。审计证据包括以下几种类型：书面证据、实物证据、视听证据、电子证据、口头证据、环境证据。

5.3.2.1　书面证据

书面证据是指审计人员在审计工作中运用审计方法依法取得的、能客观反映被审计事项、以书面形式存在的资料。从被审计单位或相关单位收集的凭证、账簿、报表、计划、合同、证明函件、信件等，都属于书面证据。书面证据是审计人员搜集证据的主要形式，也是形成审计意见和审计结论的重要基础。

5.3.2.2　实物证据

实物证据是指审计人员在审计工作中，运用审计方法依法获取的、能客观反映被审计单位事项、以实物形式存在的财产物资。从被审计单位收集的厂房、机器、设备、材料、现金等实物信息，都属于实物证据。

5.3.2.3　视听证据

视听证据是指以录音、录像等形式储存的视听资料，与审计相关的会议录像、讲话录音等都是证明力较强的证据。作为审计证据的视听资料，应调取原始载体或复制件，注明制作方法、制作时间、证明对象、制作人等。声音资料应附有该声音内容的文字记录。

5.3.2.4　电子证据

电子证据是伴随现代电子技术发展而出现的证据形式，是指以物理形式存储于计算机系统内容及其存储器中的指令和资料，包括计算机程序和程序运行过程中所处理的信息资料（如文本资料、运算数据、图形表格等）。

5.3.2.5　口头证据

口头证据又称为言词证据，是指审计人员在审计工作中运用审计方法，依法获取的、能客观反映被审计事项、以语言形式存在的资料。有关人员的谈话、当事人根据审计人员提出的问题所做的口头叙述或答复等，都属于口头证据。

口头证据主要用于发觉需要审查的情况，提供获取其他证据的线索，并作为其他证据的佐证材料。

5.3.2.6　环境证据

环境证据又称为状况证据，是指对被审计事项产生影响的各种环境事实。从与被审计单位的关系的角度考察，又可分为内部环境证据与外部环境证据。

内部环境证据是指被审计单位内部存在的各种环境事实，包括有关内部控制、被审计单位管理人员素质、各种管理条件和管理水平、主要管理人员的观念品行等。

外部环境证据是指存在于被审计单位外部的各种环境事实，包括有关法律、法规及统一的规章制度、政府主管部门的执法检查指导和监督、行业自律状况、社会舆论的关注程度等。无论是内部环境证据还是外部环境证据，都是通过审计人员提炼和记录而取得。

5.3.3　审计证据的要求

内部审计人员获取的审计证据应当具备相关性、可靠性和充分性。其中，相关性和可靠性，又称为审计证据的适当性，是对审计证据的质量要求，只有相关且可靠的审计证据才是高质量的；而充分性则是对审计证据的数量要求。需要注意的是，如果审计证据的质量存在缺陷，那么审计人员仅靠获取更多数量的审计证据也无法弥补其质量上的缺陷。

5.3.3.1　审计证据的相关性

相关性是审计证据的质量标准。相关性即审计证据与审计事项及其具体审计目标之间具有实质性联系。

审计证据要有证明力，必须与审计目标相关。例如，内部审计人员在审计过程中怀疑被审计单位发出存货却没有给顾客开具发票，需要确认销售是否完整记录，内部审计人员应当从发货单中选取样本，追查与每张发货单相对应的销售发票副本，以确定是否所有发货单均已开具发票。如果审计人员从销售发票副本中选取样本，并追查至与每张发票相对应的发货单，由此获得的证据与完整性目标就不相关。

审计证据是否相关必须结合具体审计目标来考虑。在确定审计证据的相关性时，内部审计人员应考虑以下几个方面：

（1）特定的审计程序可能只为某些认定提供相关的审计证据，而与其他认定无关。譬如，检查期后应收账款收回的记录和文件可以提供有关存在性和计价准确性的审计证据，但不一定与期末截止性认定是否恰当相关。

（2）针对同一项认定可以从不同来源获取审计证据或获取不同性质的审计证据。例如，审计人员可以分析应收账款的账龄和应收账款的期后收款情况，以获取与坏账准备计提有关的审计证据。

（3）只与特定认定相关的审计证据并不能替代与其他认定相关的审计证据。例如，有关存货实物存在性的审计证据就不能作为与存货计价相关的审计证据。

5.3.3.2　审计证据的可靠性

可靠性也是审计证据的质量标准。可靠性即审计证据真实、可信。

审计证据的类型不同，其可靠程度也不一样。内部审计人员要根据审计证据的类型、来源等因素评价证据的可靠性。审计人员在判断审计证据的可靠性时，通常会考虑以下原则：

（1）从外部独立来源获取的审计证据比从其他来源获取的审计证据更可靠。从外部独立来源获取的审计证据未经被审计单位有关职员之手，从而减少了伪造、更改凭证或业务记录的可能性，因而其证明力最强。此类证据有银行询证函回函、应收账款询证函回函、保险公司等机构出具的证明等。

（2）内部控制有效时内部生成的审计证据比内部控制薄弱时内部生成的审计证据更可靠。如果被审计单位有着健全的内部控制制度且在日常管理中得到一贯执行，会计记录的可信赖程度将会增加。如果被审计单位的内部控制薄弱，甚至不存在任何内部控制，被审计单位内部凭证记录的可靠性就大为降低。例如，如果与销售业务相关的内部控制有效，审计人员就能从销售发票和发货单中取得比内部控制不健全时更可靠的审计证据。

（3）直接获取的审计证据比间接获取或推论得出的审计证据更可靠。譬如，审计人员观察某项内部控制的运行得到的证据比询问被审计单位某项内部控制的运行得到的证据更可靠。间接获取的证据有被涂改及伪造的可能性，降低了可信赖程度。推论得出的审计证据，由于其主观性较强，人为判断因素较多，可信赖程度也受到影响。

（4）以文件、记录形式（无论是纸质、电子或其他介质）存在的审计证据比口头形式的审计证据更可靠。例如，会议的同步书面记录比对讨论事项事后的口头表述更可靠。口头证据本身并不足以证明事实的真相，仅仅是提供了一些重要线索，为进一步调查确认所用，一般情况下，口头证据需要得到其他相应证据的支持。

（5）从原件获取的审计证据比从传真或复印件获取的审计证据更可靠。审计人员可审查原件是否有被涂改或伪造的迹象，排除伪证，提高证据的可信赖程度。而传真件或复印件容易是篡改或伪造的结果，可靠性较低。

审计人员在按照上述原则评价审计证据的可靠性时，还应当注意可能出现的重要例外情况。譬如，审计证据虽然是从外部独立来源获得的，但如果是由不知情者或不具备资格者提供的，则审计证据也可能是不可靠的。同样，如果审计人员不具备评价证据的专业能力，那么即使审计证据是直接获取的，也可能缺乏可靠性。

5.3.3.3　审计证据的充分性

充分性是审计证据的数量标准。充分性即内部审计人员在审计过程中收集的审计证据在数量上足以支持审计结论、意见和建议。

就审计事项来说，只有数量充分的证据才能达到一定程度的证明力，以保证合理地推断出审计结论和建议。譬如，对某个审计项目实施某一选定的审计程序，从200 个样本中获得的证据要比从 100 个样本中获得的证据更充分。审计师获取的审计证据数量应当足以将每个重要认定相关的审计风险限制在可接受的水平，因此，审计发现的问题越严重，需要的审计证据可能就越多，内部审计人员就应实施越多的审计测试工作。

5.3.4 获取审计证据时应考虑的基本因素

内部审计人员在获取审计证据时，应当考虑下列基本因素：

（1）具体审计事项的重要性。内部审计人员应当从数量和性质两个方面判断审计事项的重要性，以做出获取审计证据的决策。

（2）可以接受的审计风险水平。证据的充分性与审计风险水平密切相关。可以接受的审计风险水平越低，所需证据的数量越多。

（3）成本与效益的合理程度。获取审计证据应当考虑成本与效益的对比，但对于重要审计事项，不应当将审计成本的高低作为减少必要审计程序的理由。

（4）适当的抽样方法。

5.3.5 审计证据的获取方法

5.3.5.1 审核

审核是基于书面资料进行审阅与核对的方法。审阅是指仔细地浏览；而核对则是指仔细地比较与核实，包括证证核对、账证核对、账账核对、账实核对、账表核对、表表核对等。

5.3.5.2 观察

观察是指审计人员亲临现场进行实地检查，借以查明事实真相，以获得实物证据和环境证据的一种方法。对被审计单位的生产经营过程、各类工作的业务处理过程或作业现场进行实地观察是内部审计实施阶段的一个极其重要的组成部分，能够使审计人员直接感觉和认知被审计单位的基本情况，深入理解和把握各类活动的实际目的和效果，为发现审计异常、确定审计重点提供有力保证。

5.3.5.3 监盘

监盘是指审计人员通过观察、检查被审计单位实物资产的盘点过程及相关信息来获取和评价审计证据的过程。

5.3.5.4 访谈

访谈是指内部审计师在审计过程中为了获取有关信息，与组织中的职员直接进行的面对面口头交流，是一种重要的审计数据收集技术。

5.3.5.5 函证

函证是指内部审计人员为了获取与被审计事项相关的信息，通过直接来自第三方或对有关信息和现存状况的声明来获取和评价审计证据的过程。

5.3.5.6 计算

计算是指内部审计人员以人工方式或使用计算机辅助审计技术，对记录或文件中的数据计算的准确性进行重新计算。重新计算通常包括计算销售发票和存货的总金额、加总日记账和明细账、检查折旧费用和预付费用的计算、检查应纳税额的计算等。

5.3.5.7 分析程序

分析程序是指通过分析比较数据之间的关系或计算一定的比率来获取审计证据的审计程序。分析程序能帮助内部审计人员了解被审计单位基本情况，确认异常差异，确认潜在的错误和违法、违规行为，以及评价审计结论和建议的适当性。

5.4 审计工作底稿

5.4.1 审计工作底稿的含义及编制目的

5.4.1.1 审计工作底稿的含义

审计工作底稿是指内部审计人员在审计过程中所形成的工作记录，是联系审计证据和审计结论的桥梁。审计工作底稿是撰写审计报告的基础，是检查审计工作质量的依据，也是行政复议乃至再度审计时需要审阅的重要资料。

审计工作底稿在内部审计过程中起着非常重要的作用，因为它不仅记录了审计人员所执行的每一个审计程序和收集的每一份原始资料，而且记录了对这些原始资料的整理、加工、综合和分析过程，以及审计结论、审计意见和建议的形成过程。可以说，审计工作底稿是一个汇集内部审计活动信息的信息库，是审计证据与据其出具的审计结论之间的桥梁。

审计工作底稿既可由内部审计人员在审计过程中自行取得，也可由被审计单位或第三方提供，并经内部审计人员审核后归并于审计工作底稿中。

5.4.1.2 审计工作底稿的编制目的

内部审计人员在审计工作中编制工作底稿主要有以下目的：

（1）为编制审计报告提供依据。审计结论和审计意见是根据审计人员获取的各种审计证据以及审计人员一系列的专业判断形成的，而审计人员收集到的审计证据和做出的专业判断都完整地记载于审计工作底稿中。因此，审计工作底稿理应成为审计结论与审计意见的直接依据。

（2）证明审计目标的实现程度。审计目标的实现程度主要体现在对审计程序的选择、执行和有关的专业判断上，而审计人员是否实施了必要的审计程序、审计程序的选择是否合理、专业判断是否准确等，都必须通过审计工作底稿来体现和衡量。

（3）为检查和评价内部审计工作质量提供依据。内部审计部门进行审计质量控制，主要是指导和监督审计人员选择实施审计程序，编制审计工作底稿，并对审计工作底稿进行严格复核。内部审计部门或其他有关部门（如审计委员会）依据单位规定进行审计质量控制检查，也主要是针对审计工作底稿的检查。因此，没有审计工作底稿，审计质量的控制与检查就无法落到实处。

（4）证明内部审计机构和内部审计人员是否遵循内部审计准则。内部审计准则是内部审计机构和人员在进行内部审计时应当遵照执行的执业规范，而审计工作底稿的设计、内容的记载、文字的表达及审计意见的表述均可以反映内部审计准则的遵循情况。

（5）为以后的审计工作提供参考。审计业务具有一定的连续性，同一被审计单位前后年度的审计业务具有众多联系或共同点。因此，本年度的审计工作底稿对以后年度的审计业务具有重要的参考或备查作用。

5.4.2 审计工作底稿的分类

审计工作底稿记录了审计人员在审计过程中所执行的审计程序和收集的各种资料。一般而言，内部审计的工作底稿包括年度审计计划、项目审计方案、分析性复核表、问题备忘录、重大事项说明、询证函回函、审计核对表、有关重大事项的往来信件（包括电子邮件）以及对被审计单位文件记录的摘要或复印件等。但是，已被取代的审计工作底稿的草稿或财务报表的草稿、对不全面或初步思考的记录、存在印刷错误或其他错误而作废的文本以及重复的文件记录等不应包括在审计工作底稿中。

按不同的分类方法，审计工作底稿可以分为多种形式：

1）按性质和作用分

（1）综合类工作底稿。这是指审计人员在审计计划和报告阶段，为规划、控制、总结整个审计工作并发表审计意见所形成的审计工作底稿。该类审计工作底稿主要包括年度审计计划、通知书、项目审计方案、审计工作总结、审计差异调节表、审计发现汇总表、审计报告、审计决定书、管理建议书以及审计人员对整个审计工作进行组织管理的所有记录和资料。

（2）业务类工作底稿。这是指审计人员在审计实施阶段为执行具体审计程序所形成的审计工作底稿。该类工作底稿主要包括审计人员对具体审计项目进行风险评估、开展审计调查所形成的记录和资料。业务类工作底稿按使用性质又可分为通用格式工作底稿和专用格式工作底稿（如经济责任审计工作底稿）。

（3）备查类工作底稿。这是指审计人员在审计过程中形成的，对审计工作仅具有备查作用的审计工作底稿。该类工作底稿主要包括被审计单位的设立批准证书、营业执照、合营合同、协议、章程、组织机构及管理人员结构图、董事会会议纪要、重要合同、相关内部控制及其了解与评价记录等资料的复印件或摘录。该类工作底稿随被审计单位有关情况的变化而不断更新，应详细列明目录清单，并将更新的文件、资料随时归档。

2）按编制主体分

（1）由被审计单位或其他第三者提供或代为编制的工作底稿。该类资料的原件如果由被审计单位保存，审计人员索取复制件时，应注意将复制件与原件核对一致。这类工作底稿具体包括以下资料：

① 与被审计单位设立有关的法律性资料。例如，企业设立的批准证书、营业执照、合同、协议、章程及文件或变更文件的复制件。

② 与被审计单位组织机构及管理层人员结构有关的资料。其包括组织结构框架图、各管理部门的职责与分工以及管理层人员的经历、学历与管理作风简介等。

③ 重要法律文件、合同、协议和会议记录的摘录或副本。例如，重大投资项目的可行性报告及批准文件、投资合同、借款合同、买卖合同以及董事会、股东大会的重大决议等。

④ 对被审计单位相关控制的了解与评价记录。这主要是指被审计单位有关业务管理、财务管理及会计核算方面的规章制度。

⑤ 被审计单位的未审会计报表及相关财务资料。这主要是指被审计单位编制的年度财务报表及财务报表附注，如资产负债表、利润表、现金流量表等。

⑥ 被审计单位管理层声明书。这是由被审计单位提供的，对其所提供的各种审计资料的真实性、完整性所做的书面承诺。

（2）审计人员自己编制的工作底稿。这是审计人员为规划、实施和总结审计工作而编制的工作底稿，旨在真实、完整地记录审计人员的审计思路、审计轨迹、审计结论与审计意见，主要包括以下资料：

① 审计实施方案；

② 实施具体审计程序的记录和资料；

③ 对被审计单位和其他人员的会谈记录、往来函件；

④ 审计报告、审计差异调节表、审计发现汇总表、管理建议书底稿及副本等；

⑤ 审计约定事项完成后的审计工作总结；

⑥ 其他与完成审计约定事项有关的资料。

5.4.3 审计工作底稿的编制要求

5.4.3.1 总体要求

内部审计人员编制的审计工作底稿，其总体要求是应当使未曾接触该项审计工作的有经验的专业人士清楚了解以下方面：

（1）按照内部审计准则的规定实施的审计程序的性质、时间和范围；

（2）实施审计程序的结果和获取的审计证据；

（3）就重大事项得出的审计结论。

5.4.3.2 编制审计工作底稿的基本要求

（1）资料翔实。这是指记录在审计工作底稿上的各类资料来源要真实可靠。

（2）重点突出。这是指记录审计工作底稿应力求反映对审计结论有重大影响的内容。

（3）繁简得当。这是指审计工作底稿应当根据记录内容的不同，对重要内容详细记录，对一般内容简单记录。

（4）结论明确。这是指按审计程序对审计项目实施审计后，审计人员应对该审计项目明确表达其最终的专业判断意见。

（5）内容完整。这是指构成审计工作底稿的基本内容应全部包括在内。

（6）格式规范。这是指审计工作底稿所采用的格式应规范。这主要强调审计工作底稿在设计上应当合理，并有一定的逻辑性，但并不意味着格式要统一。

（7）标识一致。这是指审计符号的含义应前后一致，并明确反映在审计工作底稿上。

（8）记录清晰。这是指审计工作底稿上记录的内容要连贯，计算要正确，文字要清晰，尤其是审计结论中所使用的定性语言，不能含糊其词、模棱两可，以免引起歧义。

5.4.3.3 获取审计工作底稿的基本要求

对于由被审计单位、其他第三者提供或代为编制的审计工作底稿，审计人员必须做到以下几点：

（1）注明资料来源；

（2）实施必要的审计程序；

（3）形成相应的审计记录。

5.4.3.4 审计工作底稿的勾稽关系

审计人员在编制工作底稿时，应通过交叉索引及备注说明等形式来反映相关审计工作底稿之间的勾稽关系，相互引用时应交叉注明索引编号。

当审计人员按照项目审计实施方案完成全部审计事项后，应将具体审计项目工作底稿中的相关数据和内容进行归类汇总，编制审计发现与差异调节表，并写出审计总结。上述审计工作底稿经复核无误后，才能编制审计报告。

5.4.4 审计工作底稿的基本要素

审计工作底稿的基本要素包括以下几项：

（1）被审计单位的名称；

（2）审计事项及其期间或截止日期；

（3）审计程序的执行过程及结果记录；

（4）审计结论、意见及建议；

（5）审计人员姓名和审计日期；

（6）复核人员姓名、复核日期和复核意见；

（7）索引号及页次；

（8）审计标识与其他符号及其说明等。

审计工作底稿的通用格式见表5-3。

表5-3　　　　　　　　　　　　　　审计工作底稿　　　　　　　　　索引号：

被审计单位名称			
审计事项			
会计期间或截止日			
审计人员		编制日期	

审计过程记录：

审计结论或者审计查出问题摘要及依据：

处理处罚建议及法律法规依据：

科目调整要求：

复核意见：

复核人员		复核日期	

共　　页　　　　　　　第　　页　　　　　　附件（共　　页）

5.4.5　内部审计工作底稿的质量控制

5.4.5.1　审计工作底稿的复核制度

内部审计项目质量控制包括复核审计工作底稿。内部审计机构应当建立审计工作底稿的分级复核制度，明确规定各级复核的要求和责任。内部审计机构负责人对审计工作底稿的复核负完全责任。

由于审计风险的客观存在，且不同审计人员在经验、能力、专业素质等方面存在差别，内部审计人员在编制审计工作底稿时可能存在错误。因此，对审计工作底稿进行分级复核是内部审计机构一项重要的质量控制措施。通过建立审计工作底稿的分级复核制度，可以减少人为差错，及时发现和解决问题，监控审计质量，降低审计风险。同时，通过对审计工作底稿的复核，可以对审计人员的工作做出评价。

内部审计机构应根据组织的具体情况建立审计工作底稿的分级复核制度。具体分为几级对工作底稿进行复核，取决于组织内部审计机构的规模、审计项目的重要性等因素。审计工作底稿的复核应由内部审计机构中比工作底稿编制人员职位更高或更具有丰富经验的人担任。

在审计工作底稿的复核中，应主要对是否实施了必要的审计程序，审计工作底稿所引用的资料来源是否客观与可靠，审计证据是否充分、相关、可靠，审计判断是否合理以及审计结论是否恰当等方面进行检查。

5.4.5.2　审计工作底稿的管理

由于审计工作底稿在内部审计工作中的重要性及其本身应有的保密性，内部审计人员应加强对工作底稿的管理。

在实施内部审计工作的过程中，即使尚未编制完成的工作底稿也应防止无关人员的接触。结束内部审计工作后，应将工作底稿按项目分类存档，在指定的存放地点妥善保管，并可考虑由专人负责审计档案的保管工作。

审计工作底稿一般可分为永久性档案和当期档案。永久性档案是指那些记录内容相对稳定、可以长期使用的、对以后期间的内部审计工作仍有利用价值的档案，如一些法律文件、合同、协议或内部审计报告的副本等。当期档案是指那些与当期的内部审计项目密切相关、对以后期间的内部审计工作没有直接借鉴作用的底稿资料。内部审计机构也可以根据组织的具体情况，制定合适的工作底稿分类管理办法，规定适当的档案保管期限，对审计工作底稿进行妥善保管，保证工作底稿的安全和完整。

5.4.5.3　审计工作底稿的所有权

审计工作底稿的所有权归审计组织，而不是被审计单位或实施内部审计工作的审计人员个人。即使内部审计人员解除了与组织的雇佣关系，该审计人员所编制的工作底稿也应留在组织的内部审计机构保管，而不能带走。

5.4.5.4　审计工作底稿的保密制度

鉴于审计工作底稿的保密性，在一般情况下，应限制内部审计机构以外的个人或机构接触工作底稿。

在必要情况下，内部审计人员可以向被审计单位出示工作底稿，以便解释和说明某项审计意见或建议。但在向被审计单位出示工作底稿时，应考虑其必要性，有选择地出示工作底稿。

组织内部的其他机构或个人出于其工作需要，在承诺保密的情况下，经内部审计机构负责人或对内部审计机构负领导责任的管理层批准，可以查阅内部审计机构的工作底稿，利用内部审计的工作成果。

如果内部审计机构以外的组织或个人要求查阅审计工作底稿，必须经内部审计机构负责人或其主管领导批准；但国家有关部门依法进行查阅的除外。

5.5 ‖ 审计报告

5.5.1 审计报告的含义及其作用

本书所称的审计报告，是指内部审计人员根据审计计划对审计事项实施审计后，做出审计结论，提出审计意见和审计建议的书面文件。审计报告包括终结审计报告和中期审计报告。

5.5.1.1 审计报告的含义

1）终结审计报告

审计报告是对被审计单位经营活动和内部控制的适当性、合法性和有效性进行审查和评价的最终结果。该审查和评价活动是在审计计划的指导下进行的。一般情况下，审计报告是指审计人员对被审计单位实施必要的审计程序后，在内部审计活动的最终阶段出具的审计报告。

终结审计报告的形式一般采用非标准格式、非公布目的的详式审计报告。它应当对审计概况、审计依据、审计发现、审计结论、审计意见、审计建议等做出详细说明。

2）中期审计报告

审计项目终结后应当编制审计报告，如果存在下列情形之一，内部审计人员可以在审计过程中提交中期审计报告，以便及时采取有效措施改善业务活动、内部控制和风险管理：

（1）审计周期过长；

（2）审计项目内容复杂；

（3）突发事件导致对审计的特殊要求；

（4）组织适当管理层需要审计项目进展信息；

（5）其他需要提供中期审计报告的情形。

中期审计报告不能取代项目终结后的审计报告，但可以作为其编制依据。中期审计报告可以根据具体情况适当简化审计报告的要素或内容。

5.5.1.2 审计报告的作用

组织内外部环境的变化，导致组织内部受托管理责任关系复杂化和领域、内容、重点的变化，使得对管理控制的需求日益强化，包括董事会对高层管理部门、高层管理部门对各管理责任中心履行受托管理责任和实施有效控制等。因此，内部审计作为董事会及其审计委员会和最高层管理部门实施控制的手段，在组织管理尤其是风险管理、内部控制、公司治理、组织运营有关方面的地位和作用日趋突出，成为组织兴衰成败的重要因素。

审计报告作为内部审计工作的最终成果，是内部审计活动的客观描述和结晶，也是内部审计机构和人员向组织管理层汇报审计工作的主要方式。具体而言，内部审计报告的作用主要体现在以下几个方面：

（1）通过审计报告全面总结内部审计过程和结果，及时反馈内部审计工作完成情况；

（2）通过审计报告客观评价被审计单位的经营活动及其内部控制状况，并有针对性地提出审计意见和建议；

（3）通过内部审计及时与组织适当管理层沟通情况，认真指导适当管理层开展各项工作，以利于组织适当管理层纠错防弊，积极改善经营管理，完善内部控制，提高经济效益；

（4）撰写和发布内部审计报告是整个内部审计工作最重要的环节之一，内部审计报告的质量也是组织评价内部审计机构和人员工作业绩、控制内部审计工作质量的重要依据。

5.5.2 审计报告的编制原则及要求

5.5.2.1 审计报告的一般原则

内部审计人员在实施必要的审计程序，获取相关、可靠和充分的审计证据后，依据适用的法律法规、组织的有关规定或其他相关标准，做出审计结论，提出审计意见和审计建议，出具审计报告。

5.5.2.2 审计报告的编制要求

审计报告的编制应当符合下列要求：

（1）实事求是地反映被审计事项，不歪曲事实真相，不遗漏、不隐瞒审计发现的问题；不偏不倚地评价被审计事项，客观公正地发表审计意见。

（2）要素齐全，行文格式规范，完整反映审计中发现的所有重要问题。

（3）逻辑清晰、脉络贯通，主次分明、重点突出，用词准确、简洁明了、易于理解，也可以适当运用图表描述事实、归类问题、分析原因，更直观地传递审计信息。

（4）根据所确定的审计重要性水平，对于重要事项和重大风险作重点说明。

（5）针对被审计单位业务活动、内部控制和风险管理中存在的主要问题，深入分析原因，提出可行的改进意见和建议；或者针对审计发现问题之外的其他情形提出完善提高的建议，以促进组织实现目标。

5.5.3 审计报告的主要内容与格式

内部审计具体准则和内部审计实务指南对审计报告的各个组成要素和正文的主

要内容进行了规范。

5.5.3.1 审计报告的基本要素

（1）标题。审计报告标题应当说明审计工作的内容，力求言简意赅并有利于归档和索引，一般包括被审计单位（或项目）、审计事项（含事项涉及的时间范围）等。

（2）收件人。审计报告收件人可以根据组织的治理结构、内部审计领导体制、审计类型与审计方式确定，一般包括组织的权力机构或主要负责人、被审计单位、委托审计的单位（部门）、其他相关单位（部门）或人员。

（3）正文。审计报告正文主要包括审计概况、审计依据、审计结论、审计发现、审计意见、审计建议。但是，由于审计对象和审计类型的变化，审计报告的内容并非一定完全由以上部分组成，内部审计人员可视具体审计项目的情况决定审计报告的内容，但仍至少应对审计目的、审计范围和结论做出说明。

（4）附件。附件是对审计报告正文进行补充说明的文字和数据等支撑性材料，一般包括：相关问题的计算及分析过程；审计发现问题的详细说明；被审计单位的反馈意见；记录审计人员修改意见、明确审计责任、体现审计报告版本的审计清单；需要提供解释和说明的其他内容。在审计报告的正文中，主要是对审计过程和审计发现的重点问题进行概括性的介绍；在附件中，应对整个审计过程和审计发现的各类问题进行比较详细的说明和介绍，使报告使用者可以在必要的时候通过附件内容对整个审计项目进行全面的了解。此外，在审计报告的编制过程中，审计人员应当就审计结论、审计意见和建议与被审计单位进行必要和适当的沟通、协调，对于被审计单位的反馈意见，应当作为附件的一部分，让报告使用者同时了解被审计单位的意见和立场。

（5）签章。审计报告征求意见稿应当由审计组组长签字，最终出具的审计报告应当有内部审计机构负责人的签名或内部审计机构的公章。

（6）报告日期。一般以内部审计机构负责人签发日作为报告日期。

（7）其他，包括发文字号、密级和保密期限等。

5.5.3.2 审计报告的主要内容

1）审计概况

（1）立项依据。审计报告应当根据实际情况说明审计项目的来源，包括：审计计划安排的项目；有关单位（部门）委托的项目；根据工作需要临时安排的项目；其他项目。如有必要，可进一步说明选择审计项目的目的和理由。

（2）背景介绍。审计报告应当简要介绍有助于理解审计项目立项的审计对象的基本情况，包括：被审计单位（或项目）的规模、性质、职责范围或经营范围、业务活动及其目标，组织结构、管理方式、员工数量、管理人员等情况；与审计项目相关的环境情况，如相关财政财务管理体制和业务管理体制、内部控制及信息系统情况；以往接受内外部审计及其他监督检查情况；其他情况。

（3）整改情况。审计报告中应当说明上次审计后的整改情况。

（4）审计目标与范围。审计报告应当明确说明本次审计目标与审计范围（审计项目涉及的单位、时间和事项范围）。如果存在未审计过的领域，要在审计报告中指出，特别是某些受到限制无法进行审计的事项，应当说明原因。

（5）审计内容和重点。审计报告应当对审计的主要内容、重点、难点做出必要的说明，并适当说明针对这些方面采取了何种措施（主要审计方法、审计程序等）及其产生的效果。

2）审计依据

审计依据是审计人员在履行审计职责时做出审计判断和进行审计处理的标准，包括：方针政策等宏观性依据；相关法律法规、内部审计准则等中观性依据；组织内部规章制度、技术经济指标等微观性依据。

3）审计结论

审计结论是根据已查明的事实，对被审计单位业务活动、内部控制和风险管理的适当性和有效性做出的评价。应当围绕审计事项作总体及有重点的评价，既包括正面评价，概述取得的主要业绩和经验做法等；也包括对审计发现的主要问题的简要概括。

（1）业务活动评价，是内部审计人员根据已审计的业务查明的事实，运用恰当的标准，对其适当性和有效性进行评价。其主要包括对财政财务收支和有关经济活动进行的评价。

（2）内部控制评价，是对内部控制设计的合理性和运行的有效性进行评价。既包括对组织层面的内部环境、风险评估、控制活动、信息与沟通、内部监督五个要素进行的评价；也包括根据管理需求和业务活动的特点，对某项业务活动内部控制进行的评价。

（3）风险管理评价，是对风险管理的适当性和有效性进行评价。主要包括：对风险管理机制进行评价；对风险识别过程是否遵循了重要性原则进行评价；对风险评估方法的适当性进行评价；对风险应对措施的适当性及有效性进行评价等。

4）审计发现

审计发现是对被审计单位的业务活动、内部控制和风险管理实施审计过程中所发现的主要问题的事实、定性、原因、后果或影响等。一般包括：

（1）审计发现问题的事实。主要是指业务活动、内部控制和风险管理在适当性和有效性等方面存在的违规、缺陷或损害的主要问题和具体情节。如经济活动存在违反法律法规和内部管理制度、造假和舞弊等行为，财政财务收支及其会计记录、财务报告存在不合规、不真实或不完整的情形，内部控制、风险管理或信息系统存在的缺陷、漏洞，以及绩效方面存在的问题等。

（2）审计发现问题的定性。主要是指审计发现问题的定性依据、定性标准、定性结论。必要时可包括责任认定。

（3）审计发现问题的原因。即针对审计发现的事实真相，分析研究导致其产生的内部原因和外部原因。

（4）审计发现问题的后果或影响。即从定量和定性两方面评估审计发现问题已经或可能造成的后果或影响。

5）审计意见

审计意见是针对审计发现的被审计单位在业务活动、内部控制和风险管理等方面存在的违反国家或组织规定的行为，在组织授权的范围内，提出审计处理意见；或者建议组织适当管理层和相关部门做出的处理意见。

审计意见一般包括：纠正、处理违法违规行为的意见；对违法违规和造成损失浪费的被审计单位和相关人员，给予通报批评或者追究责任的意见和建议。

6）审计建议

审计建议是针对审计中发现的被审计单位业务活动、内部控制和风险管理等方面存在的主要问题，以及其他需要进一步完善提高的事项，在分析原因和影响的基础上，提出有价值的建议。

5.5.3.3 审计报告参考格式

关于××××［被审计单位］××××［审计事项］审计的报告

××审报〔20××〕××号

××××［收件人］：

根据××××年度审计计划安排［项目来源］，我部［内部审计机构自称］派出审计组，自××××年××月××日至××月××日［实施审计的起止时间］，对××××［被审计单位全称。写单位全称时还应注明"以下简称××××"］××××［审计事项］进行了审计。现将审计情况报告如下：

一、审计概况

（一）被审计单位基本情况

×××××××××××××××××××××××××××××。

［说明：（1）被审计单位的基本情况。主要包括被审计单位（或项目）的背景信息，如被审计单位（或项目）的规模、性质、组织结构、职责范围或经营范围、业务活动及其目标，相关财政财务管理体制和业务管理体制、内部控制及信息系统情况、财政财务收支情况，以及适用的绩效评价标准等；以往接受内外部审计及其他监督检查情况及其整改情况。（2）表述的内容应当与审计目标密切相关。（3）一般不得引用未经审计核实的数据，如引用，应当注明来源。］

（二）实施审计的情况

×××××××××××××××××××××××××××××。

本项目的审计目标是××××，审计范围包括××××［概括表述审计涉及的单位、时间和事项范围］，审计的主要内容和重点是××××［可简要列明审计主要事项及重点］，对重要事项进行了必要的延伸和追溯［可列明延伸的单位和追溯的时间］。××××［被审计单位简称］对其提供的财务会计资料以及其他相关资料的真实性和完整性负责［如被审计单位做出书面承诺，应当注明］。我部［内部审计机构自称］的责任是按照《中国内部审计准则》的要求实施审计并出具审计报告。

　　[说明：如有必要，可增加选择审计项目的目的和理由，针对审计重点、难点采取的审计方法、审计程序及其产生的效果等情况。]

　　二、审计依据

　　本次审计是依据×××××××××××××××××××实施的。

　　[说明：（1）应声明本次审计是依据相关法律法规、《中国内部审计准则》的规定、组织的规章制度实施的。（2）当确实无法按照《中国内部审计准则》的要求实施审计时，应当陈述理由，并就可能导致的对审计结论、意见和建议以及审计项目质量的影响做出必要的说明。]

　　三、审计结论

　　审计结果表明，××××××××××××××××××××××。

　　[说明：（1）围绕项目审计目标，依照有关法律法规、政策、程序及其他标准，对审计事项应当作总体及有重点的评价。（2）既包括对良好业绩和先进经验的正面评价，也包括对审计发现主要问题的简要概括。（3）只对所审计的事项发表审计评价意见，对审计过程中未涉及、审计证据不充分、评价依据或者标准不明确以及超越审计职责范围的事项，不发表审计评价意见。（4）审计评价意见不能与审计发现的问题相互矛盾。（5）审计评价用语要准确、适当，以写实为主。]

　　四、审计发现

　　（一）××××［概述问题性质金额等的标题］

　　×××××××××。

　　（二）××××［概述问题性质金额等的标题］

　　×××××××××。

　　……

　　[说明：（1）违反国家或组织规定的财政财务收支问题，一般应当表述违法违规事实、定性及依据。（2）影响绩效的突出问题，一般应当表述事实、标准、原因及后果。（3）内部控制重大缺陷，一般应当表述有关缺陷情况及后果。（4）如审计期间被审计单位对审计发现的重要问题已经整改的，应当说明有关整改情况。（5）如发现上次审计处理未执行的问题，一般列示在本次查出的问题之后。（6）引用作为定性依据或者评判标准的法律法规时，一般应当列明文件名称、具体条款号及条款内容；引用规章和规范性文件时，一般还应列明发文单位、发文字号。]

　　五、审计意见

　　针对审计发现的问题，根据××××［审计处理授权规定］的规定，现提出如下处理意见：［适用于组织授权内部审计机构做出审计处理的情形］

　　建议组织适当管理层或有关部门［可列出具体管理层或部门名称］做出如下处理：［适用于内部审计机构无权做出审计处理的情形］

　　（一）××××

　　×××××××××。

（二）××××

×××××××。

……

[说明：（1）依据组织内部有关规定授予内部审计机构的处理权限，提出对审计发现问题的处理意见；或者建议组织适当管理层及相关部门对审计发现问题做出处理、追究有关人员责任。针对审计发现问题也可以在提出处理意见的基础上，再建议组织适当管理层及相关部门进一步做出处理（如追究有关人员责任等）。（2）提出审计意见的顺序应当与审计发现问题的顺序基本一致。（3）审计意见应当实事求是、公平、公正，并充分考虑可执行性。]

六、审计建议

针对审计发现的××××问题［高度概括审计发现的问题，或标明"四、审计发现"中第几个问题]，建议×××××××。[适用于针对审计发现问题提出建议的情形]

审计中了解到×××××××［详细描述提出建议所针对的相关事由]，建议×××××××。[适用于针对审计发现问题之外的其他事由提出建议的情形]

[说明：（1）审计建议可以分为两种情况：一是针对审计发现的问题，提出进一步改进的建议；二是针对其他需要进一步完善提高的事项（不能认定为违规、差错、缺陷或损害的问题），提出建议。审计建议应当做到有的放矢。（2）审计建议应当具有针对性、建设性和可操作性，避免过于空泛，便于整改落实。]

附件：1. ××××

2. ××××

内部审计机构（盖章）

××××年××月××日

5.5.3.4 审计报告征求意见函参考格式

审计报告征求意见函

××审征〔20××〕××号

××××[收件人]：

我部[内部审计机构自称]派出审计组于××××年××月××日至××月××日，对你单位××××[审计期间]××××[审计事项]进行了审计。根据××××[组织的内部审计章程或者有关规定]的规定，现将审计组的审计报告送你单位征求意见。请自接到审计报告之日起××个工作日内[根据组织的内部审计章程或者有关规定确定]将书面意见送交审计组。如在此期限内未提出书面意见，视同无异议。

附件：审计报告（征求意见稿）

内部审计机构（盖章）

××××年××月××日

5.5.4 审计报告分级复核制度

为了确保审计质量，提高审计工作效率，减少差错，及时发现和解决问题，内部审计机构应当建立健全审计报告的分级复核制度，明确规定审计报告的复核层级、复核重点、复核要求和复核责任，并与审计工作底稿的分级复核制度相结合。

5.5.4.1 复核人

复核工作应由内部审计机构的负责人或其指定的具有丰富经验的人员承担。审计报告的最终复核人应由内部审计机构的负责人担任。具体设置多少个级别的复核层次，视审计项目复杂程度和内部审计机构的规模、人员配备等各种因素而定。

5.5.4.2 复核的重点事项

内部审计机构应当建立审计报告的分级复核制度，加强审计报告的质量控制，重点对下列事项进行复核：

（1）是否按照项目审计方案确定的审计范围和审计目标实施审计；

（2）与审计事项有关的事实是否清楚、数据是否准确；

（3）审计结论、审计发现问题的定性、处理意见是否适当，适用的法律法规和标准是否准确，所依据的审计证据是否相关、可靠和充分；

（4）审计发现的重要问题是否在审计报告中反映；

（5）审计建议是否具有针对性、建设性和可操作性；

（6）被审计单位反馈的合理意见是否被采纳；

（7）其他需要复核的事项。

内部审计机构负责人复核审计报告时，应当审核被审计单位对审计报告的书面意见及审计组采纳情况的书面说明，以及其他有关材料。

5.5.4.3 指导要求

内部审计机构负责人对审计组报送的材料复核后，可根据情况采取下列措施：

（1）要求审计组补充重要审计证据；

（2）对审计报告进行修改。

复核过程中遇有复杂问题的，可以邀请有关专家进行论证。邀请的专家可以从组织外部聘请，也可以在组织内部指派。

审计报告经复核和修改后，由总审计师或内部审计机构负责人按照规定程序审定、签发。

5.5.5 审计报告的报送与归档

5.5.5.1 审计报告的报送

在审计报告按照规定程序批准之后，内部审计人员应将审计报告送交相关人员，报送对象包括：

（1）被审计单位。被审计单位是审计报告的基本收件人之一。在将审计报告送交被审计单位时，应要求被审计单位及时采取纠正措施，在规定的期限内解决审计中发现的问题。

（2）组织适当管理层。组织适当管理层主要是指主管内部审计机构的管理层、主管被审计机构的管理层以及有权对审计发现问题采取纠正措施或能对采取纠正措施做出指示的管理层。必要时，也可以将报告呈送给董事、监事等相关人员。

（3）组织外部单位或人员。国家审计机关或独立审计组织出于利用内部审计成果的目的，可能会向组织的内部审计机构提出取得审计报告的要求。内部审计机构应根据具体情况，决定是否将内部审计报告送交组织外部单位或人员，或者是以审计报告的部分内容呈送组织外部单位或人员。在做出决定时，应考虑的因素主要有：

① 外部单位或人员需要内部审计报告的用途是否合法、合理，是否会危及组织的相关利益；

② 外部单位或人员是否承诺对组织的信息和资料负有保密责任；

③ 应对外部单位或进一步扩散内部审计报告所含信息进行限制。

在决定对外报送内部审计报告时，须经内部审计机构负责人或组织适当管理层的批准程序后才能送出，但是法院、检察院或其他有权部门依照法律进行查阅的除外。

5.5.5.2 审计报告的归档

审计报告是重要的审计资料，内部审计机构应当按照中国内部审计协会发布的《第2308号内部审计具体准则——审计档案工作》，以及组织的档案管理制度要求，将审计报告及其他业务文档及时归入审计档案，妥善保存。

尤其要注意的是，内部审计机构应当对审计报告进行编号存档，以便管理与查找；建立健全审计档案利用制度，通常情况下将审计报告借阅限定在内部审计机构内部，限制未经批准的人员随意接近审计报告，对外借阅时必须经批准，防止借出的审计报告遗失。

5.6   后续审计

5.6.1 后续审计的定义、方式与意义

5.6.1.1 后续审计的定义

与外部审计师出具审计报告就基本完成审计工作不同，内部审计人员在审计报告发出后，仍然要对报告中所涉及的审计结果和审计建议进行跟踪，其目的是审查和监督被审计单位是否对报告中提示的问题进行了纠正和改进。

后续审计是指内部审计机构为跟踪检查被审计单位针对审计发现的问题所采取的纠正措施及其改进效果而进行的审查和评价活动。被审计单位管理层的责任是对审计中发现的问题采取纠正措施；内部审计人员的责任是评价被审计单位管理层采取的纠正措施是否及时、合理、有效。

后续审计具有以下特点：

（1）后续审计不是一个独立的审计项目。后续审计是前一次审计的延续，内部审计机构负责人如果初步认定被审计单位管理层对审计发现的问题已采取了有效的纠正措施，可以将后续审计作为下次审计工作的一部分；

（2）在后续审计中，审计人员重点关注的应当是问题能否得以解决以及对被审计单位的影响，而不在于审计报告中所提出的具体建议是否得到严格执行。因此，

被审计单位所采取的纠正措施及其效果是后续审计的主要内容；

（3）后续审计的程序与方法与一般的审计程序和方法基本相同，但针对性较强。

5.6.1.2　后续审计的方式

后续审计的常见方式有以下三种：

（1）高级管理人员与被审者协商，决定是否、何时、怎样按照审计人员的建议采取纠正行动；

（2）被审者按照决定采取行动；

（3）在报送审计报告之后，经过一段合理的时间，内部审计人员对被审者进行复查，看其是否采取了合适的纠正措施并取得了理想的效果，如果未采取行动，则分析是否是高级管理人员和董事会的责任。

5.6.1.3　后续审计的意义

后续审计是内部审计工作中不可或缺的关键程序。具体来说，后续审计的作用包括以下几个方面：

（1）后续审计能够提高审计工作质量，充分发挥审计职能作用。通过后续审计，审计人员能够评价并报告管理者纠正错误的态度是否积极、措施是否得当、效果是否显著，因此后续审计是确保审计效果的重要措施。

（2）后续审计可为被审计对象革除管理上的弊端。内部审计人员通过搜集证据、测试，分析了问题的实质，可以初步评价被审计对象。但被审计单位仍有可能表面上虽认可审计结论，实际上却没有采取任何实质性的改进措施，这样内部审计工作的成果也就失去了意义。后续审计能够防止上述情况出现，使被审计单位的工作质量得到真正的改进和提高。

（3）后续审计是内部审计工作自身规范的一部分，有利于明确组织内部责权划分。在内部审计报告中经常包括了被审计单位对审计工作的反馈，但只有经过后续审计才能真正验证哪一方对存在问题的看法更具有合理性，进而真正解决被审计单位存在的问题。

5.6.2　后续审计的主要步骤

后续审计工作是保证内部审计人员落实审计建议和实现纠错防弊职能的重要步骤，审计人员只有认真履行一定的审计程序才能保证审计质量。后续审计的实施程序如下：

1）认真分析被审计单位的反馈

被审计单位的反馈是指被审计单位对审计报告中的结论、意见或建议的回应。反馈可分为四种类型：一是不反馈；二是反馈不充分；三是被审计单位存在分歧意见；四是被审计单位提交了不采取纠正措施的详细说明。

内部审计人员应有效地区分和充分了解被审计单位的反馈，还可以通过对反馈的认识选定今后的工作和方向，或者澄清事实，或是采取其他纠正措施，但内部审计人员不能把自己的意见强加给被审计单位。

2）对反馈不充分及没有反馈的问题与被审计单位进行探讨

探讨的内容包括不反馈的原因或被审计单位的其他考虑等，通常情况下内部审计人员可采用面谈或电话咨询的方式进行。探讨要采用客观和公正的态度，运用有效沟通和协调的技巧，注意不能发生侵权和越权的行为。

3）对重大的审计结果进行现场追踪审计和测试

现场追踪审计可采用的方法包括访问、面谈、测试以及检查纠正措施的记录资料等。与内部审计实施阶段相似，后续审计的关键步骤在于取得现场追踪数据和实地考察资料并记录于审计工作底稿，形成文件，为以后的审计工作提供参考。

4）针对已采取的各项措施进行评估，对控制风险进行重新评估

这是后续审计的实质性部分。风险评估采用的模型及风险排序等都可以与前期审计工作一致。

5）提交后续审计报告

内部审计人员应当根据后续审计的实施过程和结果编制后续审计报告。提交后续审计报告的目的是使管理层充分了解后续审计中澄清的事实及重新评估的风险程度。后续审计报告的内容包括后续审计的审计结果、风险重估结果以及被审计单位的反馈等。

5.6.3　后续审计中应注意的问题

内部审计组织必须进行后续审计，以确保被审计单位对审计报告中提出的审计结果采取适当的行动。内部审计组织应确认已经采取的纠正行动和正在达到要求的结果，或者确认高级管理人员或董事会已经承担了对在报告中的审计结果不采取纠正行动而产生的风险。后续审计中应注意以下事项：

（1）内部审计组织所进行的后续审计是指其用以确认管理人员针对报告的审计结果而采取的行动是否及时、合理、有效的一个工作过程。

（2）管理层负责决定针对报告中的审计结果应采取的适当行动，内部审计机构负责人负责评价管理层针对报告中的审计结果或及时解决审计发现的问题而采取的行动。在确定后续审计的范围时，内部审计人员应考虑由该组织中其他人员所进行的后续审计的程序。当被审计单位基于成本或者其他方面考虑，决定对审计发现的问题不采取纠正措施并做出书面承诺时，内部审计机构负责人应当向组织董事会或者最高管理层报告。后续审计的性质、时间和范围应由内部审计机构负责人来确定。

（3）在确定合适的后续审计程序并编制后续审计方案时应考虑如下因素：

① 审计意见和审计建议的重要性；

② 纠正措施的复杂性；

③ 落实纠正措施所需要的时间和成本；

④ 纠正措施失败可能产生的影响；

⑤ 被审计单位的业务安排和时间要求。

（4）内部审计机构负责人应制定包括下述内容的程序：

① 时间要求，要求管理层在规定的时间内对审计发现做出答复；

② 评价管理层的答复；

③ 核实这种答复（在必要情况下）；

④ 后续审计（在必要情况下）；

⑤ 向适当管理层提交有关不令人满意的答复的报告程序，包括风险的假设。

（5）用于有效完成后续审计工作的技术包括：

① 向负责采取纠正行动的适当管理层说明审计报告中的审计发现。

② 在审计期间或在审计报告发出后的适当时期内，收集和评价管理层对审计结果的答复。如果管理层的答复中包括了足够的资料，能使内部审计机构负责人评价纠正行动的适当性和及时性，则这种答复是很有用的。

③ 从管理层定期获取最新的资料，以便评价管理层按照先前审计报告中的要求所采取的纠正行动是否合理。

④ 接受并评价来自其他负责进行后续审计程序的组织单位的报告。

⑤ 向高级管理人员或董事会报告有关审计结果的答复情况。

（6）其他：

① 内部审计机构应在规定的期限内，或与被审计单位约定的期限内执行后续审计。

② 内部审计机构负责人可以适时安排后续审计工作，并将其列入年度审计计划。

③ 内部审计人员在确定后续审计的范围时，应分析原有审计意见和审计建议是否仍然可行。如果被审计单位的内部控制或其他因素发生了变化，使原有审计意见和审计建议不再适用时，应对其进行必要的修订。

④ 对于已采取纠正措施的事项，内部审计人员应判断是否需要深入检查，必要时可以提出应在下次审计中予以关注。

关键概念

审计计划 审计通知书 审计证据 审计工作底稿 审计报告 后续审计

本章小结

内部审计基本准则和内部审计具体准则分别从总体程序和具体环节方面规范了内部审计需要开展的主要工作，并将内部审计程序分为四个主要阶段：审计准备阶段、审计实施阶段、审计终结阶段以及后续审计阶段。审计准备阶段主要包括编制审计计划、进行审前调查、制发审计通知书；审计实施阶段包括进一步了解被审计项目情况、描述内部控制制度、测试内部控制制度、评价内部控制制度及相关的取证、编制审计工作底稿、编写并出具审计报告等；审计终结阶段的工作包括整理审计资料、建立审计档案等；后续审计则包括检查被审计单位对审计发现的问题所采取的纠正措施及其效果。

阅读案例

××集团股份有限公司20×2年度审计工作计划①

一、集团公司内部审计工作总体思路

1.今后5年公司审计工作的总体目标是：由传统的财务收支审计转变为经济效益审计、内部控制审计、经济合同审计等并重。

2.20×2年审计工作重点是：以内部控制制度审计为基础，以经营业绩审计为中心，提高审计工作质量，加强审计意见的落实，充分发挥内部审计在防范风险、完善管理和提高经济效益中的作用，即在实施审计监督时提高审计服务职能。

二、20×2年度集团公司内部审计工作计划

1.完善审计工作的内部控制制度，促进集团内部控制管理健全与完善。

首先，完善集团公司内部审计制度，做到审计工作有据可依，根据审计业务类型，准备建立《集团公司内部控制制度审计办法》《集团公司预算执行情况审计办法》《集团公司合同管理审计办法》三项内部审计制度。

其次，对内部控制执行情况进行检查与评价，主要评价以下三项：

（1）内部控制是否健全、有效，可依赖程度如何；

（2）内部控制在运行中是否得到认真的贯彻和执行，是否有利于公司的经营活动、促进公司的发展等；

（3）发现管理中的薄弱环节，从而确定审计重点，提高审计工作效率，保证审计工作质量，有针对性地提出审计意见，促进下属企业健全和完善内部控制制度，保证其经营活动正常运行。

最后，通过预算审计促进预算管理思想观念转变。目前，公司费用开支的相关制度尚未健全，部分单位以预算作为费用开支的标准（而非以费用制度作为预算的标准），因此，费用开支丧失了计划性，部分项目突破了预算范围。审计将配合财务等相关部门，建立健全各项费用管理办法，制定相关费用开支标准，同时使之成为预算编制的规范性文件。

2.以经营业绩审计为中心，促进下属企业加强经营管理，提高经济效益。

20×2年，审计工作的中心主要是针对下属企业的上年度经营业绩（半年度预算执行）审计。通过经营业绩审计，不仅要查错防弊，及时发现问题并予以纠正，逐步实现由发现型向预防型的转变，更重要的是要找出影响业绩提高的主要因素，分析原因，抓住关键，提出建议和意见，进而促进下属企业加强经营管理，提高经济效益。主要任务是：

（1）完成对下属企业20×1年度经营业绩审计，出具审计报告，提交给集团公

---

① 袁小勇.内部审计怎样才能有所作为［M］.北京：经济科学出版社，2012.

司考核小组，作为对各下属企业考核的依据。

（2）完成对 20×2 年的半年度预算执行审计，发现预算执行过程与内部控制管理中存在的问题，敦促其纠正问题、执行集团经营政策、落实经营管理措施，围绕集团年度经营目标提高经营效益。

（3）结合经营业绩审计，开展经济责任审计及其他专项审计，促进内部控制制度的贯彻与执行。重点包括三个方面：

① 收入合同审计。集团实行资金集中管理，各企业的收入应全部纳入预算管理，并入账核算，禁设小金库，因此，对下属企业的各项收入项目是否纳入预算管理，收入金额是否全部入账，以及收入内部控制是否健全、有效进行审计。

② 对各项成本费用支出进行跟踪审计。集团公司与下属企业签订经营责任书，但主营业务成本并不纳入业绩考核，并在 ERP 中实行预算控制，因此，对下属企业的主营业务成本的开支范围、标准、原始票据合法性进行审计，以确定下属企业各项成本费用支出的真实、合法性。

③ 工程项目的竣工结算审计。近年来，集团公司不断有一些修缮工程竣工结算，工程竣工结算均聘请具有工程造价资质的咨询公司审计，因此，主要是对工程招标、合同签订、竣工验收、付款进行审计。

三、依照"审后要追究、审后要整改、审后要运用"的原则，建立审计结果落实反馈制度，加强对审计意见落实情况的跟踪，并定期组织开展审计成果运用执行情况的检查

1.对下发整改通知责令限期整改的下属企业，要及时进行回访，监督审计意见的落实，使企业存在的问题逐级减少，同样的问题不重复出现，从而达到查违纠偏、防患未然、强化管理、规避风险的目的。

2.与集团公司各职能部门尤其是财务部要进一步加强合作与工作沟通，将审计部掌握的相关信息及时通报，避免管理、监督、考核脱节。

四、加大宣传力度，改善内部审计环境，加强审计人员培训，进一步提高审计工作质量

1.20×1 年审计队伍人员出现流动，审计岗位配备不足，导致年度工作目标未能全部实现，20×2 年需要领导支持与相关部门配合，按岗位设置配备审计人员，充实审计队伍力量。

2.协助与配合相关部门健全与完善内部控制制度，使管理有制度、审计有依据、处罚有规定，进一步发挥审计事前、事中、事后参与经营管理的作用。

3.利用公司刊物宣传内部审计，报道一些通过内部审计使被审计单位增加效益的事例，或定期与公司各职能部门及下属企业负责人、相关部门座谈，让所有员工了解内部审计在企业中的作用，特别是让下属企业领导从了解、重视到全力支持内部审计工作，为内部审计工作的进一步开展打下良好的基础。

4.通过审计回访，落实审计问题整改，同时也使审计部门了解下属企业诉求、解决问题过程中遇到的困难，深层次了解企业经营情况，更好地服务企业。

5.要对现有的内部审计人员进行业务培训，组织参加国际内部审计师资格考试等，不断丰富业务知识，提高审计人员自身素养，适应新形势、新任务的需要。

20×2年度内部审计工作计划表见附件。

××集团公司审计部

20×2年1月6日

附件　　　　　　　　××集团公司20×2年度内部审计工作计划表

序号	项目	工作目标与内容	时间安排	负责人与参加人
1	年度审计	审核各企业年度经营情况、年度考核目标完成与预算执行情况	20×2年2—6月	傅×× 罗×× 梁×× 张××等
2	预算审计	半年度预算执行情况审计	20×2年8—12月	傅×× 梁×× 张××等
3	经营审计	确保实现保费节余与奖金计提，修理材料成本专项审计	20×2年2—6月	罗×× 梁×× 李××
4	审计制度	完成《集团公司预算执行情况审计办法》《集团公司内部控制制度审计办法》《集团公司合同管理审计办法》三项内部审计制度	第一项制度：20×2年1—3月；第二、三项制度：20×2年9—11月	傅×× 罗×× 梁××
5	内部控制审计评价	配合集团营收流程改造，对收入、合同签订内部控制的健全、有效进行评价，配合相关部门完善内部控制制度（修理材料成本等）	不定期穿插进行	傅×× 罗×× 李×× 张××
6	后续审计	审计问题整改	不定期穿插进行	罗×× 梁××
7	工程审计	工程建设合同、工程决算造价、监督工程验收、付款	20×2年1—12月	傅×× 黎××
8	其他	领导交办责任审计	不定期穿插进行	罗×× 梁×× 李××
9	审计沟通	组织财务人员沟通年度审计中存在的问题，防范风险	20×2年7月	傅×× 罗××
10	后续教育	组织审计人员学习内部审计准则与新税法	不定期穿插进行	

实务点拨

略论审计工作的基本思维方法

第6章　内部审计管理方法

学习目标

通过本章学习，主要掌握说话艺术与沟通技巧，学会各种审计信息的写作，客观进行内部审计绩效评价，加强审计管理，提高审计工作效率。

6.1 　内部审计营销管理

6.1.1　审计营销概述

当社会公众对审计有误解时，当审计工作受到抵触时，当审计结论不被接受时，当审计建议不被采纳时，就需要开展广泛的审计营销活动。

审计营销是以实现组织的管理目标为根本宗旨，在适当的时间、适当的地点，以适当的服务内容和适当的沟通手段，向高层管理者与被审计部门提供适当的思想、理念、信息与建议，将审计关系的维系和管理融入各项工作的过程，从而实现组织的价值增值。

毛泽东在《论反对日本帝国主义的策略》中指出："长征又是宣言书。它向全世界宣告，红军是英雄好汉，帝国主义者和他们的走狗蒋介石等辈则是完全无用的。长征宣告了帝国主义和蒋介石围追堵截的破产。长征又是宣传队。它向十一个省内大约两万万人民宣布，只有红军的道路，才是解放他们的道路。""长征又是播种机。它散布了许多种子在十一个省内，发芽、长叶、开花、结果，将来是会有收获的。"审计工作也是如此。正确审计理念的树立和审计建议的贯彻落实如果单靠高级管理人员和被审计部门，那是痴心妄想、白日做梦。审计营销要靠我们审计人自己，每一个审计制度的建立就是一部宣言书，每一个审计小组的工作就是一个宣传队，每一个审计项目的完成就是一个播种机，时时营销、事事营销、世世营销。

审计营销应关注营销识别、理念营销、制度营销、工作营销、信息营销与结果营销。

营销识别包括心理分析识别、环境分析识别与需求分析识别。审计营销开展的前提是识别，要识别被审计单位的心理状况，识别被审计单位的内部控制环境，识别被审计单位的现实需求，识别清楚才能对症下药。

理念营销就是注重宣传审计，攻心为上，由"要我审计"转向"我要审计"。当管理层和被审计单位不理解审计甚至误解审计、不支持审计工作时，理念营销就迫在眉睫。

制度营销就是游戏规则的制定，而审计章程就是审计工作的游戏规则。审计章程必须明确领导层、被审计部门与审计组织三方的权利、责任与义务，不能仅仅制定审计部门和审计人员的职责权限。如果领导层与被审计部门的权利、责任与义务不明确，再好的审计人员也难以开展工作。

工作营销体现在具体的审计过程中，包括审计的通知、报告、公示等方面，以及审计座谈会、访问、问卷调查等，形成一个人人皆知的和谐审计环境。

信息营销体现在审计信息发布上，包括审计简报、审计要情、审计工作动态等，审计部门要定期或不定期地主动发布审计计划、审计法规、审计案件、领导批示等，使广大群众可以随时听到审计的声音或看到审计的影子，使大家耳濡目染、融入审计。

结果营销就是审计结果的运用，体现在对审计意见的领导批示与部门采纳两个方面。通过审计报告的建议，使领导决策更科学、更完善，使被审计单位的制度更健全、更有效。

6.1.2　审计信息写作

审计信息是审计部门与各级管理层及被审计单位之间沟通的载体，是审计工作发挥作用的重要途径，是审计活动过程的描述，是交流审计情况、指导审计工作、扩大审计影响的重要手段，是审计成果的重要体现。审计信息的主要表现形式有审计要情、审计简报、审计工作计划、审计报告和审计工作总结。

审计要情主要反映审计发现的性质恶劣、金额巨大的严重违纪违法问题以及重大风险，反映审计发现的典型问题，需要高层管理者及时掌握重要情况。审计要情只能与特定管理高层进行沟通，并注意及时性和准确度，严防信息泄露，注意保密。

审计要情的写作要点如下：一是题目要高度概括提炼，突出责任主体、问题性质和金额大小，用词要准确，并有新意和吸引力；二是要描述事件涉及的人物、时间、地点、事件、原因和结果等基本信息；三是要分析事件发生的来龙去脉，剖析产生问题的原因，对事件基本定性，确定责任人；四是要说明该事件对单位经营活动产生的重大影响及后果，提出解决问题的办法和完善相关制度的建议。

审计简报是反映领导对审计工作的指示、审计工作重要举措、重要成果、典型事例、重要审计项目进展情况、审计工作经验、各界人士对审计的评价等方面的信息。审计简报的内容包括：宣传审计工作法规制度；介绍普及性的财务常识，促使各级管理部门主动防范经营风险和管理风险；介绍本系统内审工作经验；公布单位内审工作计划；总结单位内审工作情况；提出可以公开的重大或具有普遍性、典型性的问题及改进建议；中外经典的正反面审计案例介绍等。

审计工作总结是对已经完成的审计工作进行回顾和分析，肯定已经取得的成绩，提出应吸取的教训。审计工作总结一方面要总结审计部门自身完成的业绩和成就，另一方面要总结其他部门在接受审计工作中的整改业绩和优秀的管理方法与经验，同时也要指明审计部门和其他部门以后一起努力的方向。

审计简报范例如下：

审计简报

第×期

（总第××期）

审计处办公室　编印　　　　　　　××××年××月××日

发票专题

（介绍发票基本常识和相关法律规范，使各级部门了解熟悉、自觉防范虚假发票引发的管理风险）

主题词：审计处　简报　发票

报：相关公司领导

送：各部、处、分公司

责任编辑：×××　　　　　　　　　　　　　核发：×××

审计工作总结范例如下：

20××年××大学审计工作总结

20××年，审计处认真贯彻教育部《20××年教育审计工作要点》文件精神和我校健全监督机制的要求，紧紧围绕学校的发展目标，开拓创新、奋发有为，不断使内审工作迈上新台阶。全年共完成各类审计项目××项，审计资金总额××万元，形成审计报告与意见××份，提出建议意见上百条，通过基建修缮工程审计为学校节约资金支出××万元，充分发挥了内部审计在教育事业发展中防范风险、确保资金安全、规范内部管理和促进效益提高的作用。

（一）财务收支审计情况

全年共完成××项。通过对二级会计核算或管理单位的财务收支进行审计，查出有问题资金××万元，其中：账务处理不当资金××万元；已经确定的损失资金××万元；违纪违规金额××万元；已经纠正违纪违规资金××万元（近年发生的未纳入财务管理资金和漏税情况）。提出的财务手续不全、库存管理不善、账表不符、利润分配方法不确定、固定资产账实不符，以及个别单位财务管理不到位等问题，均得到重视，并陆续得到解决。

（二）基建、修缮工程审计情况

对基建、修缮工程资金继续实行先审计后付款。20××年共完成××项，其中基建工程审计××项，修缮改造项目××项。甲方审定后的送审资金额××万元，审计之后确定付款金额××万元，审减额××万元，平均审减率×%。其中有××项委托社会审计组织协助完成，审减额××万元，审减率×%；其余自审××个项目审减额××万元，审减率×%。

20××年，审计处认真贯彻我校领导提出的"加强审计，特别是事前审计"的要求，加大了事前审计工作力度，除完成以上已经统计在内的××个事前审计项目之外，还增加了事前工程审签项目××项，资金××万元，主要是职能部门准备在开工前进行包死合同的工程。此外，还完成零星基本建设工程及维修改造工程审签项目××项，资金为××万元。20××年，审计处共计完成审签项目××项，资金总额××万元。

（三）其他审计工作情况

全年完成中层领导干部经济责任审计××项、审计调查××项、其他审计××项，主要包括对校办实体、学院领导、科研基地负责人进行的换届审计等。对于个别的公款私存问题，审计之后立即得到纠正。对于违规拆借资金、对外投资损失等问题，审计中指出的危害和提出的建议均受到重视。

完成科研经费结项审签××项，资金××万元；参加学校及相关的工作会议，主动沟通工作，促进相关工作协调配合；努力参与学校安排的制度建设、银行对账单审签、大额资金管理、房改等涉及决策的重要事项，均竭尽所能发挥作用。据不完全统计，全年共参加校园建设管理处组织的建设工程招投标××次；参加资产与产业管理处组织的设备招投标××次；参加后勤管理处组织的涉及维修改造招标活动××次；参加世纪公司组织的选择物业公司招投标××次；参加网络管理中心单独组织的招投标××次。

6.1.3 说话艺术

审计人员要出色地完成审计工作，不仅要会做事情、会查账，还要会说话、会写作。但是，目前的实际情况是，我们的审计人员只会查账，不会说话，更不会写作。审计人员在与相关领导和被审计单位进行沟通时，因不会说话而得罪相关人士、影响审计工作正常开展的情况时有发生。审计工作的写作主要体现在审计报告、工作总结、审计经验介绍、审计论文等方面。审计写作的常见问题有重点不突出、用词不准确、逻辑层次欠佳、思想和语句的提炼不到位。

日常生活中常见到一些人能说会道、口若悬河，仅凭三寸不烂之舌，就能让对方听得五体投地、心服口服。有的人"王婆卖瓜、自卖自夸"，把自己标榜得完美无缺，令众人羡慕。有人说："男人要捧、女人要哄，男人要靠女人捧、女人要靠男人哄。"这句话有一定道理，是否可以修改为"被审计的男人要靠审计的女人捧、被审计的女人要靠审计的男人哄""被审计的女人要靠审计的男人捧、被审计的男人要靠审计的女人哄"呢？是否有启发呢？

您会说话吗？下面来做一个简单的小测试：

（1）会不会倾听？（要会说话，首先要会倾听）

（2）有没有用情？（听话和说话都要动之以情）

（3）有没有"我"字满天飞？（说话不要以"我"为中心）

（4）有没有冷落人？（说话时不要自己滔滔不绝，要激发别人说话）

（5）有没有打断别人？（他人说话时最好不要打断）

（6）有没有让别人感到不安？（揭露隐私，攻击别人）

（7）您微笑了吗？（一张笑脸人人喜欢）

怎样说话呢？

一是真诚。无论是意愿还是态度，审计人员面对被审计人员都要真诚，至诚足以感人，真诚到永远。在审计过程中，审计人员要相信被审计单位，即使被审计人员隐瞒、欺骗审计人员，审计人员至少在形式上也要相信对方。学会换位思考，站在被审计单位的立场，分析其压力、顾虑和需求，真诚提出切实有效的审计建议。

二是倾听。在审计交流时，审计人员要时时尊重对方，全神贯注不走神耐心倾听，目光随时交流，及时捕捉有价值的信息。倾听时姿势要前倾，不断赞赏与点头，及时回答对方问题，适时提问但不能打断对方思路，及时归纳说话者的观点但不要匆忙下结论，了解对方、理解对方、同情对方。

三是赞美。真心诚意地赞美对方，赞美对方的行为或贡献，赞美对方不为人知的优点，赞美对方最微小的进步，而非赞美他本人。学会借用第三者的口吻赞美他人，赞美要有一定高度，赞美要讲究场合、合乎时宜，赞美要恰到好处。赞美要具体，千万不能笼统赞美，世界上最虚假的赞美就是"你真漂亮"。例如，某审计人员第一天进入被审计单位时说："王总您好！听说您这里最近几个月销售形势不错，老弟我特意来了解学习一下，好给集团领导总结推广您的经验。"

四是提问。提问要以对方为中心，时时处处尊重对方。提问要注意技巧，以对方的特长发问，使对方乐于接受。设计好提问的问题，千方百计让对方回答说"是"，这样可以使大家全身放松，创造和谐的审计氛围。相同的问题有不同的问法，审计人员要反复推敲，确定合适的询问方式。可以在恰当的时机故意提问已知答案的问题，以测试对方的诚信与顾虑。提问最好不用封闭式问句，例如"是盈利还是亏损""星期三您在哪里"；多用开放式问句，例如"您的意见呢""业绩怎么样了"。要注意的是，问题问得太多惹人烦，因此审计人员应适当控制问题的数量。

五是批评。批评要给足对方面子，学会先表扬后批评。批评只对事不对人，因为审计本身也是只对事不对人。批评要注意场合，只说"新账"，不翻"旧账"。尽量采用建议式的批评和请教式的批评，例如"您认为存在问题的根源在哪里""您有什么好的建议"。

六是本质。常言说："山不在高，有仙则名，水不在深，有龙则灵"，"吹笛要按到眼，敲鼓要敲到点"。审计工作中话不在多，点到就行，要把握事物的本质，说到问题的本质。

七是幽默。幽默是有趣或可笑而意味深长。幽默能在参与者之间产生一种强烈的伙伴感和一致对外的攻击性，幽默能一下子拉近两个人之间的感情距离，激发共同的兴趣爱好。幽默是一种修养、一种文化，是润滑剂、兴奋剂、调味品，幽默是智慧的表现。例如，某审计处处长在年终考评的述职报告会上说："审计部门无意争先进，而是希望各个部门都能考评优秀。如果我们审计部门评上先进部门了，你们就出问题了。"

6.1.4　沟通技巧

沟通是人们借助于共同的符号系统，获得、传递和交流信息、思想与情感的个人和社会互动行为。其目的是传递信息、提出请求、回答问题、鼓励激励、决定决策、发起行动、解释、辩解、评论、自夸、总结、了解信息、表达感情等。沟通的分类有：正式沟通与非正式沟通；上行沟通、下行沟通与平行沟通；单向沟通与双向沟通；直接沟通与间接沟通；语言沟通与非语言沟通；书面沟通与口头沟通等。每一种沟通都有其自身特点和适用范围，审计人员要依据实际情况，灵活使用沟通方式。沟通方式见表6-1。

表6-1　　　　　　　　　　　　沟通方式

项目	面对面	电话	书面	网络
接触方式	直接	间接	间接	间接
表达方式	语言	语言	文字	文字
沟通内容	深入细致	受限制	全面丰富	全面丰富
情感氛围	可利用	无法利用	无法利用	无法利用
个性心理	有影响	有影响	无影响	无影响
联系方式	较慢较窄	快速广泛	较慢较窄	快速广泛
费用	最多	较多	较少	很少

沟通应注重策略选择，审计人员要学会换位沟通，时常站在被审计单位的角度开展沟通。只有站在被审计单位的立场，才能体会对方的难处、压力和阻力，设身处地为对方考虑，沟通时才能有共同语言。审计要实行目标沟通，站在组织的共同利益上，与被审计单位进行沟通，审计人员必须要让被审计单位明白，审计的目的与被审计单位的利益都是在组织共同利益的前提下实现的，只有这样的沟通才能造就和谐的审计。但是，中国人的沟通有自己的特点，中国人不会主动讲自己的信息，却会高度关注别人的信息。中国人喜欢在合适的时间、合适的地点，对合适的人以合适的方式说合适的话。中国人的沟通，有时候不沟也不通、有时候沟而不通、有时候沟而能通、有时候不沟就通。

下面我们来学习一下审计署原审计长李金华的沟通艺术①。

6.1.4.1 事例一：与时任总理朱镕基的沟通艺术

李金华在谈到1999年的审计结果报告是否要如实向全国人大常委会报告时，在总理办公会议上发生了激烈争议。有关部门领导在会上激烈反对点那么多名，找出种种理由反对公开审计报告。由于报告对财政部和发改委点名最多，这两个部门意见比较大。李金华说，我偷偷看了一下总理，总理很不高兴。总理沉下脸问李金华："我曾要求各部门向国务院的报告，凡涉及其他部门的，都要协商一致再报国务院，你审计署为什么没有取得有关部门的同意就报来了？"跟李金华一起参加会议的审计署同志后来说，当时他吓得腿都有点发抖了，可李金华说："总理，您的

---

① 李金华，高芳. 我与"审计风暴"（一）[J]. 纵横，2011（3）：4-9.

指示我是非常清楚的。可您讲的是一般工作方面的请示或报告，我这个不一样，我和这些部门是监督和被监督的关系，有些要取得一致是不可能的。但事实都准确无误，这些部门都是认可的，只是要不要向人大报告、要不要对外披露，在这方面当然不可能完全一致。"总理说："你说的也有道理。"接着他问大家："事实有没有出入？"当时没有人说有出入。总理又问李金华："这些是不是都是审计署查出来的？"李金华说："是。"总理又问："你敢负责吗？"李金华说："我完全负责。"总理斩钉截铁地说："凡是审计署审计发现的预算执行中的问题，只要事实是准确的，都要如实向人大常委会报告，我们不要修改。我们这届政府就是要敢于揭露我们的缺点。"李金华说："我很感激朱镕基总理，他给我们以后的审计工作开了个好头。他说没他支持不行，这是肯定的。可话又说回来，没有我的争取，也不一定有这个结果。如果当时看总理不高兴我就不吱声，说'是我的不对，我们回去再商量商量'，表示退缩，那审计也不会有后来的局面。"

启示：审计人员与上级领导沟通时，首先要尊重领导，态度诚恳；其次，说话要简明扼要，有理有据；最后，审计人员作为下属，要胆大心细，准备充分。

6.1.4.2　事例二：和被审计单位的沟通

李金华谈到有一次审计一个部门时，这个部门找人说情，说情的人面子还很大。后来李金华想了一个主意，便说："这个事情你叫我不公开，这是违反规定的，不可能。但是如果公开，我们可以讲两句话，不讲一句话。"

对方问："什么是两句话？什么是一句话？"

李金华说："讲一句话就是讲你有什么问题；讲两句话就是说你虽然有这个问题，但是你已经整改了。"

对方说："你这个办法好。"

李金华说："我建议你回去让他们开个会，赶快制定整改措施。"

最后，这个问题解决了。

启示：审计的结果是"双赢"，审计人员和被审计人员都要有面子，都要有台阶下，大家好才是真的好。

6.1.4.3　事例三：被审计单位领导对审计的体会

科学技术部原部长徐冠华，人很正派。据说他从来不请客，退下来后专门要请李金华，表示感谢。李金华非常感动。徐冠华对李金华说："老实讲，你们刚来审计时，我是反感的，我心里想，我能有什么问题？我的工作忙得不得了，你们却成天来找我的麻烦！后来我才发现，有好多问题我之前是不清楚的，经过你们审计，我了解到好多情况，这是第一。第二，你们帮助我们加强了管理，避免出现更大、更多的问题。第三，你们的审计解决了我自己解决不了的问题。"

启示：审计不仅仅是揭露问题，更主要的是为高层领导提供更为丰富的信息。通常情况下，对于被审计单位的基层信息，高层领导并不一定都知道，审计人员可以为高层领导提供他们并不知晓的信息。借助审计独立第三人的特殊地位，向上级领导反映情况，帮助被审计单位解决他们自己不能解决的问题，真正发挥咨询与服务功能。

以上历史再现，不仅使我们感受到时任总理朱镕基的人格魅力，也学到了李金华作为审计人的高尚品格和高超的沟通艺术。

6.1.5 审计谈判

审计谈判是说话艺术与沟通技巧的综合体现，是审计人员情商高低的集中反映。审计谈判是审计人员和被审计人员为了满足自身利益的需要，对涉及双方切身利益的分歧进行沟通，谋求达成一致。谈判是以满足某种利益为目标，建立在各自的需求之上。审计人员的需求是降低自身审计风险；被审计人员的需求是信息保密、职位晋升和经营业绩。谈判是沟通的过程，是冲突化解的过程。谈判的实质是一种说服活动，要么是审计人员说服被审计人员，要么是被审计人员说服审计人员。

审计谈判的原则有四：一要坚持人事分开原则，紧紧围绕相关政策和制度、围绕经营管理活动开展谈判，审计谈判不涉及具体人员；二要坚持集中利益原则，审计谈判以增加组织价值为最终目的，无论审计人员还是被审计人员，大家的最终目的都是增加组织价值，防范组织风险；三要坚持双赢原则，审计人员和被审计人员双方的利益都要照顾到，既要照顾到被审计人员的面子，又要使审计人员不违反规定；四要坚持客观性原则，审计定性应以客观事实为基础，以审计证据为基础，审计结论要客观公正，不偏不倚，不带个人感情色彩。

审计谈判的焦点主要在于双方的分歧，正确分析双方分歧的原因，判断是证据分歧、审计依据分歧、推理分歧、审计问题披露分歧，还是审计结果公开范围的分歧。审计谈判中审计人员应注意"黑脸"与"白脸"的搭配，审计小组是一个团队，在审计谈判中，一个人态度强硬，另一个人态度和蔼，巧妙的搭配会达到意想不到的结果。审计人员要注意问题与建议的数量在审计报告中的分布，一般情况下，审计报告中的问题数量要少于建议数量，这样至少在形式上给被审计单位一个面子，如果问题实在太多，可以建议的语气写在审计报告的建议段。审计人员要注意审计整改与审计披露的选择，审计并不仅仅是要揭露问题，关键是加强整改，究竟是披露被审计单位存在的问题还是披露已经整改的问题，需要慎重选择。审计人员要注意审计披露层次的选择，即审计报告或审计信息在多大范围内进行披露，确定是在高层披露、中层披露，还是在全体员工面前披露。这需要审计人员综合考虑信息公开的积极作用和消极影响。

6.2 内部审计制度管理

6.2.1 审计"小制度"

健全的内部审计控制制度，有利于保证审计质量。因此，为实现内部审计工作的规范化、制度化，明确审计人员、主审人员、项目负责人、部门负责人的责任，必须制定、完善内部审计的质量控制制度。所谓审计"小制度"，是指审计机构自身的制度，这些制度包括审计工作制度、质量检查考评制度和责任追究制度。

（1）审计工作制度是审计工作过程的规范性要求，要明确各个责任人的具体权利、责任和义务，涉及审计立项制度、人员委派制度、计划编制规定、主审竞聘制度、主审负责制度、外勤工作管理规定、取证注意事项、工作底稿编制复核制度、审计报告编制复核制度、督导制度、重大问题请示报告制度、审计公告制度等。

（2）质量检查考评制度是对正在进行或已经完成的审计业务进行监督、评价，了解审计状况，提高审计质量，是一种事中和事后的监控制度。审计质量的检查可以是企业内部审计部门的自查与互查，也可以是企业内部高层组织专门针对内部审计质量的专项检查，还可以是内部审计协会质量检查委员会的外部督促检查。科学考评内部审计质量，应该建立考评指标体系，包括定性指标和定量指标，并以此作为奖惩的基本依据。

（3）责任追究制度是一种有效的事后质量控制机制，目的在于促使各级内部审计人员明确职责，强化责任意识，降低审计风险。实施责任追究制度，能够在对违规者进行处罚的同时对遵循者实施保护，从而确认和解除审计人员的审计责任。

6.2.2 审计"大制度"

所谓审计"大制度"，是指审计机构与高层管理者、被审计单位之间建立的沟通协调制度。审计机构应享有调查权、检查权、建议权和处罚权，各部门应无条件接受审计人员监督；应对审计机构单独实行经费预算定额管理，确保审计活动有足够的经费来源，保证审计活动有效开展；建立定期审计制度，监督企业各项管理制度的贯彻落实，发现问题及时解决；建立审计建议落实制度，定期检查审计建议的落实情况；建立违规处罚制度，对于违规者处以重罚，使其一日受罚终生不为。

审计机构还应当建立审计共建制度、审计联络员制度、审计指导员制度、自我审计制度、审计成果运用制度以及审计报告公开制度、审计意见纠错制度、审计联席会议制度、审计协议制度等。

（1）审计共建制度。审计部门和每一个被审计单位签署审计共建协议，明确双方各自职责：审计部门为被审计单位管理人员提供工程管理、内部控制等审计咨询服务；被审计单位一方面抓生产管理，一方面配合审计工作。通过审计共建协议的签署，可以减少传统审计带来的误解、偏见和冲突，实现互动性的"双赢"，真正实现审计的管理顾问与经济良医的作用，共同构筑"防火墙"。

（2）审计联络员制度。为最大限度地预防和降低经营风险，应积极推行审计联络员制度，每个部门或分支机构推举一名员工作为本部门的审计联络员，目的是实时了解企业情况，构建审计部门与被审计单位的信息反馈渠道，审计联络员定期以书面形式汇报工作情况，及时向审计部门反映企业存在的困难、问题与风险，使领导及时掌握重大情况，使上下信息通畅，充分发挥审计联络员的桥梁作用。

（3）审计指导员制度。为更好地开展审计工作，规定每位审计人员负责与一定数量的部门开展联络工作，每周安排一天时间去相关部门了解生产经营情况、财务运营状况、制度建立与执行情况、对外投资情况等，重点掌控大额资金流向。这一制度的建立，可以促进企业建立健全内部管理体制，同时为常规的审计工作做好铺垫，将风险消灭在萌芽状态，有效实行事前和事中的控制。

（4）自我审计制度。审计工作要积极从"要我审计"转变为"我要审计"，充分调动每个部门、每个分支机构的积极性和创造性，促使其定期开展自我审计，并把自我审计报告递交审计机构。对于自我审计发现的问题主动整改，并且就自我整改的情况也向审计部门递交后续审计报告，审计部门不予追究，但以后不能再重复发生。对于存在的问题，如果每个部门自我审计时没有发现，而被审计部门揭露出来，企业将给予严厉惩处。

（5）审计成果运用制度。审计报告中关于问题的处理意见，要纳入部门的达标考核制度、绩效考核制度和干部任命制度；审计报告中关于相关政策、制度的建议，要纳入高层决策机制；相关高层管理者必须审阅审计报告，批阅审计报告，督促被审计单位整改纠正；建立完善审计意见的督查督办和整改机制，纪检监察部门、组织人事部门、财务管理部门和资产管理部门要形成协查协审机制，促使审计成果转化为生产力。

以上管理制度的创新单靠审计部门是力不从心的，需要高层管理者和各个部门的共同努力。内部控制，人人有责；审计工作，人人有份。但是，审计部门不能坐等制度从天而降，需要我们审计人向高层管理者和各个部门开展大量的审计营销活动。只有通过积极主动的思想教育，才能使现代新型审计观念落地生根，才能推动创新管理制度真正建立。如果以上制度不能得到有效建立，审计人员再认真、再辛苦地工作，为审计项目投入的心血也有可能付之东流。思想掌控制度，制度改变结果。

6.3 内部审计绩效评价

6.3.1 关于绩效评价

绩效一词使用相当广泛，其释义包括"业绩、成绩、执行、表现"等，既包括人们从事某一活动所产生的结果，也包括人们在实现预定工作任务过程中所采取的行为，即：

绩效=行为（如何做）+结果（做得怎样）

行为关注的是绩效实现的过程，适用于通过单一方式或程序化的方式达到绩效目标的职位，结果关注的是绩效结果或绩效目标的实现程度。

绩效评价是一个系统，由评价主体（评价者）、评价客体（评价对象）、评价目标、评价指标体系（评价指标、评价标准、评价方法）以及相关的激励机制构成。

（1）评价主体是绩效评价的行为主体，可以是特定的组织机构，也可以是自然人；

（2）评价客体是评价的行为对象，是根据不同的需要和目的而确定的；

（3）评价目标是评价的立足点和目的地；

（4）评价指标体系是评价系统的核心部分，其中，评价指标是对评价客体实施评价的重要依据，评价标准是评价的参照系，评价方法是具体实施评价的技术规范；

（5）激励机制是评价行为的延伸和反馈，有利于评价客体行为的改善。

评价内部审计绩效的主体可以是外部组织、高层管理者，也可以是审计人自己。在目前的环境下，外部评价机制并未建立起来，内部审计人员应积极主动开展审计绩效评估工作，使高层管理者看到内部审计的成效，看到内部审计的希望。内部审计绩效评价的立足点自然是一个组织价值的增加，评价的客体可以是整个经营活动，也可以是物资采购活动、成本管理、基建工程等方方面面。至于评价指标、评价标准、评价方法，则需要审计人员根据具体评价对象做出相应选择。

6.3.2 内部审计绩效评价内容分析

内部审计绩效评价分为动态评价和静态评价。

1）动态评价

动态评价是事中评价，侧重评价审计政策和审计制度落实情况，实际上是审计质量的控制，包括审计计划的科学性评价、审计方案的可行性评价、审计取证的充分性和相关性评价、审计工作底稿的完整性评价、审计日记的真实性评价、审计报告的质量评价、后续审计的有效性评价等。动态评价的标准就是内部审计准则的具体规范要求。

2）静态评价

静态评价是事后评价，侧重评价审计工作的结果情况。具体表现有：

（1）工作量评价。工作量是指内部审计机构一年内完成审计任务的数量，具体表现为审计完成的单位数、审计完成的项目数、审计计划项目完成数量、临时审计项目完成数量、审计覆盖率等。审计覆盖率是指审计实际完成的单位数或审计金额占全部单位总数或全部资金的比率。

（2）工作效果评价。工作效果是指内部审计机构完成各项审计工作后所产生的结果，具体表现为审计发现的违规资金金额、审计意见或建议数量、审计意见或建议的采纳数量、被审计单位整改情况、相关部门和群众对审计工作满意度评价等。

（3）审计成本评价。审计成本是审计机构完成一定工作量并达到一定工作效果后所消耗的时间和经费，具体表现为内部审计工作每年消耗的总工时或总经费、平均每个审计项目消耗的工时或经费、每位审计人员平均每年的审计工作总工时或总经费支出等。

（4）审计工作效率评价。审计工作效率是指内部审计机构在单位时间内完成一定工作量所需要的全部经费与审计工作的实际效果的比较，具体表现为单位审计成本投入带来的价值增值。用公式表示为：

审计工作效率=审计工作带来的成本节约或价值增值÷审计经费

该计算结果如果大于1，表明审计工作有效率；如果小于1，表明审计工作无效率。当然，内部审计机构还要考虑审计经费本身的机会成本。

6.3.3 关于经济增加值的基本原理

经济增加值（EVA）是经调整的企业税后净营业利润扣除企业全部资本成本后的余额。经济增加值法是以企业税后净营业利润及所需投入资本的总成本为依据评价经营绩效的方法，也是以经济增加值理念为基础的管理系统、决策机制及激励制度。

经济增加值的计算公式为：

$$EVA = NOPAT - C \cdot K_W$$

式中，EVA表示企业的经济增加值；NOPAT表示经调整的企业税后净营业利润；C表示企业全部投入资本的总额；K_W表示企业加权平均资本成本率。

经济增加值比较充分地体现出企业创造价值的管理理念，避免会计利润的局限性，降低企业盈余管理的动机，全面考虑了企业的资本成本，促进资源合理配置，提高资本使用效率。EVA度量的是资本利润而非企业利润，是资本的社会利润而非个别利润，是资本的超额收益而非利润总额。将EVA作为评价体系的目的就是使经营者像所有者一样思考，使所有者和经营者的利益趋于一致。

审计工作的绩效评价也可以借鉴EVA的基本原理。我们首先要明确两个基本概念：一是审计工作本身发生的成本，表现为审计部门的办公经费、审计人员的工资福利、审计培训费用等；二是经过审计以后给企业带来的经济效益，这个经济效益可以表现为节约的开支、降低的成本、核减的工程造价、新增的投资收益等。基于这两个概念，我们用下列计算公式开展绩效评价：

内部审计绩效=经审计后新增的效益-审计成本   (6.1)

该计算结果如果大于零，说明审计工作有成效；如果小于零，说明审计工作无成效。但是，这一计算方法没有考虑审计工作占用资金的机会成本，不能体现真正意义上的审计绩效。如果考虑资金成本因素，则将上述公式改造如下：

内部审计绩效=（经审计后新增的效益-审计成本）-审计成本×加权平均资本成本率   (6.2)

该计算结果如果大于零，说明审计工作真正有成效；如果小于零，说明审计工作根本无成效。

改造后的（6.2）式的内部审计绩效计算方法真正使股东利益、管理者利益和审计人利益从根本上趋于一致。把这一指标广泛应用于企业管理中，有利于管理体系和管理制度的一体化，不仅有利于审计工作的开展，更有利于企业经营计划的畅通实施，审计工作不再是管理的"绊脚石"，而是"催化剂"。

6.3.4 EVA原理在内部审计绩效评价中的应用研究

内部审计绩效通常被理解为内部审计职能的效率与效果，侧重于报告如何利用已有资源来实现年度审计计划，常见的表现形式有年度审计计划中已经完成的审计项目数量、年度审计计划中未完成的审计项目数量、提出建议的数量、被高层管理者和被审计单位采纳的审计建议数量、审计后节约的资金数量、审计工作消耗的总工时数、审计工作的总成本数等。如果用以上指标来考核内部审计绩效，则只能看到表面现象，至于这些完成的审计项目、提出的建议数量、采纳的建议数量等究竟发挥了多少作用，是否能实现企业发展战略，高层管理者、被审计单位和审计人员也心中没底。只有把审计项目带来的具体效益数据计算出来，内部审计工作才能让大家心服口服。

我们来看一个审计绩效分析事例：假设采购物资一批，原计划采购总金额为20 000元，经审计确定金额为18 000元（降低采购价格、节约运输费用等，但原材料采购的数量、质量和等级保持不变），该项目的审计经费支出（含人工成本、差旅费、办公费等）为1 000元，假设资金成本率为10%。则根据（6.1）式计算如下：

（20 000-18 000）-1 000=1 000（元）

根据（6.2）式计算如下：

（20 000-18 000）-1 000-1 000×10%=900（元）

假设上述事例中，审计经费支出变成1 900元，其他资料不变，其计算结果如下：

根据（6.1）式计算如下：

（20 000-18 000）-1 900=100（元）

根据（6.2）式计算如下：

（20 000-18 000）-1 900-1 900×10%=-90（元）

显然，两种计算方法得出的结果是不一样的，说明内部审计绩效也不同。作为股东和高层管理者，更关注依据（6.2）式考评的内部审计绩效。

以上绩效分析评价方法可以推广到企业经营管理的全过程，可以应用于材料采购、成本管理、工程造价等方方面面。但是，这一方法的运用一定要有以下前提条件：审计工作的成本是可以单独量化的；审计工作成本有据可查；有充分的证据表明被审计事项带来的经济效益是由审计工作单独带来的。

基于EVA原理进行的内部审计绩效评价方法有下列三个方面的局限性：

（1）采用单一的财务指标考核，没有充分考虑到企业未来发展战略需求。以企业财务数据指标为唯一的绩效评估标准，容易使审计人员过分注重短期利益和结果，忽略企业组织长期目标的实现，甚至与企业发展战略背道而驰。

（2）以收益为基础的财务数据仅能够衡量当前审计工作的结果，无法评估企业组织的绩效和审计工作的绩效在未来的表现。审计人员的素质、胜任能力以及学习与发展都没有涉及，内部审计机构未来持续发展能力无法得以体现。此外，内部审计工作流程的质量、审计时间的使用与节约、审计质量保证技术、高层管理者的满意度、被审计单位的投诉、审计建议的执行比例等方面的绩效也无法得以体现。

（3）内部审计绩效包括了显性价值和隐性价值两个方面。显性价值是指可以直接确认或可以直接计量的价值，表现为审计查出并改正的错弊金额、审计预防风险挽回的损失金额、审计结果带来的资金节约和费用降低等；隐性价值是难以直接量化的价值，表现为由于审计建议弥补程序缺陷、完善内部控制措施而使得业务部门收益增加、管理成本减少以及避免损失。

　　尽管基于 EVA 原理的内部审计绩效评价方法具有局限性，但是，这一方法充分考虑了审计工作占用资金的机会成本，强调可接受的最低投资报酬的理念。在这一理念引导下，企业所有营运功能都从同一基本点出发，各个部门会自动加强合作，审计部门的工作也会自然融入各项管理工作，使股东、高层管理者及被审计部门的利益趋于一致。

关键概念

　　说话艺术　审计信息写作　绩效评价

本章小结

　　目前，我们的大多数审计人员技术水平很高，很会查账，这一点毋庸置疑。但是，说话与沟通艺术可能有所欠缺，而审计的各种文书写作就更不敢恭维了，会做却不会说、不会写的审计人员十分普遍，因此提高我们审计人员的说话艺术和写作水平迫在眉睫。审计制度不仅仅是约束审计机构和审计人员，更重要的是明确审计人员与高层管理者和各个被审计单位的权利、责任、义务，即明确三方的"游戏"规则。如何提高内部审计工作的审计效率和效果，不仅是审计人员关注的重点，更是企业高层管理者高度关注的核心问题。

阅读案例

规范管理降成本　创新方法促审计①

　　上峰集团有限公司创办于 1994 年，现有员工 1 000 多人，总资产 10 亿元，下属 6 家子公司，是一家以生产瓦楞纸箱、彩印及纸浆模塑为主导产品，集工业、贸易、科研、房地产、实业投资于一体的跨地区、跨行业的民营股份制企业集团，是全国最大的纸包装生产基地之一。

　　2004 年 7 月，集团公司为适应快速发展和扩张，加强风险控制，成立了审计监察部。目前审计监察部共有专职审计人员 5 人，兼职审计人员 7 人，全面负责公司内部控制设计及检查、风险控制、工程审计、财务审计、投资审计、内部监察等工作。

　　自 2008 年以来，审计监察部努力完善内部审计监督体系，创新内部审计工作方法，加强投资审计和风险控制工作，3 年来共开展审计项目 64 个、专项调查 36 个，提出审计整改方案 368 个，处理干部 19 人次。已开展的审计项目涵盖公司经营管理所有层面，为公司实现年度经营目标、规避运营风险提供了有力的保障。

　　一、完善审计监督体系

　　审计监察部以规范管理、降低成本、控制风险、客观评价为目标，以"防范胜

---

　　①　上峰集团有限公司审计监察部.规范管理降成本　创新方法促审计 [J]. 浙江内部审计，2011（2）.本案例由绍兴内部审计协会会长魏文焕先生推荐。

于查处，审计寓于服务"为口号，以"只审计，不披露，等于没审计；只披露，不整改，等于没披露；只整改，不见效，等于没整改"为内训，行使监督和评价的职能，不断探索和构建更加完善的审计监督体系，全心全意为公司服务。

在深入学习贯彻《审计法》与内部审计准则等法规、准则的同时，逐步制定符合公司实际的内部审计制度。在形成《内部审计制度》与《内部审计工作规范》两份基本制度的基础上，2008年起陆续制定了以内部控制审计办法、基建项目审计办法、财务审计办法、合同审计办法等具体审计办法为核心，以财务审计细则、采购控制审计细则、基建项目审计细则等实务操作指南为外围，以审计公示、年度审计会议、审计奖惩办法、审计监察部考核办法等为保证措施的制度体系，从而有层次、有步骤地健全了审计监督体系，并将此汇编成《企业管理审计手册》，要求严格按照手册执行，在手册指导下有条不紊地开展审计工作。

二、拓展审计业务范围

1.开展专项调查，解决突出问题

审计监察部对审计过程中发现的主要问题或重要投诉进行专项调查，及时解决一些突出问题。通过专项调查，明确责任，深度曝光，以点带面，促进职能部门采取措施，修改程序或制度，防止类似投诉再次发生。如2010年5月，有关人员向审计监察部反映公司模具采购存在问题。审计监察部立即对模具的采购流程和采购执行现状进行调查，特别关注各项重要单据的流转和模具的验收环节。通过对采购、验收等各个环节出现的问题进行分析，最终发现在模具的采购过程中有关人员存在失职行为，致使公司采购成本升高，造成严重的浪费。按照公司《内部审计奖惩办法》规定对责任人提出了处理建议，并督促相关责任部门进行整改。在调查后，我们及时跟踪，使公司辅助品采购得到规范，采购成本得到有效控制。

2.加强符合性测试，确保规章制度贯彻落实

在审计过程中，审计监察部严格以审计法规、公司制度及文件为标准对被审计部门进行审查，检查各部门对法规制度的落实执行情况。如2010年5月，在进行物流部仓储管理审计时，我们严格按照《成品仓库兼运输管理作业指导书》等相关规章制度的要求对入库、仓库管理、出库、发货等各个环节进行符合性测试，发现了一些违规操作行为。在督促责任部门整改的同时，审计部门要求相关子公司领导和责任部门积极完善作业指导书，以保证规章制度适应公司的经营发展。

3.关注基建工程审计，节约基建投资成本

基建工程审计是严把资金审查关口、减少企业资金流失、加强投资控制的重要保障。审计监察部重点做好前期的招标工作和后期的结算过程。通过招标，在相同的质量要求下控制价格；通过验收，核实数量的准确性，保证工程的质量。在参与过程中，审计监察部实施了事前控制，对投标单位资格的审查、价格的确定、质量的保证及合同等都进行事前审计。针对集团公司及其所属公司的重点工程项目建设，审计监察部均派工程审计专员进行过程监督，实施全过程工程造价审计。自2008年至今，集团公司共实施了大小26项工程项目招标实施，审计监察部全部参

与了全过程工程造价审计工作，为公司共节省基建成本 1 300 多万元，挽回直接损失达 600 多万元。

4.重抓销售风险审计，加强风险控制

自 2008 年全球金融危机爆发后，公司一些客户由于业务的影响，产生了资金紧张的现象，致使公司逾期应收账款不断增加，市场风险加剧，个别客户还因资金链断裂倒闭，形成坏死账。为此，审计监察部重抓销售风险审计，对销售过程中发生的市场风险和信用风险进行全面审计，包括客户评审、合同签订、货款回笼、对账管理和坏账处理等方面。通过审计，信用体系建设更加完善，客户信用控制关口前移。对于新进客户，在产品打样之前，必须得到审计监察部的信用评估和业务评估的确认，确保所开发的客户信用良好、具有增长潜力。对于已经开展业务合作的客户，在信用政策控制前提下，加强对应收账款的预警，及时提醒业务部门和人员采取措施。对于已经逾期的客户，督促跟踪催讨。对于逾期时间确实较长、多次催讨无果的客户，及时建议诉讼。通过审计的监督、督促，今年集团在销售额增加的情况下，应收账款总量基本保持不变，客户结构不断改善，坏账数额没有明显增多。

5.开展投资审计，降低投资风险

集团公司近几年发展迅速。为了开拓发展空间，公司加大了对外投资力度，包括股权投资、实业投资、合资等。为了确保投资安全和投资效益最大化，审计监察部积极制定投资审计办法，开展投资审计工作。从项目可行性分析开始，到项目的筹建，再到投产，审计监察部一直参与其中，并积极向公司董事会提出投资建议，确保投资利益最大化。集团核心子公司浙江上峰包装有限公司为拓展市场，计划自 2010 年起在全国多个省市设立分公司。因此，在今后的工作中，审计监察部将把投资审计当作一项常规工作来抓，以降低投资风险，提高投资效益。

三、创新审计工作方法

1.开展内审营销，宣传审计工作

在集团公司内部开展内审营销工作，拓展渠道宣传审计工作。一是利用公司内部办公自动化（OA）系统，建立内审网站，搭建一个有效的沟通平台，同时拓宽审计证据搜集的途径；二是在公司报纸《上峰报》上开辟审计专栏，宣传审计工作，并对审计情况进行公示。

2.开展模拟审计，促进事前整改

模拟审计就是在正式审计之前，被审计单位主动要求内部审计帮助其开展自我检查、提供咨询服务、事前解决问题、实现公司目标的一种方式。自 2008 年 12 月份以来，我们创新审计模式，通过模拟审计的方式，帮助被审计单位及时揭露问题，共同解决自身难以解决的问题。在董事长的大力支持下，模拟审计在公司得以全面开展。一方面提升了部门的管理水平，更好地实现部门、公司的管理目标，实现了由立场对立或职能不相关的刚性审计向主动要求、沟通无顾虑、友好合作、共商对策、共谋发展的柔性审计过渡，促进了优化管理和企业的更大发展；另一方面也拓宽了内部审计的视野，拓展了内部审计的职能。通过为被审计单位提供咨询服务，扩大了内部审计的作用，提升了内部审计的工作水平，增强了内部审计的权威，推动了内部审计的发展。

3.倡导协同审计，提高审计效率

在开展工作的过程中，审计人员发现，由于知识面的局限及公司实际情况的影响，单靠审计监察部的力量不能很好地发挥作用。因此，审计监察部积极与财务部、品管部、总务部等相关部门或人员建立协同机制，不但节省了工作量，提高了工作效率，减少了被审计对象的麻烦，而且开拓了审计范围，充分识别风险，提高了审计效果。譬如在物料管理审计中，审计部与财务部、品管部一同组成审计组，对物料的入库、领用、保管、报废的控制进行了专项审计。根据各部门的工作特点，有针对性地分工，提高了工作效率，增加了专业化程度，达到了预期目标。另外，审计监察部也聘任了一些资深业务人员为"兼职审计员"，在上下流交叉审计中发挥积极作用，取得较好效果。

4.编制审计案例，杜绝问题复发

根据审计调查情况，形成审计案例，供大家学习借鉴，杜绝问题重复发生。如2009年9月某彩盒退货事件，审计监察部通过对事件发生的前因后果进行全面调查，对事件关键点进行分析，明确各个部门的责任，形成审计案例，供大家借鉴，有利于相关责任人进行思考，防止类似事件再次发生。

通过审计监察部的有效工作和其他部门的通力协助，集团继续保持良好的发展势头。从2008年至2010年，集团公司销售额和利润同比增长20%以上，累计盘活资金近1.9亿元，节约成本费用2 100多万元，全体员工的责任意识和风险意识进一步增强，企业应对金融危机的能力显著提高。

内部审计工作之所以能够取得　定成果，主要原因有以下几个方面：（1）最高决策层高度重视且认识不断深化。审计工作是"一把手"工程，自审计部门成立以来，集团董事长高度重视，一直在创造良好的审计环境并及时给予指导，这是审计工作能够顺利展开并取得成绩的基础。（2）狠抓审计效果，突出增值服务。增值服务是审计工作的出发点和归宿点，是审计部门存在的理由和目的，没有审计效果，其存在就是一种资源浪费。（3）重视员工培训，提高审计专业性。在部门建设中通过在内外部加强人员建设来提高内审人员的素质，是保证审计工作高质量完成的一个重要因素。

实务点拨

审计工作中的三个管理方法

第7章　内部控制自我评价

学习目标

通过本章学习，掌握内部控制的基本要素及其包含的具体内容，明确企业内部控制自我评价的方式与评价内容。

2008年6月28日，财政部等五部委联合发布了《企业内部控制基本规范》，执行基本规范的上市公司，应当对本公司内部控制的有效性进行自我评价，披露年度自我评价报告，并可聘请具有证券、期货业务资格的中介机构对内部控制的有效性进行审计。2010年，五部委联合发布的《企业内部控制评价指引》对企业应当如何构建完善的内部控制制度并确保其有效运行以及如何对自身的内部控制实施效果进行评价等事项进行了规范。

7.1　　　内部控制概述

7.1.1　内部控制的含义

《企业内部控制基本规范》指出，内部控制是由企业董事会、监事会、经理层和全体员工实施的，旨在实现控制目标的过程。

内部控制的含义可从以下几个方面进行理解：

（1）内部控制必须体现为全员控制。从企业董事会、监事会、经理层到全体员工都是内部控制的主体。

（2）内部控制力求实现五种目标，即合理保证企业经营管理合法合规、资产安全完整、财务报告及相关信息真实完整、提高经营效率和效果、促进企业实现发展战略。

（3）内部控制是一个过程（Process）。内部控制并不是静止的，它与企业的经营活动交织在一起，是渗透到企业活动中的一系列行为。

（4）内部控制只能为企业目标的实现提供合理保证（Rational Assurance）。决策中人为判断的错误、失误以及两人或更多人的串通舞弊等原因都会导致内部控制失效。

7.1.2　内部控制的原则

7.1.2.1　全面性原则

全面性原则强调内部控制应当贯穿决策、执行和监督的全过程，覆盖企业及其所属单位的各种业务和事项。

内部控制的全面性包括两层含义：一是对企业活动全过程的控制，内部控制必须渗透到经营活动的各项业务过程和各个操作环节；二是对企业经营活动全方位的控制,内部控制必须涵盖企业所有的部门和岗位,不能留有任何死角。

7.1.2.2 重要性原则

重要性原则要求内部控制应当重点关注重要业务事项和高风险领域,在全面控制的基础上,将可能面临重大风险的重要业务事项和高风险领域作为内部控制的重点。

7.1.2.3 制衡性原则

制衡性原则要求内部控制在治理结构、机构设置及权责分配、业务流程等方面相互制约、相互监督,同时兼顾运营效率。在公司治理层面,企业要做好决策权、监督权和执行权之间的权责分配和制衡;在公司运营层面,对于任何一项完整的经济业务,完成某个环节的工作需要来自彼此独立的两个部门或人员的合作协调、相互监督和相互制约。

7.1.2.4 适应性原则

适应性原则要求内部控制与企业经营规模、业务范围、竞争状况和风险水平等相适应,并随着情况的变化加以调整。

7.1.2.5 成本效益性原则

内部控制的建立健全和有效实施需要耗费企业的资源,因此,企业在设计内部控制时,一定要考虑控制的投入成本和控制的产出效益之比,既不能因为内部控制的缺失给企业带来负面影响,也不能一味追求完美而无节制地耗费成本。内部控制不是控制得越严格越好、越全面越好,而是"适当"即可。

7.1.3 内部控制的构成要素

1992年,美国反虚假财务报告委员会下属的内部控制专门研究委员会——发起机构委员会(Committee of Sponsoring Organizations of the Treadway Commission,简称 COSO 委员会),在进行专门研究后提出专题报告《内部控制——整体框架》(Internal Control – Integrated Framework),也称 COSO 报告。COSO 报告认为内部控制由控制环境、风险评估、控制活动、信息与沟通、监督五要素构成。

2004年,COSO 委员会发布了《企业风险管理——整合框架》(Enterprise Risk Management – Integrated Framework,简称 ERM 框架),在五要素的基础上,将风险评估细分为目标设定、事项识别、风险评估和风险应对,将内部控制从五要素拓展为八要素。

根据我国的实际情况,2008年财政部等五部委发布的《企业内部控制基本规范》以 COSO 五要素为基础,将内部环境、风险评估、控制活动、信息与沟通、内部监督纳入内部控制框架。

《企业内部控制基本规范》内控构成要素与 COSO 内部控制框架的比较见表 7-1。

7.1.3.1 内部环境

内部环境是企业建立与实施内部控制的基础,一般包括治理结构、机构设置及权责分配、内部审计、人力资源政策、企业文化等。内部环境决定了企业在道德标

表7-1 《企业内部控制基本规范》内控构成要素与COSO内部控制框架的比较

COSO《内部控制——整体框架》	我国《企业内部控制基本规范》
控制环境	内部环境
风险评估	风险评估
控制活动	控制活动
信息与沟通	信息与沟通
监督	内部监督

准、价值导向方面的基调往往受高层管理者的直接影响，并影响着企业员工的控制意识和行为方式，是其他四个要素的基础。如果企业没有良好的内部控制环境，其内部控制各项活动都将难以得到恰当实施。

1）治理结构

治理结构是由股东（大）会、董事会、监事会和管理层构成的，决定着公司内部决策过程和利益相关者参与公司治理的方式，主要作用在于协调公司内部不同产权主体之间的经济利益矛盾，减少代理成本。

2）机构设置及权责分配

按照治理结构安排，董事会在公司管理中居于核心地位，董事会应对公司内部控制的建立、完善和有效运行负责。监事会对董事会建立与实施内部控制进行监督。公司管理层对内部控制制度的有效运行承担责任。

3）内部审计

内部审计是公司治理的四大基石之一，内部审计控制是内部控制的一种特殊形式。

4）人力资源政策

任何内部控制制度的成效都取决于其审计水平和高素质人员的贯彻执行情况。因此，人力资源政策是内部控制的一个重要因素。人力资源政策包括：员工的聘用、培训、辞退与辞职；员工的薪酬、考核、晋升与奖惩；关键岗位员工的强制休假制度和定期岗位轮换制度；掌握国家秘密或重要商业秘密的员工离岗的限制性规定等。

5）企业文化

企业文化是企业在长期的经营实践中形成的共同思想、作风、价值观念和行为准则，是一种具有企业个性的信念和行为方式。企业文化包含四个要素：制度文化、物质文化、行为文化、精神文化，这四者相互影响、相互作用，共同构成企业文化的完整体系。

7.1.3.2 风险评估

风险评估是内部控制的重要环节，在企业生产经营过程中，只有进行科学的风险评估，自觉地将风险控制在可承受范围之内，才能实现企业的可持续发展。风险评估主要包括：

1）目标设定

企业开展风险评估，应当准确识别与实现控制目标相关的内部风险和外部风险，确定相应的风险承受度。风险承受度是企业能够承担的风险限度，包括整体风险承受能力和业务层面的可接受水平。

2）风险识别

风险识别作为风险评估的重要环节，关注的问题主要是：存在哪些风险、哪些风险应予以考虑、引起风险的主要因素是什么、这些风险所引起的后果及严重程度如何、风险识别的方法有哪些等。而其中最值得关注的是引起风险的主要因素，应当准确识别与实现控制目标有关的内部风险和外部风险。

3）风险分析

一旦风险得到识别，企业就应当对风险进行分析和评估，这样管理层就能根据已经识别出的风险的重要性来计划如何应对风险。因此，企业应当采用定性与定量结合的方法，按照风险发生的可能性及影响程度等，对识别的风险进行分析和排序，确定关注重点和应当优先控制的风险。

4）风险应对

在分析了各种风险发生的可能性及影响程度后，企业应当确定如何进行风险应对。根据风险分析的结果，结合风险承受度，权衡风险与收益，确定风险应对策略，如风险规避、风险降低、风险分担和风险承受等。

7.1.3.3　控制活动

控制活动是指结合具体业务和事项，运用相应的控制政策和程序，或称控制手段，实施控制。《企业内部控制基本规范》规定，企业应当结合风险评估方法，通过手工控制与自动控制、预防性控制与发现性控制相结合的方法，运用相应的控制措施，将风险控制在可承受范围之内。企业控制措施一般包括：

1）不相容职务分离控制

企业应进行全面系统的分析，梳理业务流程中所涉及的不相容职务，实施相应的分离措施，形成各司其职、各负其责、相互制约的工作机制。

2）授权审批控制

授权可分为常规授权和特别授权。常规授权是指企业在日常经营管理活动中按照既定的职责和程序进行的授权；特别授权是指在特殊情况和特定条件下进行的授权。企业各级管理人员应当在授权范围内行使职权和承担责任；企业对于重大的业务和事项，应当实行集体决策审批或联签制度，任何个人不得单独进行决策或擅自改变集体决策。

3）会计系统控制

会计系统控制要求企业严格执行国家统一的会计准则制度，加强会计基础工作，明确会计凭证、会计账簿和财务会计报告的处理程序，保证会计资料真实完整。

4）财产保护控制

企业应建立财产日常管理制度和定期清查制度，采取财产记录、实物保管、定期盘点、账实核对等措施，确保财产的安全完整；严格限制未经授权人员接触和处置资产。

5）预算控制

预算控制要求企业实施全面预算管理制度，明确各责任单位在预算管理中的职责权限，规范预算的编制、审定、下达和执行程序，强化预算约束。

6）运营分析控制

企业应建立运营分析控制，经理层应当综合运用生产、购销、投资、筹资、财务等方面的信息，通过因素分析、对比分析、趋势分析等方法，定期开展运营情况分析，发现存在的问题，及时查明原因并加以改进。

7）绩效考核控制

绩效考核控制要求企业建立和实施绩效考评制度，科学设置考核指标体系，对企业内部各责任单位和全体员工的业绩进行定期考核和客观评价，将考评结果作为确定员工薪酬以及职务晋升、评优、降岗、辞退等的依据。

7.1.3.4 信息与沟通

信息是管理活动的基础，信息与沟通是企业及时、准确、完整地搜集与管理该企业相关的财务信息和非财务信息，并以一定形式、在一定的时间范围内传递给需要的人，以便他们能够履行内部控制及其他职责的过程。企业应当建立信息与沟通制度，明确内部控制相关信息的搜集、处理和传递程序，确保信息在企业内部、企业与外部之间进行有效沟通，这是企业实施内部控制的重要条件。

1）信息搜集

企业应当对搜集的各种内部信息和外部信息进行合理筛选、核对、整合，以提高信息的有用性。企业可以通过财务会计资料、经营管理资料、调查报告、专项信息、内部刊物、办公网络等渠道，获取内部信息；通过行业协会组织、社会中介机构、业务往来单位、市场调查、来信来访、网络媒体以及有关监管部门等渠道，获取外部信息。

2）信息传递

企业应当将内部控制相关信息在企业内部各管理层级、责任单位、业务环节之间与外部投资者、债权人、客户、供应商、中介机构和监管部门等有关方面之间进行沟通和反馈。针对信息沟通过程中发现的问题，应当及时报告并加以解决。

3）信息共享

企业的内部控制系统实质上是一个信息系统，是一个对信息进行搜集、核对、整合、传递的过程，并且通过反馈机制改进信息的搜集、处理和传递，从而形成一个灵敏的信息沟通机制，促进内部控制目标的实现。为了使信息流、物流、资金流在企业内部各部门之间、企业与外部机构之间充分流动，企业必须依赖信息技术搭建信息共享平台。因此，企业应当加强对信息系统的开发与维护、访问与变更、数据输入与输出、文件储存与保管、网络安全等方面的控制，保证信息系统安全稳定运行。

4）反舞弊机制、举报人投诉制度和举报人保护制度

有效的信息交流机制可以对防范以及及时发现舞弊行为产生积极的作用。因此，企业应当建立反舞弊机制，坚持惩防并重、重在预防的原则，明确反舞弊工作的重点领域、关键环节和有关机构在反舞弊工作中的职责权限，规范舞弊案件的举报、调查、处理、报告和补救程序。企业应当建立举报投诉制度和举报人保护制度，设置举报专线，明确举报投诉处理程序、办理时间和办结要求，确保举报、投诉成为企业有效掌握信息的重要途径。

7.1.3.5 内部监督

内部监督是指企业应对内部控制建立与实施情况进行监督检查，评价内部控制的有效性，发现内部控制缺陷，及时加以改进，这是企业实施内部控制的重要保证。

内部监督包括日常监督和专项监督。日常监督是指企业对建立与实施内部控制的情况进行常规、持续的监督检查；专项监督是指在企业发展战略、组织结构、经营活动、业务流程、关键岗位员工等发生较大调整或变化的情况下，对内部控制的某一方面或某些方面进行有针对性的监督检查。专项监督的范围和频率应当根据风险评估结果以及日常监督的有效性等予以确定。

内部控制的自我评价就属于内部监督的一种方式，企业定期对内部控制的有效性进行评价，出具内部控制评价报告，有利于发现内部控制的缺陷并及时进行整改。

7.1.3.6 内部控制五要素的关系

在内部控制五要素中，内部环境是其他控制要素的基础；风险评估和控制活动必须借助企业内部信息的有效沟通；实施有效的内部监督可以保障内部控制的运行效果。内部环境、风险评估、控制活动、信息与沟通和内部监督构成了内部控制框架的五大要素，而企业实施内部控制的目的是合理保证经营管理合法合规、资产安全、财务报告及相关信息真实完整，提高经营效率和效果，促进企业实现发展战略（五大目标）。内部控制五要素的关系如图7-1所示。

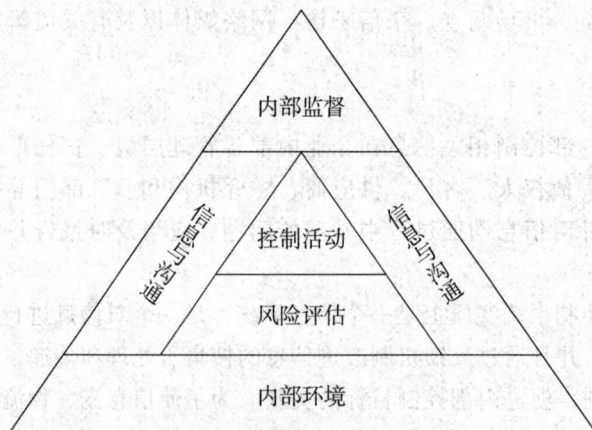

图7-1 内部控制五要素关系图

7.1.4　内部控制的局限性

企业内部控制无论如何有效，都只能为实现各项目标提供合理保证。内部控制目标实现的可能性受其固有局限的影响，这些局限包括：

（1）人为判断不可避免地会出现失误，从而使内部控制中的那些基于判断的决策出现失误，进而导致内部控制失效；

（2）内部控制可能会由于误解、疏忽等多方面的原因失效；

（3）经理层凌驾于内部控制之上可能导致内部控制失效；

（4）两人或更多人的串通行为可能导致内部控制失效；

（5）考虑和权衡内部控制的成本与效益，可能会影响内部控制的有效性。

7.2　　内部控制自我评价的程序及方法

2010 年，财政部、证监会、审计署、银监会、保监会五部委联合发布的《企业内部控制评价指引》对企业应当如何构建完善的内部控制并确保其有效运行以及如何对自身的内部控制实施效果进行评价等事项进行了规范。

《企业内部控制评价指引》第二条规定，企业内部控制评价是指企业董事会或类似权力机构对内部控制有效性进行全面评价、形成评价结论、出具评价报告的过程。一般而言，是由内部审计人员与被评估单位管理人员组成一个小组，管理人员在内部审计人员的帮助下，对本部门内部控制的恰当性和有效性进行评价，然后根据评价和集体讨论来改进建议，出具报告，并由管理者实施。

7.2.1　内部控制评价的作用

7.2.1.1　内部控制评价有助于企业自我完善内控体系

内部控制评价是通过评价、反馈、再评价，报告企业在内部控制建立与实施中存在的问题，并持续进行自我完善的过程。通过内部控制评价查找、分析内部控制缺陷并有针对性地督促落实整改，可以及时堵住管理漏洞，防范偏离目标的各种风险，并举一反三，从设计和执行等全方位健全优化管控制度，从而促进企业内控体系的不断完善。

7.2.1.2　内部控制评价有助于提升企业形象和公众认可度

企业开展内部控制评价，须形成评价结论，出具评价报告。通过自我评价报告，将企业的风险管理水平、内部控制状况以及与此相关的发展战略、竞争优势、可持续发展能力等公之于众，树立诚信、透明、负责任的企业形象，有利于增强投资者、债权人以及其他利益相关者的信任度和认可度，为自己创造更为有利的外部环境，促进企业的长远可持续发展。

7.2.1.3　内部控制评价有助于使每个职员都参与内部控制

通过实施内部控制评价，内部审计人员与高层管理者不再是以指令的形式下达命令、下级员工只能完全服从执行，而是通过倾听职员的意见，利用他们在实践中的特长，让他们参与到内部控制的完善和改进之中。这种由部分人员参与到全体职员广泛参与的转变，实现了仅由审计人员对控制负责向所有职员对控制负责的转变。

7.2.1.4 内部控制评价有助于实现与政府监管的协调互动

政府监管部门有权对企业内部控制建立与实施的有效性进行监督检查。事实上，在有关政府部门比如审计机关开展的国有企业负责人离任经济责任审计中，已将企业内部控制的有效性以及企业负责人组织领导内控体系的建立与实施情况纳入审计范围，并日益成为十分重要的一部分。尽管政府部门实施企业内控监督检查有其自身的做法和特点，但监督检查的重点内容是基本一致的，比如大多涉及重大经济决策的科学性、合规性以及重要业务事项管控的有效性等。

实施企业内控自我评价，能够通过及早排查风险发现问题，积极整改，有利于在配合政府监管中赢得主动，并借助政府监管成果进一步改进企业内控实施和评价工作，促进自我评价与政府监管的协调互动。

7.2.2 内部控制评价的对象及原则

7.2.2.1 内部控制评价的对象

内部控制评价是对内部控制有效性发表意见。内部控制有效性，是指企业建立与实施内部控制对实现控制目标提供合理保证的程度，包括内部控制的设计有效性和内部控制的运行有效性。

1) 设计有效性

内部控制的设计有效性，是指实现控制目标所必需的内部控制要素都存在并且设计恰当。

设计有效性的根本判断标准是所设计的内部控制是否能为内部控制目标的实现提供合理保证。就财务报告目标而言，所设计的相关内部控制是否能够防止或发现并纠正财务报告的重大错报，是判断其设计是否有效的标准；就合规性目标而言，所设计的相关内部控制是否能够合理保证遵循适用的法律法规，是判断其设计是否有效的标准；就资产安全目标而言，所设计的内部控制是否能够合理保证资产的安全、完整，防止资产流失是判断其设计是否有效的标准；就战略、经营目标而言，由于其实现还受到许多不可控因素的影响，因而判定相关内部控制的设计是否有效的标准，是所设计的内部控制是否合理保证董事会和经理层及时了解这些目标的合理性和实现程度，从而调整目标，改进控制措施。

2) 运行有效性

内部控制的运行有效性，是指现有内部控制按照规定程序得到了正确执行。评价内部控制的运行有效性，应当着重考虑以下几个问题：

（1）相关控制在评价期内是如何运行的；

（2）相关控制是否得到了持续一致的运行；

（3）实施控制的人员是否具备必要的权限和能力。

评价运行有效性，就是对于设计有效的内部控制，考察其是否按照设计的那样一贯执行的过程。如果评价证据表明内部控制在设计上存在缺陷，即内部控制的设计不符合设计的有效性标准，那么即使内部控制制度按照该设计得到了一贯执行，我们也不能认为其运行是有效的。当然，如果评价证据表明内部控制的设计是有效的，但是没有按照设计的那样得到一贯执行，我们就可以得出其不符合运行有效性的结论。

需要强调的是，即使同时满足设计有效性和运行有效性标准的内部控制，也只能为内部控制目标的实现提供合理保证，而不能提供绝对保证。这是因为，内部控制目标的实现除受到许多不可控因素的影响之外，其本身也存在着固有局限。因此，在评价内部控制设计和运行的有效性时，应当立足于"合理保证"的概念，而不应不切实际地期望内部控制能够绝对保证内部控制目标的实现，也不应以内部控制目标的最终实现情况和程度作为唯一依据直接判断内部控制设计和运行的有效性。

7.2.2.2　内部控制评价的原则

根据《企业内部控制评价指引》第三条规定，企业对内部控制评价至少应遵循以下原则：

1）全面性原则

全面性原则强调的是内部控制评价的涵盖范围应当全面，具体来说，是指内部控制评价工作应当包括内部控制的设计与运行，涵盖企业及其所属单位的各种业务和事项。

2）重要性原则

重要性原则强调内部控制评价应当在全面性的基础上，着眼于风险，突出重点。具体来说，主要体现在制订和实施评价工作方案、分配评价资源的过程之中，它的核心要求主要包括两个方面：一是要坚持风险导向的思路，着重关注那些影响内部控制目标实现的高风险领域和风险点；二是要坚持重点突出的思路，着重关注那些重要的业务事项和关键的控制环节以及重要业务单位。

3）客观性原则

客观性原则强调内部控制评价工作应当准确地揭示经营管理的风险状况，如实反映内部控制设计和运行的有效性。只有在内部控制评价工作方案制订与实施的全过程中始终坚持客观性，才能保证评价结果的客观性。

在内部控制评价实务中，以下因素将影响客观性原则的遵循：

（1）经理层对内部控制评价认识不够，有意识或无意识地在评价方案、评价报告等方面回避存在的问题；

（2）内部控制设计与评价不独立；

（3）缺乏较为科学的手段，评价人员专业知识和业务能力不足，依靠印象等因素主观评价；

（4）评价人员独立性不强，下属单位管理层干涉评价过程或结果，甚至有意制造障碍；

（5）专业部门、审计部门与内部控制部门缺乏良好的沟通机制，内部控制评价方案不能确定最佳的检查评价范围和重点，测试样本选择不合适，以偏概全。

7.2.3 内部控制评价的组织形式和职责安排

《企业内部控制评价指引》第四条规定，企业应当结合内部控制设计与运行情况，制定具体的内部控制评价办法，规定评价的原则、程序、方法和报告形式等，明确相关机构或岗位的职责权限，落实责任制，按照规定的办法、程序和要求，有序开展内部控制评价工作。

企业内部控制评价办法应当结合《企业内部控制基本规范》第四十四条的规定，具体明确内部控制评价的组织形式，特别明确各有关方面在内部控制评价中的职责安排，处理好内部控制评价和内部监督的关系，定期由相对独立的人员对内部控制有效性进行科学的评价，界定内部控制缺陷认定标准，保证内部控制评价有序开展。

7.2.3.1 内部控制评价的组织形式

企业可以授权内部审计机构或专门机构负责内部控制评价的具体组织实施工作。

内部控制评价机构必须具备一定的设置条件：一是能够独立行使对内部控制系统建立与运行过程及结果进行监督的权力；二是具备与监督和评价内部控制系统相适应的专业胜任能力和职业道德素养；三是与企业其他职能机构就监督与评价内部控制系统方面保持协调一致，在工作中相互配合、相互制约，在效率和效果上满足企业对内部控制系统进行监督与评价所提出的有关要求；四是能够得到企业董事会和经理层的支持，有足够的权威性来保证内部控制评价工作的顺利开展。

具体来说，企业可根据自身特点，决定是否单独设置专门的内部控制评价机构。由于内部审计机构在企业内部处于相对独立的地位，加上其工作内容和业务专长与内部控制评价工作有着密切的关联，因而由内部审计机构来负责内部控制评价的具体组织实施工作是比较合理、可行的选择。

（1）对于单独设有专门的内部控制机构的企业，也可以由内部控制机构来负责内部控制评价的具体组织实施工作。一般来说，为了保证评价的独立性，负责内部控制设计和评价的部门应适当分离。

（2）在实务中，也有由组织内部的非常设内部控制评价机构——如抽调内部审计机构、内部控制机构等相关机构的人员组成内部控制评价小组——来负责内部控制评价的具体组织实施的做法。

（3）企业可以委托会计师事务所等中介机构实施内部控制评价。此时，董事会（审计委员会）应加强对内部控制评价工作的监督与指导。从业务形式上讲，中介机构受托为企业实施内部控制评价是一种非保证服务，内部控制评价报告的责任仍然应由企业董事会承担。另外，为保证审计的独立性，为企业提供内部控制审计的会计师事务所，不得同时为同一家企业提供内部控制评价服务。

应当说明的是，内部控制有效性评价可以将内部审计工作中的审计结果作为重要的借鉴因素，以提高评价的效率和效果，但是不能作为最终评价标准。审计结果应由审计机构或内部控制评价机构专门从内部控制角度进行复核、汇总、分析，必要时须补充测试，扩大抽样业务范围和数量，得出全面的内部控制评价结果。

7.2.3.2 有关方面在内部控制评价中的职责

1）董事会对内部控制评价承担最终责任

《企业内部控制评价指引》第四条规定，企业董事会应当对内部控制评价报告的真实性负责。董事会可以通过审计委员会来承担对内部控制评价的组织、领导、监督职责。董事会或审计委员会应听取内部控制评价报告，审定内部控制重大缺陷、重要缺陷整改意见，对内部控制部门在督促整改中遇到的困难，积极协调，排除障碍。监事会应审议内部控制评价报告，对董事会建立与实施内部控制进行监督。

2）经理层负责组织实施内部控制评价

经理层也可以授权内部控制评价机构具体组织实施，并积极支持和配合内部控制评价活动的开展，为其创造良好的环境和条件。经理层应结合日常掌握的业务情况，就内部控制评价方案提出应重点关注的业务或事项，审定内部控制评价方案，听取内部控制评价报告，对于内部控制评价中发现的问题或报告的缺陷，要按照董事会或审计委员会的整改意见积极采取有效措施予以整改。

3）内部控制评价机构根据授权承担内部控制评价的具体组织实施

通过复核、汇总、分析内部监督资料，结合经理层要求，拟订合理评价工作方案并认真组织实施；对于评价过程中发现的重大问题，应及时与董事会、审计委员会或经理层沟通，认定内部控制缺陷，拟订整改方案，编写内部控制评价报告，及时向董事会、审计委员会或经理层报告；沟通外部审计师，督促各部门、所属企业对内部控制评价进行整改；根据评价和整改情况拟订内部控制考核方案。

4）各专业部门应负责组织本部门的内控自查、测试和评价工作

对发现的设计和运行缺陷提出整改方案及具体整改计划，积极整改，并报送内部控制机构复核，配合内控机构（部门）及外部审计师开展企业层面的内控评价工作。

5）组织所属单位逐级落实内部控制评价责任

建立日常监控机制，开展内控自查、测试和定期检查评价，发现问题并认定内部控制有缺陷时，需拟订整改方案和计划，报本级管理层审定后，督促整改，编制内部控制评价报告，对内部控制执行和整改情况进行考核。

7.2.4 内部控制自我评价的内容

内部控制自我评价主要包括：确定组织整体或职能部门的目标，识别其主要风险；评估组织内部控制的适当性、合法性及有效性；确认内部控制重大缺陷或存在严重风险的业务环节；评估组织非正式的控制及其有效性；评估组织的业务流程及其运作效率；对内部控制自我评估中发现的问题提出改进建议等。

《企业内部控制评价指引》第五条到第十条具体介绍了内部控制评价应包括以下内容：内部控制评价应紧紧围绕内部环境、风险评估、控制活动、信息与沟通、内部监督五要素进行，企业应结合《企业内部控制基本规范》、各项应用指引以及本企业的内部控制制度，确定具体评价内容，对内部控制设计与运行情况进行全面评价。具体评价内容应该在建立内部控制核心指标体系的基础上展开，企业可以根据实际情况将每一个指标逐级细化，增加更详尽、实用的内容。

7.2.4.1 内部环境评价

内部环境是影响、制约企业内部控制建立与执行的各种内部因素的总称，是实施内部控制的基础。内部环境主要包括治理结构、组织机构设置与权责分配、发展战略、企业文化、人力资源政策、社会责任等。

7.2.4.2 风险评估评价

风险评估本质上是一个识别变化并采取必要措施的过程。风险是与企业的目标相伴随的，企业首先必须有目标，包括企业层面的目标和业务层面的目标。随着经济、行业和监管等外部环境的变化，企业的风险识别应当考虑到目标实现过程中可能面临的各种风险。

7.2.4.3 控制活动评价

企业应当结合风险评估的结果，通过常规控制与例外控制、预防性控制与发现性控制相结合的方法，运用相应的控制措施，将风险控制在可承受的范围以内。

在对企业控制活动进行评价时，要重点审核组织结构方面采取的控制措施和内部控制方面采取的控制活动。在组织结构方面重点审核：机构、岗位及职责权限是否合理设置和分工，不相容职务是否分离，对采购与验收等环节是否设置相互监督制度等。在内控制度建设方面重点审核：企业是否制定了董事会的议事规则、总经理事权规则、财务管理制度、采购管理制度、投资管理制度、内控检查监督制度等。

7.2.4.4 信息与沟通评价

企业应当以内部信息传递、财务报告、信息系统等相关应用指引为依据，结合本企业的内部控制制度，对信息收集、处理和传递的及时性，以及反舞弊机制的健全性、财务报告的真实性、信息系统的安全性、利用信息系统实施内部控制的有效性等进行认定和评价。

7.2.4.5 内部监督评价

内部监督指企业对内部控制建立与实施情况进行监督检查，以评价内部控制的有效性，发现内部控制缺陷，及时加以改进的过程。

企业应当制定内部控制监督制度，明确各部门在内部监督中的职责权限，规范内部监督的程序、方法和要求。

上述具体评价内容确定后，根据《企业内部控制评价指引》第十一条规定，内部控制评价工作应形成工作底稿，详细记录企业执行评价工作的内容，包括评价要素、主要风险点、采取的控制措施、有关证据资料以及认定结果等。

7.2.5　内部控制评价的程序

《企业内部控制评价指引》第十二条至第十四条对企业组织内部控制评价程序和人员、预算等问题做出了具体规定。内部控制评价程序一般包括制定评价工作方案、组成评价工作组、实施现场测试、认定控制缺陷、汇总评价结果、编报评价报告等环节。

7.2.5.1　准备阶段

1）制订评价工作方案

内部控制评价机构应当根据企业内部监督情况和管理要求，分析企业经营管理过程中的高风险领域和重要业务事项，确定检查评价方法，制订科学合理的评价工作方案，经董事会批准后实施。评价工作方案应当明确评价主体范围、工作任务、人员组织、进度安排和费用预算等相关内容。

评价工作方案既可以全面评价为主，也可以根据需要采用重点评价的方式。一般而言，内部控制建立与实施初期，实施全面评价有利于推动内部控制工作的深入有效开展；内部控制系统趋于成熟后，企业可在全面评价的基础上，更多地采用重点评价或专项评价，以提高内部控制评价的效率和效果。

2）组成评价工作组

评价工作组在内部控制评价机构领导下，具体承担内部控制检查评价任务。内部控制评价机构根据经批准的评价方案，挑选具备独立性、业务胜任能力和职业道德素养的评价人员实施评价。评价工作组成员应当吸收企业内部相关机构中熟悉情况、参与日常监控的负责人或业务骨干参加。企业应根据自身条件，尽量建立长效内部控制评价培训机制，培养内部控制评价专业人员，使其熟悉内部控制专业知识及相关规章制度、业务流程及需要重点关注的问题、评价工作流程、检查评价方法、工作底稿填写要求、缺陷认定标准、评价人员的权利与义务等内容。

7.2.5.2　实施阶段

1）了解被评价单位基本情况

评价工作组与被评价单位进行充分沟通，了解其经营业务范围、企业文化和发展战略、组织结构设置及职责分工、领导层成员构成及分工、评价期间内生产经营计划和预算完成情况、财务管理核算体制、内部控制工作概况、最近一年内监督（包括内部控制评价）发现问题的整改情况等。

2）确定检查评价范围和重点

评价工作组根据掌握的情况进一步确定评价范围、检查重点和抽样数量，并结合评价人员的专业背景进行合理分工。检查重点和分工情况可以根据需要适时调整。

3）开展现场检查测试

评价工作组根据评价人员分工，综合运用各种评价方法对内部控制设计与运行的有效性进行现场检查测试，按要求填写工作底稿，记录相关测试结果，并对发现的内部控制缺陷进行初步认定。评价人员应遵循客观、公正、公平的原则，如实反映检查测试中发现的问题，并及时与被评价单位进行沟通。由于内部控制从纵向检查测试流程，因此，工作中成员之间应注意沟通、协调，以获取更多有价值的发现。

7.2.5.3 汇总评价结果、编制评价报告阶段

评价工作组汇总评价人员的工作底稿，初步认定内部控制缺陷，形成现场评价报告。对于评价工作底稿应交叉复核签字，并由评价工作组负责人审核后签字确认。评价工作组将评价结果及现场评价报告向被评价单位进行通报，由被评价单位相关责任人签字确认后，提交企业内部控制评价机构。

内部控制评价机构汇总各评价工作组的评价结果，对工作组现场初步认定的内部控制缺陷进行全面复核、分类汇总，对缺陷的成因、表现形式及风险程度进行定量或定性的综合分析，按照其对控制目标的影响程度判定缺陷等级。

内部控制评价机构以汇总的评价结果和认定的内部控制缺陷为基础，综合内部控制工作整体情况，客观、公正、完整地编制内部控制评价报告，并报送企业经理层、董事会和监事会，由董事会最终审定后对外披露。

7.2.5.4 报告反馈和跟踪阶段

对于认定的内部控制缺陷，内部控制评价机构应当结合董事会和审计委员会的要求，提出整改建议，要求责任单位及时整改，跟踪其整改落实情况；已经造成损失或负面影响的，企业应当追究相关人员的责任。

7.2.6 内部控制评价的方法

《企业内部控制评价指引》第十五条规定，内部控制评价工作应当对被评价单位进行现场测试，综合运用个别访谈、调查问卷、专题讨论、穿行测试、实地查验、抽样和比较分析等方法，充分收集被评价单位内部控制设计和运行是否有效的证据，按照评价的具体内容，如实填写评价工作底稿，研究分析内部控制缺陷。

7.2.6.1 个别访谈法

个别访谈法主要用于了解公司内部控制的现状，在企业层面评价及业务层面评价的了解阶段经常使用。访谈前应根据内部控制评价需求形成访谈提纲，撰写访谈纪要，记录访谈内容。对于同一问题应注意不同人员的解释是否相同。例如，分别访谈人力资源部和关键岗位员工，以了解是否有员工流失现象。

7.2.6.2 调查问卷法

调查问卷法主要用于企业层面评价。调查问卷应尽量扩大对象范围，包括企业各个层级员工，应注意事先保密性，题目尽量简单易答（如答案只需为"是""否""有""没有"等）。

7.2.6.3 穿行测试法

穿行测试法指在内部控制流程中任意选取一笔交易作为样本，追踪该交易从最初起源直到最终在财务报表或其他经营管理报告中反映出来的过程，即该流程从起点到终点的全过程，以此了解控制措施设计的有效性，并识别出关键控制。

7.2.6.4 抽样法

抽样法分为随机抽样和其他抽样。随机抽样是指按随机原则从样本库中抽取一定数量的样本；其他抽样是指人工任意选取或按某一特定标准从样本库中抽取一定数量的样本。

使用抽样法时，一要注意样本库要包含符合测试要求的所有样本，测试人员应首先对样本库的完整性进行确认；二要确定选取的样本充分、适当。充分是指测试的证据的数量应当能合理保证相关控制的有效性；适当是指获取的证据应当与相关控制的设计与运行有关，并能可靠地反映控制的实际运行状况。

7.2.6.5 实地查验法

实地查验法主要针对业务层面控制，它通过使用统一的测试工作表，与实际的业务、财务单证进行核对的方法进行控制测试。

7.2.6.6 比较分析法

比较分析法指通过数据分析识别、评价关注点的方法，可以与历史数据、行业标准数据或行业最优数据等进行比较。

7.2.6.7 专题讨论法

专题讨论法主要是集合有关专业人员就内部控制执行情况或控制问题进行分析，既可以是控制评价的手段，也可以是形成缺陷整改方案的途径。例如，对于同时涉及财务、业务、信息技术方面的控制缺陷，就需要由内部控制管理部门组织召开专题讨论会议，综合各部门的意见，确定整改方案。

此外，内部审计人员可以使用观察、重新执行等方法，也可以利用信息系统开发检查方法。对于企业通过系统进行自动控制、预防控制的，应在方法上注意与人工控制、发现性控制的区别。

7.3 内部控制自我评价报告

企业每年应对内部控制进行评价并予以披露。《企业内部控制评价指引》第十九条规定，企业内部控制评价机构应当编制内部控制缺陷认定汇总表，结合日常监督和专项监督发现的内部控制缺陷及持续改进情况，对内部控制缺陷及其成因、表现形式和影响程度等进行综合分析和全面复核，提出认定意见（针对财务报告内部控制的缺陷，一般还应当反映缺陷对财务报告的具体影响），并以适当的形式向董事会、监事会或者经理层报告。

7.3.1 内部控制缺陷的认定

内部控制缺陷是描述内部控制有效性的负向维度。企业开展内部控制评价，主要内容之一就是找出内部控制缺陷并有针对性地进行整改。

内部控制缺陷认定在一定程度上决定内部控制评价的成效，且具有较大难度，还需要运用职业判断。为了指导企业科学、合理地认定内部控制缺陷，切实帮助企业有效开展内部控制评价，《企业内部控制评价指引》第十六条至第十九条对内部控制缺陷的分类、认定做出了专门的解释。

7.3.1.1　内部控制缺陷的分类

（1）按照内部控制缺陷成因或来源，内部控制缺陷分为设计缺陷和运行缺陷。

设计缺陷是指企业缺少实现控制目标所必需的控制，或现存控制设计不适当，即使正常运行也难以实现控制目标。运行缺陷是指设计有效（合理且适当）的内部控制由于运行不当（包括由不恰当的人执行、未按设计的方式运行、运行的时间或频率不当、没有得到一贯有效运行等）而形成的内部控制缺陷。

内部控制存在设计缺陷和运行缺陷，会影响内部控制的设计有效性和运行有效性。

（2）按影响企业内部控制目标实现的严重程度，内部控制缺陷分为重大缺陷、重要缺陷和一般缺陷。

重大缺陷，是指一个或多个控制缺陷的组合，可能导致企业严重偏离控制目标。当存在任何一个或多个内部控制重大缺陷时，应当在内部控制评价报告中做出内部控制无效的结论。重要缺陷，是指一个或多个控制缺陷的组合，其严重程度低于重大缺陷，但仍有可能导致企业偏离控制目标。重要缺陷的严重程度低于重大缺陷，不会严重危及内部控制的整体有效性，但也应当引起董事会、经理层的充分关注。一般缺陷，是指除重大缺陷、重要缺陷以外的其他控制缺陷。

将内部控制评价中发现的内部控制缺陷划分为重大缺陷、重要缺陷和一般缺陷，需要借助一套可系统遵循的认定标准，认定过程中还需要内部控制评价人员充分运用职业判断。一般而言，如果一个企业存在的内部控制缺陷达到了重大缺陷的程度，我们就不能说该企业的内部控制是整体有效的。

（3）按照影响内部控制目标的具体表现形式，内部控制缺陷分为财务报告缺陷和非财务报告缺陷。

财务报告内部控制是指针对财务报告目标而设计和实施的内部控制。由于财务报告内部控制的目标集中体现为财务报告的可靠性，因而财务报告缺陷主要是指不能合理保证财务报告可靠性的内部控制设计和运行缺陷，即不能及时防止或发现并纠正财务报告错报的内部控制缺陷。

非财务报告内部控制是指针对除财务报告目标之外的其他目标的内部控制。这些目标一般包括战略目标、资产安全目标、经营目标、合规目标等。为了避免企业操纵内部控制评价报告，非财务报告缺陷认定标准一经确定，必须在不同评价期间保持一致，不得随意变更。

7.3.1.2　内部控制缺陷的认定标准

《企业内部控制评价指引》第十六条规定，企业对内部控制缺陷的认定，应当以构成内部控制的内部监督要素中的日常监督和专项监督为基础，结合年度内部控制评价，由内部控制评价机构进行综合分析后提出认定意见，按照规定的权限和程序进行审核，由董事会予以最终确定。

首先，内部控制评价从属于内部监督，是监督结果的总体体现。在企业正常的生产经营中，内部控制评价倚重内部监督。其次，在充分利用日常监督与专项监督结果的基础上，企业至少每年由内部控制评价机构对内部控制的五要素独立地进行评价，全面、综合地加以分析，提出认定意见，报董事会审批。再次，企业应根据评价指引，结合自身情况和关注重点，自行确定内部控制重大缺陷、重要缺陷和一般缺陷的具体认定标准。最后，根据具体认定标准认定企业存在的内部控制缺陷，由董事会最终审定。企业在确定内部控制缺陷的认定标准时，应当充分考虑内部控制缺陷的重要性及其影响程度。

7.3.1.3 内部控制缺陷的报告与整改

1）内部控制缺陷报告的格式和途径

企业对于认定的重大缺陷，应当及时采取应对策略，切实将风险控制在可承受度之内，并追究有关部门或相关人员的责任。内部控制缺陷报告应当采取书面形式，可以单独报告，也可以作为内部控制评价报告的一个重要组成部分。

一般而言，内部控制的一般缺陷、重要缺陷应定期（至少每年）报告，重大缺陷应立即报告。对于重大缺陷和重要缺陷及整改方案，应向董事会（审计委员会）、监事会或经理层报告并审定。如果出现不适合向经理层报告的情形，例如存在与管理层舞弊相关的内部控制缺陷，或存在管理层凌驾于内部控制之上的情形，应当直接向董事会（审计委员会）、监事会报告。重要缺陷并不影响企业内部控制的整体有效性，但是应当引起董事会和管理层的重视。对于一般缺陷，可以向企业经理层报告，并视情况考虑是否需要向董事会（审计委员会）、监事会报告。

2）内部控制缺陷整改方案及期限

企业对于认定的内部控制缺陷，应当及时采取整改措施，切实将风险控制在可承受度之内，并追究有关机构或相关人员的责任。

企业内部控制评价机构应当就发现的内部控制缺陷提出整改建议，并报经理层、董事会（审计委员会）、监事会批准。获批后，应制订切实可行的整改方案，包括整改目标、内容、步骤、措施、方法和期限。整改期限超过一年的，整改目标应明确近期和远期目标以及相应的整改工作内容。在整改工作中遇到协调困难甚至阻碍的，内部控制机构有权直接向董事会（审计委员会）报告，董事会（审计委员会）应予以足够的支持和帮助。

7.3.2 内部控制评价报告

内部控制评价报告是内部控制评价的最终体现，按照编制主体、报送对象和时间，分为对内报告和对外报告。对外报告的内容、格式等强调符合披露要求，时间具有强制性；对内报告则主要以符合企业董事会（审计委员会）、经理层需要为主，编制主体层级更多，内容更加详尽，格式更加多样，时间可以定期或不定期。

《企业内部控制评价指引》第二十条规定，企业应当根据《企业内部控制基本规范》、应用指引和评价指引，设计内部控制评价报告的种类、格式和内容，明确内部控制评价报告编制程序和要求，按照规定的权限报经批准后对外报出。

7.3.2.1 内部控制评价报告的编制时间

《企业内部控制评价指引》第二十三条规定，企业应当根据年度内部控制评价结果，结合内部控制评价工作底稿和内部控制缺陷汇总表等资料，按照规定的程序和要求，及时编制内部控制评价报告。

企业应定期进行内部控制评价并发布内部控制评价报告。企业至少应当每年进行一次内部控制评价并由董事会对外发布内部控制评价报告。年度报告应当以12月31日作为基准日。

非定期内部控制评价报告可以是因特殊事项或原因而对外发布的内部控制评价报告，例如企业因目标变化或提升而发布的内部控制评价报告，或者针对内部控制缺陷整改而发布的内部控制评价报告，或者针对某一对社会影响较大事项所做的内部控制方面的承诺和说明，也可以是企业针对发现的重大缺陷进行专项内部控制评价等向董事会（审计委员会）或经理层报送的内部报告（即内部控制缺陷报告）。

7.3.2.2 内部控制评价报告的编制主体

内部控制评价报告的编制主体包括单个企业和企业集团的母公司。单个企业内部控制评价报告指某一企业以自身经营业务和管理活动为辐射范围编制的内部控制评价报告，属于对内报告；企业集团母公司内部控制评价报告是企业集团的母公司在汇总、复核、评价、分析后，以母公司及下属（或控股）子公司的经营业务和管理活动为辐射范围编制的内部控制评价报告，是对企业集团内部控制设计有效性和运行有效性的总体评价，可以是对内或对外报告。

7.3.2.3 内部控制评价报告的报送

《企业内部控制评价指引》第二十四条至第二十六条规定了评价报告及内部控制审计报告对外报送的要求。

此外，企业内部控制评价报告应按照规定报送有关监管部门，如国有控股企业应按要求报送国有资产监督管理部门和财政部门，金融企业应按照规定报送银行保险监督管理部门，公开发行证券的企业应报送证券监督管理部门。

7.3.2.4 内部控制评价报告的内容

（1）董事会声明，即声明董事会及全体董事对报告内容的真实性、准确性、完整性承担个别及连带责任，保证报告内容不存在任何虚假记载、误导性陈述或重大遗漏。

（2）内部控制评价工作的总体情况，即明确企业内部控制评价工作的组织、领导体制、进度安排，是否聘请会计师事务所对内部控制有效性进行独立审计。

（3）内部控制评价的依据，即说明企业开展内部控制评价工作所依据的法律法规和规章制度，一般包括《企业内部控制基本规范》、《企业内部控制应用指引》、《企业内部控制评价指引》、企业制定的内部控制及相关制度、评价方法等。

（4）内部控制评价的范围，即描述内部控制评价所涵盖的被评价单位，纳入评价范围的业务事项，以及重点关注的高风险领域。内部控制评价的范围如有遗漏，应说明原因及其对内部控制评价报告真实完整性产生的重大影响等。

（5）内部控制评价的程序和方法，即描述内部控制评价工作遵循的基本流程，以及评价过程中采用的主要方法。

（6）内部控制缺陷及其认定，即描述适用本企业的内部控制缺陷具体认定标准，并声明与以前年度保持一致或做出的调整及相应原因；根据内部控制缺陷认定标准，确定评价期末存在的重大缺陷、重要缺陷和一般缺陷。

（7）内部控制缺陷的整改情况。针对评价期间发现、期末已完成整改的重大缺陷，说明企业有足够的测试样本显示，与该重大缺陷相关的内部控制设计及运行有效；针对评价期末存在的内部控制缺陷，说明公司拟采取的整改措施及预期效果。

（8）内部控制有效性的结论。对不存在重大缺陷的情形，出具评价期末内部控制有效性结论；对存在重大缺陷的情形，不得做出内部控制有效的结论，需要描述该重大缺陷的性质及对实现相关控制目标的影响程度，可能给公司未来生产经营带来的相关风险。自内部控制评价报告基准日至内部控制评价报告发出日之间发生重大缺陷的，企业须责成内部控制评价机构予以核实，并根据该检查结果对评价结论进行相应调整，说明董事会拟采取的措施。

7.3.3 内部控制评价报告的披露和使用

7.3.3.1 内部控制评价报告的披露

公司的价值创造力不仅取决于现有的经营基础和目前的盈利水平，更主要的是取决于公司的决策科学性和管控能力。公众公司必须向社会披露内部控制评估报告，满足投资者及利益相关者了解企业治理水平、管理规范化和抵御各类风险的能力的需要，更好地服务于他们做出投资决策和相关决策。

7.3.3.2 内部控制评价报告的使用

企业内部控制评价对外报告的使用者包括政府有关监管部门、投资者以及其他利益相关者、中介机构和研究机构等；对内报告的使用者主要是企业董事会（审计委员会）、各层级管理者以及有关监管部门。

内部控制评价是企业董事会对本企业内部控制有效性的自我评价，具有一定的主观性，在此基础上形成的内部控制自我评价报告也因此只能作为有关方面了解企业内部控制设计与运行情况的途径之一。在使用内部控制评价报告时，还应注意与注册会计师审计报告、内部控制监管信息、财务报告信息等相关信息结合使用，以起到全面分析、综合判断、相互验证的作用。

《企业内部控制评价指引》第二十七条规定，企业应建立内部控制评价工作档案管理制度。内部控制评价的有关文件资料、工作底稿和证明材料等应当妥善保管，年度报告应永久保存。

关键概念

内部控制　内部控制五要素　内部控制缺陷　内部控制评价报告

本章小结

内部控制评价对于加强内部审计作用的发挥有着重要的作用，《企业内部控制基本规范》与《企业内部控制评价指引》对公司进行内部控制有效性自我评价的要求做出了规范。本章内容对内部控制自我评价的作用、原则、内容、程序等进行了阐述，并介绍了内部控制评价报告的披露和使用。

阅读案例

××股份有限公司20××年度内部控制评价报告①

××股份有限公司全体股东：

根据《企业内部控制基本规范》等法律法规的要求，我们对本公司（以下简称"公司"）内部控制的有效性进行了自我评价。

一、董事会声明

公司董事会及全体董事保证本报告内容不存在任何虚假记载、误导性陈述或重大遗漏，并对报告内容的真实性、准确性和完整性承担个别及连带责任。

建立健全并有效实施内部控制是公司董事会的责任；监事会对董事会建立与实施内部控制进行监督；经理层负责组织领导公司内部控制的日常运行。

公司内部控制的目标是：[一般包括合理保证经营合法合规、资产安全、财务报告及相关信息真实完整，提高经营效率和效果，促进实现发展战略] 由于内部控制存在固有局限性，故仅能对达到上述目标提供合理保证。

二、内部控制评价工作的总体情况

公司董事会授权内部审计机构 [或其他专门机构] 负责内部控制评价的具体组织实施工作，对纳入评价范围的高风险领域和单位进行评价（描述评价工作的组织领导体制，一般包括评价工作组织结构图、主要负责人及汇报途径等）。

公司 [是/否] 聘请了专业机构 [中介机构名称] 实施内部控制评价，并编制内部控制评价报告；公司 [是/否] 聘请会计师事务所 [会计师事务所名称] 对公司内部控制有效性进行独立审计。

三、内部控制评价的依据

本评价报告旨在根据中华人民共和国财政部等五部委联合发布的《企业内部控制基本规范》（以下简称基本规范）及《企业内部控制评价指引》（以下简称评价指引）的要求，结合企业内部控制制度和评价办法，在内部控制日常监督和专项监督的基础上，对公司截至20××年12月31日内部控制的设计与运行的有效性进行评价。

四、内部控制评价的范围

内部控制评价的范围涵盖了公司及其所属单位的各种业务和事项，重点关注下列高风险领域：

---

① 财政部会计司. 企业内部控制规范讲解2010 [M]. 北京：经济科学出版社，2010.

[列示公司根据风险评估结果确定的前"十大"主要风险]

纳入评价范围的单位包括:

[描述公司及其所属单位的明确范围]

纳入评价范围的业务和事项包括(根据实际情况充实调整):

(一)组织架构

(二)发展战略

(三)人力资源

(四)社会责任

(五)企业文化

(六)资金活动

(七)采购业务

(八)资产管理

(九)销售业务

(十)研究与开发

(十一)工程项目

(十二)担保业务

(十三)业务外包

(十四)财务报告

(十五)全面预算

(十六)合同管理

(十七)内部信息传递

(十八)信息系统

上述业务和事项的内部控制涵盖了公司经营管理的主要方面,不存在重大遗漏。

(如存在重大遗漏)公司本年度未能对以下构成内部控制重要方面的单位或业务(事项)进行内部控制评价:

[逐条说明未纳入评价范围的重要单位或业务(事项),包括单位或业务(事项)描述、未纳入的原因、对内部控制评价报告真实完整性产生的重大影响等]

五、内部控制评价的程序和方法

内部控制评价工作严格遵守基本规范、评价指引及公司内部控制评价办法规定的程序执行[描述公司开展内部控制检查评价工作的基本流程]。

评价过程中,我们采用了(个别访谈、调查问题、专题讨论、穿行测试、实地查验、抽样和比较分析)等适当方法,广泛收集公司内部控制设计和运行是否有效的证据,如实填写评价工作底稿,分析、识别内部控制缺陷[说明评价方法的适当性及证据的充分性]。

六、内部控制缺陷及其认定

公司董事会根据基本规范、评价指引对重大缺陷、重要缺陷和一般缺陷的认定要求，结合公司规模、行业特征、风险水平等因素，研究确定了适用本公司的内部控制缺陷具体认定标准，并与以前年度保持了一致［描述公司内部控制缺陷的定性及定量标准］，或做出了调整［描述具体调整标准及原因］。

根据上述认定标准，结合日常监督和专项监督情况，我们发现报告期内存在［数量］个缺陷，其中重大缺陷［数量］个，重要缺陷［数量］个。重大缺陷分别为：［对重大缺陷进行描述，并说明其对实现相关控制目标的影响程度］。

七、内部控制缺陷的整改情况

针对报告期内发现的内部控制缺陷（含上一期间未完成整改的内部控制缺陷），公司采取了相应的整改措施［描述整改措施的具体内容和实际效果］。对于整改完成的重大缺陷，公司有足够的测试样本显示，与重大缺陷［描述该重大缺陷］相关的内部控制设计且运行有效（运行有效的结论需提供 90 天内有效运行的证据）。

经过整改，公司在报告期末仍存在［数量］个缺陷，其中重大缺陷［数量］个，重要缺陷［数量］个。重大缺陷分别为：［对重大缺陷进行描述］。

针对报告期末未完成整改的重大缺陷，公司拟进一步采取相应措施加以整改［描述整改措施的具体内容及预期达到的效果］。

八、内部控制有效性的结论

公司已经根据基本规范、评价指引及其他相关法律法规的要求，对公司截至 20××年 12 月 31 日的内部控制设计与运行的有效性进行了自我评价。

（存在重大缺陷的情形）报告期内，公司在内部控制设计与运行方面存在尚未完成整改的重大缺陷［描述该缺陷的性质及对事项相关控制目标的影响程度］。由于存在上述缺陷，可能会给公司未来生产经营带来相关风险［描述该风险］。

（不存在重大缺陷的情形）报告期内，公司对纳入评价范围的业务与事项均已建立了内部控制，并得以有效执行，达到了公司内部控制的目标，不存在重大缺陷。

自内部控制评价报告基准日至内部控制报告发出日之间［是／否］发生对评价结论产生实质性影响的内部控制的重大变化［如存在，描述该事项对评价结论的影响及董事会拟采取的应对措施］。

我们注意到，内部控制应当与公司经营规模、业务范围、竞争状况和风险水平等相适应，并随着情况的变化及时加以调整。［简要描述下一年度内部控制工作计划］未来期间，公司将继续完善内部控制制度，规范内部控制制度执行，强化内部控制监督检查，促进公司健康、可持续发展。

董事长：（签名）

××股份有限公司

20××年××月××日

实务点拨

内部控制研究中的三大问题

第 8 章 舞弊审计

学习目标

通过本章学习，了解舞弊及其相关概念，理解舞弊审计的含义，掌握运用舞弊三角理论分析管理层舞弊及雇员舞弊的方法，了解舞弊审计的防范策略。

舞弊现象古往今来在各个领域、各个国家、各个历史阶段都存在。内部审计从其诞生时起便与舞弊结下了不解之缘。不论舞弊涉及金额有多大，在性质上它都被认为是重要的。舞弊行为如果未被制止，就会迅速蔓延，给组织带来不堪设想的严重后果。

8.1 舞弊审计概述

8.1.1 舞弊

8.1.1.1 舞弊的定义

舞弊是一个宽泛的法律概念，《现代汉语词典》（第7版）中对舞弊的解释是："用欺骗的方式做违法乱纪的事情。"

审计职业界对舞弊的定义经历了不同的阶段。国际内部审计师协会（IIA）1993年发布的《内部审计实务标准》指出："舞弊包含一系列故意的不正当和非法欺骗行为，这种行为是由一个组织外部或内部的人来进行的。"美国注册会计师协会（AICPA）2002年发布的《审计准则公告》第99号（SAS No.99）对舞弊的表述是："舞弊是一种有意的行为，通常涉及故意掩盖事实。"舞弊是导致审计师审计财务报表出现重大错报的故意行为。

我国内部审计协会发布的内部审计具体准则中称："舞弊，是指组织内、外人员采用欺骗等违法违规手段，损害或谋取组织经济利益，同时可能为个人带来不正当利益的行为。"

2005年国际审计与鉴证准则理事会（IAASB）发布的《国际审计准则》第240号公报（ISA No.240）对舞弊的定义是："舞弊是指管理层、治理层、雇员或第三方的一个或多个人使用欺骗的手段获得不公正的或非法利益的故意行为。"

2019年修订的《中国注册会计师审计准则第1141号——财务报表审计中与舞弊相关的责任》将舞弊与错误的区别明确界定为"导致财务报表发生错报的行为是故意行为还是非故意行为"。

舞弊是一种有目的的行为，通常涉及欺骗、信任和计谋，故意掩盖事实真相，谋取不正当利益，损害个人或组织的非诚信行为。舞弊行为通常是一些违反法律、法规的行为，其性质恶劣，对于组织的形象和内部控制具有强烈的破坏作用。

8.1.1.2 舞弊相关概念辨析

1）错误与舞弊

人们习惯将财务活动中的错误和舞弊称为错弊，但实际上错误和舞弊在性质、目的、结果上都有很大的不同。

错误，是注册会计师审计准则中的术语之一，指财务人员由于种种原因可能造成财务报表错报的非故意行为的差错，主要包括：编制财务报表、收集和处理数据过程中发生的失误；疏忽和误解有关事实等做出不恰当会计估计；在运用与确认、计量、列报（包括披露）有关的会计政策时发生的失误。

错误并非出于故意，而且从客观后果上看，经办人员并没有从中获益；差错可能会对组织的财务状况和经营成果造成影响，也可能并不影响会计信息的合法性、公允性和真实性，而只是在业务处理过程和方法上有不妥当之处；往往只是个人行为，而非团伙行为；往往易于查找和纠正，一般不具有隐蔽性。

舞弊重视的是出现有意歪曲事实的故意行为，它与错误形式上相同或相近，但本质上却有不同。舞弊是不敢公之于众的，见不得人，需要一定形式的伪装、掩饰，通过隐瞒真相或虚列事实等手段做假，一般很难发现。

舞弊绝大多数是故意行为，当事人舞弊是为达到某种企图，这一企图通常是不正当的，导致企业会计信息被歪曲或掩盖，造成对客观事实的违背，违反有关法规和企业会计准则，无法准确、公允地反映企业财务状况和经营成果；可能是个人舞弊行为，也可能是团伙的串通舞弊行为，由于一般是有预谋的，因而手段比较隐蔽，较难发觉；通常后果比较严重，往往导致组织财产的受损、国有资产的流失、国家税收的流失等经济后果，并与经济违法、犯罪行为相伴而生。

总而言之，错误与舞弊的区别表现在：

（1）原因不同。错误产生的原因是客观的；舞弊发生的原因是主观的、故意的。

（2）手段不同。错误产生时不是故意的，产生后不加以掩盖；舞弊发生时采取故意的手段，发生后往往采取种种掩盖的手法。

（3）形式不同。错误一般是原理性和技术性错误，形式比较明显；舞弊在形式上较为隐蔽，难以发现和纠正。

（4）目的不同。错误不是故意行为，不以错误的结果为目的；舞弊则是为了实现舞弊的结果。

（5）结果不同。错误由于是无意行为，其结果往往有不确定性；舞弊由于有特定目的，其结果往往对核算内容造成实质性错误，从而造成国家或他人的资产损失。

（6）性质不同。错误属于过失行为；舞弊属于不法行为。

舞弊不同于无意的错误。区别错误与舞弊的关键是看行为是否故意（如图 8-1 所示）。错误是非主观故意，舞弊是主观故意。但在一定条件下，两者可能相互转化，要特别关注借"错误"之名行"舞弊"之实的情形。

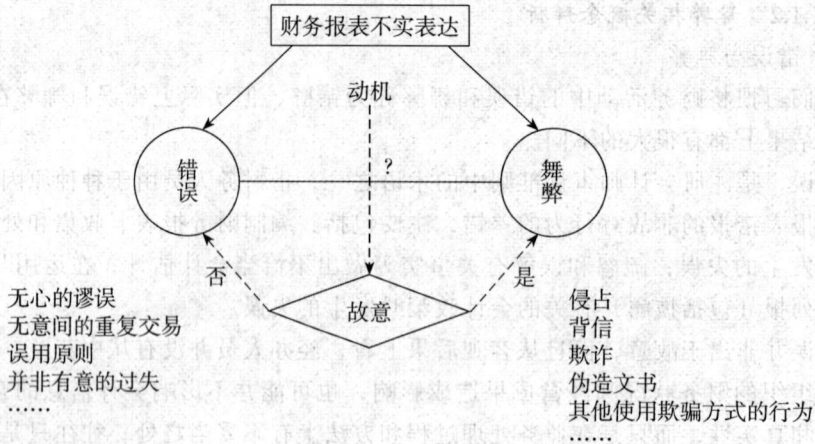

图8-1　错误与舞弊

2）腐败与舞弊

腐败作为一种社会历史现象，国际学术界尚未就腐败的定义达成共识。"腐败"原意指物质由原初的纯粹状态而变质、腐烂。《辞海》将"腐败"解释为"腐烂"。国际货币基金组织将腐败定义为："腐败是滥用公共权力以谋取私人利益。"一个更广义的定义是："腐败乃是通过关系而有意识地不遵从，以企图从该行为中为个人或相关的个体谋取利益。"

腐败存在于历史上各种阶级社会和不同社会制度的国家之中，腐败行为既是一种政治行为和法律行为，也是一种经济行为。在经济领域，腐败主要表现为利用人民给予的权力或履行公务之便，拿权力或原则做交易，谋取个人好处。腐败的实质是一种非正式地获取政治影响的过程。当某个群体感到其核心利益在正式政治体系内被忽视或被认为非法之时，这一群体的成员就会被吸引到那些获取影响的非正式渠道中去，而这些渠道又往往以腐败的形式表现出来。

舞弊与腐败在一定的情况下存在交叉。腐败往往以舞弊为手段，但不是所有舞弊行为都导致腐败。两者存在很多相似之处，但也存在差别。

（1）舞弊与腐败的相似之处。从动因上分析，两者都具有不良的动机或企图，都是为了获取不正当的利益，在属性上均属于故意的行为。在结构上，两者都具有侵害性，它们的存在或发生会损害和侵犯他人的利益，但腐败的影响面往往比舞弊更广。腐败是一种侵占行为，是一种职务侵占行为。舞弊中也有侵占资产的行为，也存在职务舞弊。

（2）舞弊与腐败的不同之处。就范围与时限而言，舞弊往往限于特定组织内部及财务报告时期，而腐败有时超过特定组织范围并且不受财务会计资料呈报时间的限制。从审计角度来看，舞弊指企业故意错报、漏报财务报告的行为，以及雇员对企业资产的侵占行为。舞弊审计一般由社会审计和内部审计实施。腐败与权力紧密相联，是权力的不正当运用，损害社会公平与正义，腐败行为不可能发生在无职无权的工作人员身上。反腐败审计一般由国家审计力量介入，重点关注重点领域、重点部门、重点资金等腐败的多发领域，如行政审批、建设工程招投标、财政税收管理、政府采购以及资金拨付、管理和使用等是腐败的多发环节。

8.1.1.3 舞弊的动因

有关企业舞弊动因的理论很多，国外具有代表性的舞弊动因规范性理论主要有四种，分别是舞弊冰山理论（也称二因素论）、舞弊三角理论（也称三因素论）、舞弊GONE理论（也称四因素论）及舞弊风险因子理论。

1）舞弊冰山理论（二因素论）

舞弊冰山理论把舞弊看作海平面上的冰山，只有冰山一角露在海平面以上，更庞大的部分隐藏在海平面以下。从结构与行为方面将舞弊因素分为两大类。第一类因素：海平面以上是结构部分，一般能较为直观地甄别，指人人都看得见的客观存在，包含的内容是组织的内部管理。第二类因素：海平面以下是行为部分，需要谨慎对待，往往蕴藏着较多的危险，通常隐藏在海平面以下，越是主观化、个性化的内容，就越容易被掩饰，包括行为人的态度、感情、价值观、满意度等。

该理论说明，一家公司是否发生舞弊，不仅取决于自身内部控制的严密性和健全性，更重要的是取决于该公司是否存在财务压力，是否有潜在的败德可能性。

2）舞弊三角理论（三因素论）

舞弊三角理论是舞弊理论中最具影响力和代表性的理论，最早由"美国内部审计之父"劳伦斯·索耶（Lawrence B.Sawyer）先生于20世纪50年代提出。舞弊的产生必须有三个条件：异常需要、机会和合乎情理。而后由美国注册舞弊审查师协会（ACFE）的创始人、COSO委员会①成员斯蒂文·爱尔伯莱彻教授（W.Steve Albrecht，1995）进一步发展了舞弊学理论。他认为舞弊的产生由压力、机会和借口三要素共同作用而成。

第一因素：压力要素（Pressure）是舞弊者行为动机，是舞弊行为的直接驱动因素。刺激个人为其自身利益而进行舞弊的压力大致可以分为四类，即经济压力、恶习压力、与工作相关的压力及其他压力。

第二因素：机会要素（Opportunity）是指进行舞弊而又能掩盖起来不被发现或逃避惩罚的时机，主要有六种情况，即缺乏发现企业舞弊的内部控制、缺少工作质量的判断标准、缺乏相应的惩罚措施、不对称信息、缺乏相关知识和能力不足、内部审计制度不健全。

第三因素：借口要素，也称自我合理化（Rationalization），是指舞弊者进行舞

---

① COSO委员会由美国反虚假财务报告委员会的赞助机构成立，是自愿性非营利性组织，致力于通过商业道德、建立完善有效的内部控制和法人结构来提高财务报告的质量，为美国经济监管部门（如财务监督、审计等部门）进行建议性指导。

弊的理由，使舞弊行为与其本人的道德观念和行为准则相吻合，使其行为合理化。比如，法律条文本身并不清晰，容易被曲解并利用；别人都这么做了，我若不做就是一笔损失；我也是被迫的，无可奈何；我们只是为了度过暂时困难时期；没有人会因此受到伤害等。

该理论指出，舞弊三个要素缺一不可，构成了互为依存关系，缺少上述任一要素都不会真正形成舞弊（如图8-2所示）。

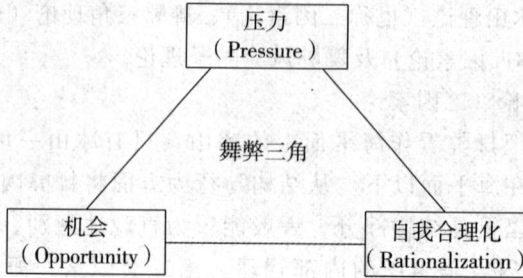

图8-2　舞弊三角理论

3）舞弊 GONE 理论（四因素论）

舞弊 GONE 理论由泊洛格（G.Jack Bologua）等人在1993年提出。该理论认为，舞弊由贪婪（Greed）、机会（Opportunity）、需要（Need）、暴露（Exposure）组成，四个因素相互作用，密不可分，共同决定了舞弊风险。四个因素实质上表明了舞弊产生应当具备四个条件，即舞弊者有贪婪之心而且迫切需要钱财，当机会出现，并且事后难以被发现时，就会出现舞弊。在现实情形中，舞弊四因素均有不同的不利影响。如果特定环境中全部因素组合形成重大不利影响，舞弊行为必会实施。

在 GONE 理论中，"贪婪"和"需要"与个体有关，"机会"和"暴露"则与组织环境相关，这一点上与二因素论是相通的；跟三因素论相比，四因素论更加细化，它将舞弊动机解释为个人需要，并把道德和价值取向解释为贪婪的根源，并且增加了暴露因素，即认为舞弊行为被发现并被揭露的可能性，以及被发现并被揭露后惩罚措施的强弱将在多大程度上影响舞弊者是否会实施舞弊行为，更加具有可操作性（如图8-3所示）。

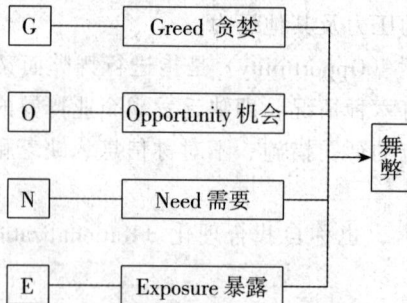

图8-3　舞弊GONE理论

4）舞弊风险因子理论

舞弊风险因子理论是伯洛格那（G.Jack Bologana）等人根据 GONE 理论发展形成的，被认为是迄今为止最为完善的舞弊动因理论（见表 8-1）。根据该理论，企业舞弊的可能性和舞弊的影响水平是由作用于企业的一般风险因子和特殊风险因子决定的。一般风险因子有舞弊机会、舞弊被发现概率、舞弊者受罚程度，是组织或企业所能控制的；特殊风险因子有道德品质及动机，通常因人而异，是组织或企业所不能控制的，多跟行为人个体相关联。当一般风险因子与特殊风险因子相结合，且舞弊者感觉有利时，就必然发生舞弊。

表8-1　　　　　　　　　舞弊风险因子与舞弊GONE理论的对应关系

舞弊风险因子理论		舞弊 GONE 理论
特殊风险因子	道德品质	G（贪婪）因素
	动机	N（需要）因素
一般风险因子	舞弊机会	O（机会）因素
	舞弊被发现概率	E（暴露）因素
	舞弊者受罚程度	

8.1.1.4　舞弊的危害

舞弊不仅危及整个组织的正常生存与健康发展，而且侵害国家及社会公众的利益，偷逃国家税款，导致国家税收流失，直接影响国家财税收入，造成经济指标失真，导致国家的经济政策、法规背离实际状况，影响宏观调控，破坏市场经济秩序，带来严重的不公平竞争，造成社会资源不合理配置，损害国家及社会公众利益。

美国注册舞弊审查师协会（ACFE）针对 2008 年 1 月至 2009 年 12 月全球 106 个国家发生的 1 843 例职业舞弊事件（40% 以上的案例发生在美国之外）进行分析并出具了研究报告。报告显示，美国各类公司机构中每年因舞弊造成的平均损失高达公司全年总收入的 5%。按照 2009 年度的全球商品总收入 58.07 万亿美元估算，舞弊导致了至少 2.9 万亿美元的经济损失①。

舞弊会加剧组织、集团和部门间的信用危机，误导各类决策者，导致决策错误，破坏市场游戏规则，加剧市场投机和市场波动，扰乱社会经济秩序，影响社会安定，严重破坏市场经济秩序，助长贪污腐败行为的滋生，导致严重的经济社会后果。昔日巨头安然公司、世通公司教训惨痛，意大利跨国食品巨头帕玛拉特卷入财务丑闻，背后一大批会计师事务所甚至包括安达信等国际知名会计师事务所也因未能承担应有的舞弊审计责任受到牵连，其带来的影响力远远超过舞弊丑闻本身。同样，在我国，琼民源、银广夏、科龙等事件对证券市场的影响及其造成的损失巨

---

① ACFE.ACFE 2010 global fraud study. Report to the nations: on occupational fraud and abuse［R/OL］.［2016-12-11］. http://www.acfe.com/documents/2010-rttn.pdf.

大，并直接导致了中天勤会计师事务所的注销。《上市公司信息披露质量调查分析报告》显示，对于上市公司披露的财务会计信息，只有8.45%的个人投资者认为可信，而所有的机构投资者都认为不可信或不完全可信。这反映出有些上市公司不惜以信誉为代价，公然违背信用原则，人为地丧失了"诚信"这一赖以生存发展的有限资源。

8.1.1.5　舞弊的种类

舞弊可以按不同标准、不同状况进行分类。通常按照舞弊行为主体的不同，即舞弊者在企业内部所处的层次，将舞弊划分为管理层舞弊与雇员舞弊。这种分类有利于深入剖析舞弊的根源，寻找防范舞弊的有效途径。

美国国家审计准则第82号通知将舞弊限制在较窄的范畴内：公司或企业故意错报、漏报财务报告的行为，即进行欺诈性的财务报告，称为管理层舞弊（Management Fraud）；员工对公司资产的侵占行为，称为雇员舞弊（Employee Fraud）。该准则从舞弊行为对象的角度阐述舞弊的行为主体。

在企业实务中，侵占资产通常指盗用企业资金或其他资产（如挪用、贪污、盗窃或回扣等）行为，一般以雇员舞弊居多，但也可能是管理层舞弊。财务报告舞弊通常属于管理层舞弊，它是由一个或多个管理层或治理层成员参与的舞弊，该舞弊将损害投资者、债权人或企业职工的利益。管理层往往拥有足够高的职位，可以驾驭、逃避日常内部控制或不受内部控制的约束。

管理层舞弊如价格制定、逃避税收、违反环境法等从短期来看可能对提高经营业绩有利，但从长期来看损害企业的利益。雇员舞弊是只有员工参与的舞弊，员工利用职务之便或内部控制的缺陷，非法获取公司资产或其他个人利益。雇员舞弊通常靠伪造单据、越权处理、与他人共谋或串通等方式进行，一般与其职务密切相关。该类舞弊将损害组织的利益。

财务报表舞弊是管理层舞弊的主要特征，侵占、挪用资产舞弊是雇员舞弊的主要特征。美国注册舞弊审查师协会在2010年舞弊报告中指出，资产挪用是最常见的舞弊，占所有舞弊的90%，造成的平均损失是13.5万美元；财务报表舞弊，虽占比不足5%，但造成的平均损失却高达400万美元。

按照舞弊的性质可以将舞弊分为组织舞弊和职务舞弊（见表8-2）。组织舞弊是由组织进行的损害外部利益集团的舞弊行为，如偷逃税款、发布虚假财务信息等，一般属于管理层舞弊，常用的手段就是编制舞弊性财务报告。职务舞弊是组织内员工利用工作机会，为谋取个人利益而损害公司利益的行为，常用的方式是侵占、挪用资产，偶尔会涉及舞弊性财务报告。

此外，按舞弊者与公司之间的关系，舞弊可分为内部舞弊和外部舞弊。所谓内部舞弊是指由公司经营管理者或业务操作人员的舞弊。所谓外部舞弊是指与公司有关的外部利益主体，主要是供应商、零售商、承包商等，通过虚开账单、用低价商品替代及重复报账等手法，损害公司利益的行为。

表8-2   舞弊的种类

舞弊的行为主体	舞弊的主要特征	舞弊的性质	表现形式
管理层舞弊	财务报表舞弊	组织舞弊	伪造或篡改会计记录或相关文件
			故意做不实声明或故意漏列交易、事件或其他重大资讯
			故意误用与评价、分类、表达或揭露有关会计原则
			……
雇员舞弊	侵占、挪用资产舞弊	职务舞弊	通过贪污、窃取、挪用等侵占款项
			偷取实体资产或智慧财产
			使企业未取得商品或服务收入
			未经适当核准将企业资产作为个人资产使用
			……

8.1.2　舞弊审计

8.1.2.1　舞弊审计的概念

目前对于舞弊审计的概念，各国审计准则尚未做出明确的定义。在美加两国专家合著的《美加两国查处舞弊技巧与案例》中指出，舞弊审计是指采用前摄的手段和方法辨别舞弊，即寻找舞弊证据的审计，其目的是查处舞弊行为。

从社会公众对舞弊审计的需求来看，舞弊审计可分为以下三个层次：

1）内部控制审核（Internal Control Review）

内部控制审核是指审计师接受专门委托，对被审核单位特定日期的内部控制设计和运行有效性进行审核，并发表审核意见。内部控制审核可分为两种情况：

（1）审核和报告被审核单位与财务报表相关的内部控制。

（2）执行商定的与内部控制效果有关的其他程序。内部控制审核的目的是评估内部控制的设计与运行效果，可以帮助管理层从源头上制止舞弊。

2）舞弊关注审计（Fraud Awareness Auditing）

舞弊关注审计是指审计师在接受委托执行财务报表审计时，应当关注舞弊发生的可能性，从而对财务报表不存在重大错报提供合理保证。它是财务报表审计必不可少的组成部分，目标是确定舞弊对审计风险的影响以及对财务报表合法性和公允性的影响，以保证审计师发表正确的审计意见。

3）舞弊专门审计（Fraud Specific Auditing）

舞弊专门审计属于商定程序[①]范畴。在舞弊专门审计中，审计人员接受委托对特定信息执行与委托人或业务约定书中所指明的其他报告使用人商定的程序，并就

---

① 商定程序一般是指由委托人和会计师事务所之间商讨确定、由审计人员实施的一些程序。

执行的商定程序及其结果出具报告。舞弊专门审计的审查范围和提供保证的程序都取决于商定的结果。舞弊专门审计具体可分为两种情形：

（1）反馈式舞弊审计（Reaction Fraud Auditing），也称舞弊审核（Fraud Examination），指舞弊审查师依据法律、犯罪学以及组织舞弊、职务舞弊的各种知识，相应地设计审核程序，以证实或者解除舞弊怀疑。

（2）前馈式舞弊审计（Proactive Fraud Auditing），指在未发现舞弊迹象时进行的审计。它常涉及两个过程，即识别和评估舞弊风险，并就经批准已识别舞弊展开舞弊调查，确认舞弊，出具审计意见。这两个过程的结合和扩展，不仅包括内部控制评价，通常还涉及司法行动的协助和内部控制的建议。

舞弊审计是财务报表审计的必要组成部分，舞弊专门审计是建立在财务报表审计基础上的。舞弊审计融入财务报表审计是大势所趋。如国际审计准则（ISA）第二百四十条要求，审计人员应当在整个审计过程中以职业怀疑态度计划和实施审计工作，充分考虑由于舞弊导致财务报表发生重大错报的可能性。《中华人民共和国国家审计准则》（2010）第一百一十二条规定，审计人员执行审计业务时，应当保持职业谨慎，充分关注可能存在的重大违法行为。

舞弊审计的对象是舞弊行为。舞弊审计不能被简化为核对财务报表。从广义上说，舞弊审计是人类要素、组织行为、舞弊知识、证据和验证标准等诸多因素融会而成的一种意识。这也是一种舞弊潜在可能性的意识和一种觉察危险信号的能力。

舞弊审计并非内部审计的常规性审计任务，而是一种发现性冒险活动，通过其他审计来发现线索。它在审计主体、审计目标、取证来源、证据充分性等方面与财务审计及其他常规性审计均明显不同，具有层次性、特殊性、困难性、复杂性、风险性等特点。

广义而言，舞弊审计是集会计学、审计学、法学、管理学、心理学及犯罪学等于一身的边缘学科，它注重的不仅是方法，更重要的是思维方式。舞弊行为可能有线索也可能没线索，要像警察抓小偷那样，从内部控制链条最薄弱的环节入手。

8.1.2.2 舞弊审计特征

1）目标的局限性

舞弊审计目标十分明确且具体，它负责发现并揭露有意曲解事实的记录和非法占用资产的行为。在舞弊审计中，审计人员应当特别留心与具体违法行为相关的证据，确定具体的舞弊细节、舞弊带来的损失金额和影响范围，以及内部控制的薄弱环节和控制效率问题。从某种意义上来说，舞弊审计并非仅仅停留在这一阶段，而是集中在已经发生的事件上，所以说舞弊审计目标有局限性。

2）性质的重要性

从现象上看，一旦发生舞弊，就说明被审计单位内部控制系统出现了薄弱环节，若不加以改进，则会影响经营目标的实现。实际上，不论舞弊涉及的金额多大，它都是重要的。不加以制止的舞弊行为会迅速蔓延，不但危及组织的生存与发展，而且会侵害国家及社会公众的利益，制约整个社会有序发展，妨碍人们正常的工作与生活。

3）时间的随机性、灵活性

《内部审计实务标准》实务公告1220-1指出："无论何时开展内部审计，审计师都应该考虑存在重大违法乱纪现象或不遵守有关规定的现象的可能性。"常规审计一般具有较强的计划性和次序性，舞弊审计则不然，它要求审计人员在常规审计的每时每刻都高度警惕，不断提高专业熟练性，发现有嫌疑的舞弊行为，随时检测与调查。

4）范围的广泛性

受经济利益的驱使，在注重经济发展的形势下，舞弊行为大肆蔓延，具体表现便是涉及人员众多，从政府部门到企事业单位，舞弊现象无所不在。

5）过程的风险性

舞弊审计较大的风险性主要表现在审计执行过程及审计报告两个阶段。在舞弊审计过程中，审计人员很难把握深度和职责范围，容易越权审计甚至触犯有关法律，从而导致审计风险。当编制审计报告的时候，审计人员往往会忽视舞弊审计报告不同于常规审计报告，不征求法律顾问的建议，导致措辞或定性不当，造成审计报告违法。管理当局不当地施加压力、审计难度较大、内部控制环境薄弱以及关联方影响、对实物资产的估价等众多因素的存在，也会对审计的独立性造成一定的影响，从而给舞弊审计带来较大的风险。

舞弊审计的上述特征使得舞弊审计工作具有很大的困难性、复杂性和风险性。

8.1.2.3　舞弊审计责任

舞弊审计责任是审计人员在承办舞弊审计业务中所应履行的职责。对舞弊审计责任的认识和划分影响到审计的效果。《第2204号内部审计具体准则——对舞弊行为进行检查和报告》第四条规定："组织管理层对舞弊行为的发生承担责任。建立、健全并有效实施内部控制，预防、发现及纠正舞弊行为是组织管理层的责任。"第五条规定："内部审计机构和内部审计人员应当保持应有的职业谨慎，在实施的审计活动中关注可能发生的舞弊行为，并对舞弊行为进行检查和报告。"这两条对组织管理层和内部审计机构与人员在预防、发现、纠正和报告舞弊中的责任作了界定。

健全有效的内部控制可以遏制舞弊行为的发生。管理层应根据内部审计人员提交的报告和建议，制止和纠正已发生的舞弊行为，追查、预防可能发生的舞弊行为，不断完善内部控制制度。

实施舞弊审计是内部审计人员的基本职责之一。内部审计机构是内部控制的重要组成部分。内部审计人员通过审查、评价组织内部控制的适当性、合法性和有效性来协助遏制舞弊，他们有责任发现组织内部控制的重大缺陷。即使是在不以舞弊行为为主要目标的常规内部审计过程中，内部审计人员也应当保持应有的职业谨慎，警惕可能引发舞弊的情形。内部审计人员必须在预防和发现财务报表舞弊的过程中扮演前摄角色，具备足够的知识来识别可能存在舞弊的线索。

目前内部审计人员的舞弊审计效率还是很低，许多情况下舞弊行为的发现是靠运气或舞弊行为人的自我暴露。设计良好的内部控制也可能会因人员的串通、故意伪造文件等各种行为而失效。这些正是内部审计人员运用正常审计程序无法审查出来的。《第2204号内部审计具体准则——对舞弊行为进行检查和报告》第七条规定："由于内部审计并非专为检查舞弊而进行，即使审计人员以应有的职业谨慎执行了必要的审计程序，也不能保证发现所有的舞弊行为。"管理层和内部审计师在发现舞弊方面的责任见表8-3。

表8-3　　　　　　　管理层和内部审计师在发现舞弊方面的责任

责任内容	管理层	内部审计师
内部控制制度	负有建立并维护控制的首要责任	通过检查和评估内部控制系统的适当性和有效性来协助遏制舞弊
目标	建立和维持有效的控制系统	向组织提供被审计活动的分析、评估、建议、咨询和信息，帮助其履行职责

8.1.2.4　舞弊审计与财务审计

舞弊审计与财务审计在审计独立性、审计主体等方面有着共同之处。舞弊审计实际上是必要情况下财务审计的延伸，是在财务审计的基础上发展起来的。舞弊审计遵循常规审计的基本程序。

舞弊审计与财务审计的不同之处在于，它更多地需要审计人员拥有职业判断和职业敏感性，而不仅仅是掌握审计方法。舞弊审计侧重于审查例外、特殊、不正常的情况，以及会计违规事项和行为，而不仅仅是错误遗漏。

美国审计准则委员会发布的第82号审计准则（SAS No.82）列举了舞弊审计和财务审计的区别，主要包括审计目标、审计动因、审计价值、审计证据来源、审计证据充分性等方面。结合现有的资料，将舞弊审计与财务审计的区别归纳为表8-4。

表8-4　　　　　　　　舞弊审计与财务审计的区别

区别项	舞弊审计	财务审计
1.重要性原则	无论数额多大的舞弊都被认为是重要的	编制审计计划时，评估审计重要性，确定实质性测试的可容忍误差
2.审计目标	通过证据揭露舞弊行为及舞弊者	通过证据支持关于财务报表是否合法及公允的审计意见
3.审计动因	确定舞弊已经发生、正在发生或将要发生	满足财务报表使用者的需求
4.审计价值	判定舞弊是否存在以及谁是责任者	为第三者的财务信息提供信用保障
5.审计证据来源	不仅来源于财务数据，而且来源于非财务数据，如内部文件审查、公共文件审查和会见当事人等	证据主体是财务数据
6.成本效益原则	一般不考虑成本效益	考虑成本效益
7.审计证据充分性	获取充分的证据保证自己所得出的舞弊结论免受指责	依赖审计人员有说服力的证据

　　舞弊审计是发现性的而非论断性的审查活动，财务审计被视为一种论断性的审计活动。舞弊审计比财务审计更具复杂性和风险性。审计人员一般寻找问题存在的痕迹或征兆、被审计单位内控系统的薄弱环节，提出审计建议，修补存在的漏洞，提高被审计单位管理水平。

8.2　　管理层舞弊与审计

8.2.1　管理层舞弊概况

　　20世纪末21世纪初，国内外相继发生了一系列极具震撼性的舞弊丑闻。管理层实施财务报告舞弊带来严重的经济后果，中国的银广夏、美国的安然事件都属于管理层舞弊。管理层舞弊现象无论在规模上还是在复杂程度上都层出不穷，它给社会带来了一系列危害，已成为社会经济发展的"毒瘤"。

　　管理层舞弊是管理人员为获利而实施的欺骗行为。根据目的的不同，管理层舞弊包括为获取组织利益的舞弊和为获取个人利益的舞弊。管理层舞弊从实施者的性质到舞弊的手段，都不同于其他类别的舞弊。管理层舞弊最为常见的形式就是管理当局对于财务报表的舞弊操纵。美国反虚假财务报告委员会（Treadway Commission）的调查报告（2010）显示：有44%的虚假财务报告发生在经济不景气或严重衰退的行业；有87%的舞弊问题涉及会计信息披露事项的操纵；最常用的舞弊手法是收益确认及列示方法不适当，占47%，故意多列资产占38%，将当期费用不恰当地予以递延占16%；在控告注册会计师的诉讼案中，有45%的案件是因企业内部控制存在严重缺陷而导致舞弊行为发生，有66%的案件发现查账人员未收集到充分适当的证据，有35%的案件发现审计人员对于审计过程中所发现的舞弊风险因素未能提高警惕，未能保持足够的职业怀疑；从舞弊者的层次看，高层管理者舞弊影响很大，虽然审计师与管理当局合谋舞弊的案件数量只占22%，舞弊金额却高达80%；而基层管理者舞弊，多属于职务之便的监守自盗，数量占78%，舞弊金额较小，只占20%。舞弊活动大小与犯罪者的位置有一定的相关性，舞弊者层次越高，危害也就越大。

8.2.2　管理层舞弊的三因素理论

8.2.2.1　管理层舞弊的第一因素：压力

　　压力因素是管理层舞弊的行为动机，有动机才会有行动。在各种压力驱使下，管理层铤而走险。任何类型的管理舞弊行为都存在某种压力，只是压力的具体形式有所差异。管理层舞弊压力大体可以归结为经济压力和工作压力。

　　经济压力一方面是由于预期的生活与实际收入的差距造成的，差距越大则压力越大；另一方面是由于现时的经济困难造成的，如意外财产损失、高额负债、应急需要、虚荣或贪婪（诸如赌博、吸毒、醉酒等恶习）往往直接或间接地造成经济压力。

　　工作压力是由工作所引起的压力，包括失去工作的威胁（行业竞争、外部融资等）、提升受阻、对领导不满意、业绩考核、新增资本及政策变化带来的压力等。为了达成预算目标，借以表现其为成功的高层管理人员，或是为了绩效奖金或年底分红等物质报酬，谋取以财务业绩为基础的私人报酬最大化。这些都会促使管理层通过舞弊的手段来缓解压力获得利益。

8.2.2.2　管理层舞弊的第二因素：机会

机会因素指管理层可进行舞弊而又能掩盖起来不被发现或逃避惩罚的时机。管理层舞弊的机会大多取决于管理者在组织中的职位。

机会因素主要有以下六种形成原因：（1）缺乏发现管理层舞弊的内部控制。有效的内部控制制度是预防和发现企业雇员舞弊的最重要的方法之一，而无效的内部控制往往是企业舞弊的温床。（2）无法判断工作的质量。就专业性较强的工作而言，一般人无法判断这些工作是否符合要求并与报酬相符，因此从事此类工作的人容易利用该机会进行舞弊。（3）缺乏应有的惩罚机制。如果舞弊者的舞弊行为在被发现后惩罚较轻或不会受到应有的惩罚，就无法对舞弊者构成威慑力，以致舞弊者有恃无恐。（4）存在信息不对称。现代企业是一种典型的委托代理，信息不对称会带来逆向选择和道德风险[①]，管理层披露信息时会有选择性地提供对其有利的信息而隐藏不利信息（逆向选择），在管理过程中选择最有利于自己的行为（道德风险）。（5）监督能力不足。监管人员或者被欺骗对象在某些方面无知或能力不足，给管理层舞弊者造成可乘之机。（6）会计和内部审计制度不健全。管理层对会计与审计在发现和调查舞弊方面的能力比较了解，不够完善的会计制度、审计系统会成为他们可资利用的机会。

8.2.2.3　管理层舞弊的第三因素：借口

在面临压力和获得机会后，真正形成管理层舞弊还需具备最后一个因素即借口，即自我合理化的过程。管理层舞弊必须找到一个理由，使舞弊行为与其个人道德观念及行为准则相吻合，理由是否真正合理不重要，重要的是最终凌驾于企业内部控制之上将舞弊付诸行动。

管理层舞弊常用的借口有：凭自己对公司的贡献应获得更多的报酬；只是为了暂时度过困难时期，一旦危机过后，肯定会改过来；没有人的利益会因此而受到损害；会通过其他方面获得更多的回报；大家都这么做；某些东西（如荣誉或正直等）是可以牺牲的等。

合理化实质上是一种个人的道德价值判断，制造"合理"的理由来解释并遮掩自我。舞弊当事人常常通过自我说服清除心理障碍，使舞弊进行得心安理得。

8.2.3　管理层舞弊的主要手段和信号

8.2.3.1　管理层舞弊的主要手段

管理层舞弊的形式多种多样，但从审计角度看，舞弊的具体表现形式是粉饰。以人为的手段改善资本运用情况，利用关联方交易粉饰经营业绩或财务状况，使财

---

① "逆向选择"（Adverse Selection），经济学领域的术语，指信息不对称造成市场资源配置扭曲的现象，常存在于二手市场、保险市场。"道德风险"（Moral Hazard），指签约一方不完全承担风险后果时采取的自身效用最大化的自私行为，也称道德危机。

务报表或经营成果表现良好，误导财务信息使用者，已成为某些管理者乐此不疲的"游戏"。舞弊手法各种各样，但就管理层的财务报表舞弊而言，常见手段主要是不恰当地确认收入、高估资产、低估费用。

管理层通过虚构经济业务和交易事项来虚列资产、虚增利润的主要操作手法见表 8-5。

表8-5　　　　　　　　　　　　　**虚构经济业务和交易事项**

舞弊的主要手段	舞弊的主要操作手法
虚构经济业务	伪造、篡改、制假单据、虚开发票
	虚构合同、协议、文件
交易事项	采用大大高于或低于市场价格的方式，进行购销活动、资产转换和股权置换
	低息或高息发生资金往来，调节财务费用
	收取或支付管理费用或者分摊共同费用，调节利润
	关联交易的非关联化
	非货币性交易的货币化

8.2.3.2 管理层舞弊信号

管理层之所以成为审计中的高风险领域，主要缘于管理层舞弊自身的复杂性及管理层舞弊审计的困难性。实务中，管理层舞弊风险因素有着不同的称谓和表现形式，难以穷尽。舞弊行为的出现并不是随机的，而是特定条件下多种因素共同作用的结果，舞弊行为出现后必定会通过一定的方式表现出来。

国际审计学界共同认识到，在企业经营中可能存在一些故意错报的征兆，这些征兆是能够有效预测企业舞弊行为的"示警标志"（Red Flag），也称舞弊风险因素（Fraud Risk Factors）或警讯（Warning Signal）。提高舞弊审计效果的关键是研究探索可以用来识别管理层舞弊的标志性舞弊风险因素。

管理层舞弊方面的主要"示警标志"包括：（1）相关管理人员压力或期望业绩异常；（2）资金出现短缺，影响经营周转；（3）会计政策突然变更；（4）与经营成果挂钩的管理层薪酬；（5）会计人员、信息技术人员频繁变动或缺乏胜任能力；（6）异常交易或大量的账项调整；（7）难以获取充分、适当的审计证据等（见表8-6）。

在管理层舞弊审计中，审计师应当高度关注的领域有管理层、企业组织结构、管理层与企业内外部的关系及经营特征、财务成果等方面定性、定量的识别。

管理层舞弊的定性识别往往没有通过财务报告数字方面的异动反映出来的定量识别直观，它存在一定的主观性。"示警标志"是审计师在总结以往组织内的管理层舞弊情况发生的基础上，整理归纳舞弊发生的可能性最高的相关经验，它的完整性和准确性受审计师的经验、专业知识、工作深度和广度等相关因素的影响。因而，"示警标志"法在舞弊审计工作中的使用具有一定的局限性。

表8-6	管理层舞弊的信号
关注领域	舞弊信号
管理层	管理层过度关注保持或提高公司股价或收益趋势，焦点在利润或股价上而不是企业核心竞争力上
	管理层对内控认识不足，决策制度由一个人或少数几个人把持，公司治理结构流于形式，管理层约束机制失效
	管理层与当前或前任审计师关系紧张，频繁更换审计师
	管理层诚信存在明显问题，有诉讼案及不诚实记录、业界声誉不佳
	管理层低报酬甚至无报酬
经营特征、财务成果	组织机构复杂或不稳定，复杂程度不合理
	存在重大异常交易，如关联方交易、资产重组等业务
	与同行业相比，增长异常快或存在非常收益
	经营净现金流量为负，净收益为正或持续上升
	存在筹资等巨大压力
	财务方面出现了可能导致持续经营能力受到重大影响的迹象
	行业竞争异常激烈，公司利润率迅速下降

8.2.4　管理层舞弊审计

舞弊审计的方法和程序并非独立于一般财务报表审计的方法和程序。常规的审计方法包括审阅、验算、核对、盘点、观察、询问、函证、比较分析、账户分析和内部控制测试等。这些审计方法对于发现一般的财务舞弊也是行之有效的，但由于舞弊的复杂性和隐蔽性，特别强调的审计方法和程序有：（1）保持职业怀疑精神；（2）充分运用分析性复核程序。

8.2.4.1　始终保持职业怀疑精神

职业怀疑精神是指以质疑的思维方式评价所获取审计证据的有效性，并对矛盾的审计证据以及对管理层提供信息的可靠性产生怀疑的审计证据保持一定警觉。保持敏锐的观察力和强烈的好奇心，对于看似无关却可疑的迹象或线索能够提出"合理疑问"，并能锲而不舍地追查，排除合理怀疑。

审计师进行审计时应当保持应有的谨慎而在正当怀疑的基础上进行专业判断并逐步推进。首先，判断管理层近期是否存在压力或动机，如果存在，那么按大小列举出这些压力或动机；其次，逐个判断能否通过管理层正常经营管理化解压力或消解动机，如果不能，看舞弊机会何在，管理层可以通过什么途径实施该舞弊；最后，当管理层既有压力又有可行的舞弊途径时，要对其借口进行分析。

具体而言，职业怀疑在舞弊审计中的作用主要表现在审计计划和审计实施两个阶段。在审计计划阶段，审计组成员应当首先分析被审计单位的行业特点，确定财务舞弊可能存在的业务和财务领域；其次，要利用职业怀疑分析舞弊的最新变化情况，并判断被审计单位是否也存在类似的舞弊现象；最后，在了解被审计单位的基本情况、研究被审计单位的内部控制时，要利用职业怀疑分析被审计单位内部控制方面存在的缺陷。经过这些分析后，在制订审计计划、分派审计工作时，就要利用职业怀疑提高计划和组织的精密性，确保重大会计舞弊被全面覆盖。

在审计实施阶段，审计师要利用职业怀疑捕捉蛛丝马迹、分析舞弊概率、获取充分恰当的审计证据。发现舞弊迹象后必须追加实施进一步审计程序，如重新调查供应商或客户、突击盘点、分析性复核等。不能过分依赖管理层的陈述和声明，如果审计师难以就重要问题搜集到充分适当的审计证据，应当推定存在财务报告舞弊的嫌疑，即所谓的"有错推定"。

在实施进一步审计程序获取证据的过程中，职业怀疑起着关键作用。一般说来，审计证据获取方法的设计和选择、证据效力的分析与辨别都需要高超的职业判断力。只有充分发挥职业怀疑的作用，才能以最低的成本、最高的效率得到最有力的证据。如果让缺乏职业怀疑能力的人员去实施进一步审计程序，就可能事倍功半，甚至功败垂成，适得其反。

8.2.4.2 充分运用分析性复核程序

分析性复核程序是指审计师通过研究不同财务数据之间以及财务数据与非财务数据之间的内在关系，对财务信息做出评价。分析性复核程序是审计成本最低、最容易发现误差的一种审计程序。这一程序被广泛运用在审计计划、审计实施及审计报告阶段。而目前审计实务中会很好地使用它的人甚少。其在舞弊审计技术中是最重要的一种方法和程序，是揭露舞弊的重要工具，尤其是在管理层舞弊的识别上具有明显的作用。虽然管理层可以操纵某些财务或非财务信息，但不可能操纵全部业务信息。不同信息之间往往存在一定的相关性，有效的分析程序有助于审计师识别影响财务报表的异常交易、事项、金额、比例、趋势，以及在细节测试中不易察觉的舞弊迹象。分析性复核程序应贯穿于审计的全过程。

审计师主要在了解被审计单位及其环境、实施风险评估时运用分析性复核程序，并在审计结束时运用分析性程序对财务报表进行总体复核。分析性复核程序包括以下几个步骤：（1）选定适当的数据关系；（2）分析数据关系；（3）识别异常的数据关系和波动；（4）调查异常的数据关系和波动；（5）得出结论。使用该方法的主要目的在于查明特定项目间是否存在异常波动，如果异常波动的数额较大，就存在舞弊的可能性，审计师必须查明原因，以确定审计范围。"异常波动"并非仅指财务数据存在重大波动，还应当通过与同行业的横向比较、前后期财务数据的分析、非财务信息（经营数据）与财务信息的比较、对财务信息构成要素之间勾稽关系的分析等加以发现。针对不可避免的管理层逾越内控行为，执行专门的实质性程序，如分析合并抵销、重分类调整等调整项目，复核重大会计估计，评估重大非经常性交易的合理性。此外，深入了解被审计单位及其环境，是不可逾越的程序。企业的经济状况不佳，管理层可能产生舞弊的动机和压力就比较大。

总体而言，在管理层舞弊审计过程中，审计师要深入了解分析经济情况、行业情况及内部情况，寻找管理层舞弊的动机；着重关注可能导致被审计单位财务报表舞弊的主客观条件、内外部因素，初步评估其风险水平，从而指导审计程序和方法的制定；始终保持"职业怀疑"精神，充分将分析性复核程序的运用贯穿于整个审计过程。此外，审计师可以根据管理层舞弊审计过程中的具体情况采用其他审计程序和方法。

8.3 ‖ 雇员舞弊与审计

8.3.1 雇员舞弊概况

20世纪90年代，美国注册舞弊审查师协会（ACFE）对2 000多名注册舞弊审查师所报告的2 600多种舞弊进行研究，结果表明，美国企业年均舞弊成本超过4 000亿美元，企业因舞弊而造成的每个雇员每天的平均损失超过9美元，且各类舞弊所造成的损失约占企业年收入总额的6%。雇员和管理层舞弊就像一种有害的杂草，一旦遇到沃土与适宜的温度，就会迅速蔓延开来。

雇员舞弊手段与早期相比发生了巨大变化。早期，如果雇员想从企业里盗取财物，就必须对资产进行实物转移。由于舞弊者惧怕人赃俱获，舞弊的规模往往很小。而现在，随着计算机、网络和复杂信息系统的问世，雇员只需打一个电话、错误地填写购货发票的地址、贿赂供货商、篡改计算机程序或仅仅敲击键盘上的某个按键，就能够贪污盗用公司的资产。高科技舞弊手法带来的舞弊规模和金额也相应剧增。

8.3.2 雇员舞弊三因素理论

8.3.2.1 雇员舞弊压力

雇员舞弊压力是产生舞弊的决定性因素，对利益的追求是舞弊产生的最大根源。雇员的利益与管理层不尽一致，他们有可能通过合法和非法的手段追求报酬，使自身受益。从事舞弊活动往往是个人品德和外部环境各种力量共同作用的结果。个人为了自身利益而实施舞弊的压力，与管理层舞弊一样可划分为经济压力和工作压力。

有研究表明，约95%的舞弊与经济压力有关，如高额账单、个人债务、生活奢华、个人经济损失、意料之外的经济需要、信用不佳、贪婪、恶习等压力。

经济压力是雇员舞弊发生的主要原因，但部分雇员实施舞弊是为了向雇主争取平等的权利。诸如工作业绩没有得到充分的承认、对工作的不满、害怕失去工作、对升职期望过高、认为工资报酬过低等诸多因素都可能导致舞弊的发生。

8.3.2.2 雇员舞弊机会

机会是舞弊者进行舞弊能不被发现或逃避惩罚的时机。机会是舞弊实现的前提条件，机会要素的存在使舞弊动机的实现成为可能。如果内部控制缺乏、无效、可被凌驾或存在缺陷，就会导致舞弊行为难以得到防范。许多舞弊都是在内部控制制度名存实亡的情况下发生的。此外，制造舞弊的成本和事后被发现遭到惩戒的损失成本低廉，低廉的舞弊成本为雇员敢于以身试法提供了极大的诱惑。事后被发现的可能性较低，被发现后遭到惩戒的损失远远小于舞弊带来的利益，是促使舞弊得以产生的重要因素。当出现雇员舞弊时，由于走法律途径会耗费时间和金钱，因此许多企业只是开除那些不诚实的雇员，就此了结，而雇员可以重新更换工作，并在求职简历上美化以往被开除的工作经历。

8.3.2.3 雇员舞弊借口

合理化的过程有助于雇员掩盖其不诚实行为，几乎所有的舞弊都涉及合理化。舞弊者通常会说：我只是暂时借用这笔钱，以后会归还；一旦渡过这一难关，会马上修改账簿；我有权得到更多，这是企业欠我的；没有人的利益因此受到损害。通过这类不计其数的合理化方法，舞弊者会扫除心理的各种不安及良心的谴责。

8.3.3 雇员舞弊的手段和信号

大多数雇员舞弊一开始金额比较小，如果没有被发现，舞弊的金额就变得越来越大。雇员舞弊一般试图以现金或资产为个人谋利。常见的雇员舞弊包括三步：（1）偷窃有价值的财产；（2）将财产偷换成现金；（3）隐瞒罪行以躲避检查。

8.3.3.1 雇员舞弊的手段

具体而言，雇员舞弊的手段包括但不限于以下几种：

（1）偷窃商品、工具、存货和其他设备；

（2）从库存现金和库存现金登记簿中转移小额资金；

（3）不记录商品销售，同时将库存现金据为己有；

（4）通过少记收入使库存现金和库存现金登记簿发生溢余；

（5）扩大费用账户范围或将货品预付款变为个人使用；

（6）从某账户中收款，将钱据为己有，然后将该账户冲销，不报告；

（7）为虚假的客户做索赔申请并返还款项；

（8）没有每日将库存现金存入银行，或只将部分库存现金存入银行；

（9）在工薪表上填制虚假的额外劳务，或者提高工资率或增加小时数；

（10）员工实际离职日期后的很长时间内，还将员工保留在工薪表上；

（11）在工薪表上伪造其他名字，将无人索要的工资留下来；

（12）通过串通，增加供货商发票上的金额；

（13）通过不正确使用采购订单的办法，由组织为个人采购付款；

（14）将偷来的商品运到某员工或亲戚家；

（15）伪造库存商品以便掩盖偷窃行为或失职；

（16）将应付给组织或供货商的支票扣留下来；

（17）插入虚假的分类账账页；

（18）形成虚假、错误的现金收入和支出账簿的脚注；

（19）"卖掉"门钥匙或保险库及金库的密码；

（20）获得空白支票（未采取保护措施）并伪造签名；

（21）给予客户特定价格或特殊优惠，或将业务交给其偏向的供货商，目的是获得回扣。

8.3.3.2 雇员舞弊的信号

对雇员个体生活习惯和方式及其变化的观察，可以在一定程度上发现舞弊信号。如舞弊者可能有以下个人生活特征：失眠、醉酒、吸毒、神经质等。此外，舞弊者也无法掩饰一些生活方式改变的迹象，如购买高档住宅、汽车和宝石等，而这些迹象又无法用其正常的工薪收入来解释。

雇员舞弊方面的主要信号包括：（1）雇员有不法前科记录；（2）雇员有大额负债或具有吸毒、赌博等不良嗜好；（3）由某人处理某项重要交易的全部业务；（4）会计信息系统失效或内部控制设计不合理等。

8.3.4 雇员舞弊审计

不论是管理层舞弊，还是雇员舞弊，最终都会导致企业财务报表有重大不实表述，产生虚假财务报告。雇员舞弊往往利用会计核算的漏洞及内部控制的薄弱环节来达到目的。审计师可以通过掌握财务账目的审计技巧与方法实施雇员舞弊审计：重点审计原始凭证和记账凭证；着重关注原始凭证的合法性、合理性及真实性；充分审查鉴别凭证的真伪，如果发现内容互相矛盾、数字互不契合或严重违反纪律和制度的问题，应深入追查原因；审查凭证是否有刮擦、涂改、挖补等迹象；在记账凭证审计中审查财务会计科目对应关系的合理性，其科目与经济业务内容是否相符，经济内容与会计凭证摘要的说明是否一致，转账凭证附件是否完备等。

从审计角度来看，舞弊之所以存在与发生，通常缘于管理漏洞和内部控制薄弱环节。典型的舞弊正是雇员避开企业的内部控制系统来谋取私利。因此，审计人员应当对被审计单位内部控制进行测试，以及时发现并协助被审计单位纠正控制缺陷。在实施舞弊审计过程中，审计人员可以首先模仿"小偷"那样思考问题——"在内部控制链条中，哪里是最薄弱的环节"，然后通过制造错误法，观察其能否通过控制系统，据以评估控制系统的弱点和易受舞弊破坏的环节，从而识别舞弊行为。在此过程中，审计师仍应保持应有的职业怀疑态度，充分应用分析性复核程序，复核会计估计，从异常现象中捕捉疑点，搜寻线索，以发现导致重大错报的舞弊。审计师还需要运用谨慎性原则，充分考虑和控制审计风险。审慎性要求内部审计人员保持应有的谨慎，恰当运用专业审计技巧，并对出现的疏忽和差错、低效率与浪费、利益冲突概率保持警惕，尤其警惕可能出现的不正当活动。

尽管舞弊者想方设法进行伪装，但要想人不知，除非己莫为。只要审计人员实施科学的审计方法，就可以在最大限度内做到"审"网恢恢，疏而不漏。审计人员应遵循审计准则要求，通过恰当的审计程序，灵活运用相关方法与技巧，发现并揭露舞弊。通常用到的方法有交易实质分析法、分析性复核法、资产负债表日后事项分析法、资产质量分析法、税项分析法。值得一提的是，审计人员在实施舞弊审计时必须对舞弊的暴露程度进行分析，即执行风险分析程序，"必须比罪犯更聪明"，这要求审计人员在制订审计计划特别是评估舞弊可能性时，重点关注那些易受"袭击"的资产。此外，计算机的普及使得审计人员对计算机舞弊审计方法的运用成为必要，包括事前审计计算机系统、对信息系统内部控制进行审计测试、聘请相关专家、开发辅助审计软件等。

舞弊有以下三类：一是已发现的舞弊；二是已发现线索但缺乏证据的舞弊；三是尚未被察觉的舞弊。相应地，对舞弊的审计有两种：一是对没有线索的舞弊进行审计；二是对已经有线索的舞弊进行审计。舞弊审计由于具有一定的特殊性，因此通常应作为单独的审计项目，特殊情况下也可与其他审计项目一并进行。

舞弊的性质恶劣，危害较大，而且大多数舞弊的规模会随着时间的推移急剧扩大，因此，当舞弊发生时，尽早发现是极为重要的。发现舞弊主要有两种途径：一是偶然发现；二是有意识地搜索并鼓励尽早识别舞弊迹象。过去，大多数舞弊都是偶然发现的。当发现时，已经持续一段时间，企业遭受了巨大损失。近年来，企业内部和对企业实施审计的社会中介机构都采取了许多积极的措施，以更好地发现舞弊。

8.4　舞弊防范

实施舞弊审计，对进行舞弊的主体进行处罚只是一种手段，防范舞弊行为的发生才是最终目的。防范舞弊是减少舞弊损失最为经济的方法。若不对舞弊防患于未然，待其发生后造成巨大损失时才去关注，则悔之甚晚。因此，企业应积极采取措施预防舞弊的发生。

舞弊的预防是指采取适当措施防止舞弊的发生，或在舞弊行为发生时将其危害控制在最低限度以内。防范舞弊的两种途径如下：一是消除舞弊机会，即通过会计准则等一系列制度建设遏制舞弊，建立完善的内部控制来执行反舞弊制度，并运用独立的外部审计作为反舞弊的最后一道防线来发现和识别舞弊；二是加大违规成本，即通过制定和实施清晰、完善、严肃、到位的处罚措施加大舞弊违规的惩处力度。

舞弊的实施方和受害方都会遭受惨重的损失，因此，为了减少舞弊造成的损失，我们一定要做到未雨绸缪，即采取必要、充分的措施来防范舞弊的发生。由于舞弊调查的成本非常高，因此，防范舞弊就显得更加至关重要。然而在实际中，出于成本效益等方面的考虑，想要绝对防范舞弊一般是不可能的，企业只能通过各种措施将舞弊损失减少到最低限度。完善的舞弊预防方案需要同时关注四个方面，即舞弊防范、舞弊发现、舞弊调查、后续法律行动。

8.4.1　管理层舞弊防范

内部控制是防止和发现舞弊的第一道防线。企业内控与舞弊的发生、存在有直接联系。一般来说，企业内控越薄弱，逾越内控的风险越大，舞弊就越可能发生。

8.4.1.1 内控的建立、执行、评估、完善

在防范舞弊的方法中，最为大家所认可的就是建立良好的控制制度，这是因为几乎所有的舞弊事件都与内控的薄弱环节相联系。防范舞弊的主要机制是内部控制。内部审计人员需要寻找企业内控薄弱环节，然后予以加强和完善，并及时跟踪检查这些问题，从而在一定程度上减少舞弊的发生。如果企业内部控制比较薄弱，加之社会经济现象日趋复杂，就会造成舞弊难以防范。如前所述，企业内部控制包括控制环境、风险评估、控制活动、信息与沟通、监督等五要素。企业应完善法人治理结构，减少直至消除内部人控制现象，建立有效的内部控制。

内部控制是防范舞弊的防护系统的一部分，旨在预防错误的发生以及尽早发现错误。控制程序如下：（1）职责划分或交互牵制，即避免某个人完全操纵某项工作，同一项工作要求由两个人一起完成；（2）授权批准制度；（3）独立稽核；（4）实物防护；（5）凭证和记录。

大多数舞弊的发生是由于无视或忽视现有的控制制度，而不是缺少控制制度。然而需要指出的是，无论在设计和实施上花费多大的精力，仍然没有哪种内部控制制度是可以完全"防范舞弊"的。即使实施了最完善的内部控制，其有效性也要取决于执行人员的能力等因素。可以说，无论内控多么完善，信息如何畅通，只要"有心"，总能发现薄弱环节，特别是管理层"有心"时，就可能凌驾于内部控制之上，产生内部人控制问题，由此产生的舞弊对企业危害更大。

8.4.1.2 保证信息沟通及时、准确，减少信息不对称

信息不对称是指某些人掌握着不为他人所知的信息，从而占有某方面的信息优势地位，但也正处于其他方面的信息劣势地位。在企业中，由于所有权与经营权的分离，经营者处理企业的日常运作事宜，而企业的所有者无权插手，他们只对关系到企业发展的重大问题做出决策，因此可以看出，在经营者和所有者之间存在着一定的信息不对称。经营者享有的关于企业生产经营的信息远多于所有者，所有者处于信息劣势。在这种情况下，如果经营者具有损人利己、损公肥私的意图，舞弊行为就可能会发生。如果经营者发生了舞弊，他们会刻意隐瞒一些重要信息，从而使信息不对称更为严重。信息在企业内部准确而及时的传递可以提高组织内部运作的效率和透明度，这在一定程度上可以减少信息不对称。在世通公司的案例中，管理层未及时向董事会成员传递信息，甚至故意隐瞒重要信息，对员工提供的信息不予理睬，以及审计委员会、内审部和安达信之间的沟通不顺畅等，都推动了这一世界性骗局的形成。因此，企业应建立完善的信息传递与沟通系统，使得企业的所有者、经营者和员工能在企业经营过程中及时获取所需的信息。

管理层舞弊已经日益成为审计的高危领域。管理层舞弊，并非一般内部控制制度所能有效防止，它往往是公司自上而下的"一条龙造假"行为，管理层是绝大多数财务舞弊事件的幕后主使，管理层舞弊危害极大，应该杜绝。但是，从人性的角度来讲，管理层舞弊又很难避免，只能通过法律法规尽可能抑制这种现象，以使其发生的概率趋于最小。

8.4.1.3 对管理层道德操守的控制

会计系统之外的一项更重要的控制应该是对管理层道德操守的控制。这一控制无论怎样强调都不为过，因为公司的道德状况由高层领导决定。优秀的管理层应该确保雇员都经过适当的培训，确保他们都阅读过并且遵守书面的操作手册，并且都清楚诚信政策的强制性。所有岗位的员工招聘都应该通过严格筛选程序谨慎地进行。

8.4.2 雇员舞弊防范

几乎所有的企业都存在这样或那样的舞弊现象。只有那些对自身的舞弊风险进行仔细审查并采取防范措施以建立良好环境的企业才能成功地防范舞弊行为的发生。

防范雇员舞弊的措施主要包括：强调道德建设，倡导诚实正直的企业文化；评估舞弊风险并采取具体的对策以降低风险、消除机会。

8.4.2.1 强调道德建设，倡导诚实正直的企业文化

人是社会经济活动中最活跃的因素，从根本上说，一切违法的、不恰当的问题，归根到底都是人的问题。正式制度能改变人以及社会的一些行为，但永远无法左右其所有的行为。正式制度的这种局限性，可部分地由文化、道德等一些非正式制度因素弥补。

当身处于一个诚信度低、控制差、会计责任松懈、压力大的环境时，人们就会变得越来越不诚实。为从根本上杜绝舞弊行为，要在企业中形成一种忠实诚信的氛围。首先，企业的管理层应坚持以身作则。管理层的言行往往成为其他雇员效仿的对象。其次，在雇用员工时考虑道德品质方面的因素。每个人的诚实水平和道德素质都不相同。如果企业想要成功地防范舞弊，应当制定并实施能够有效区分个人道德素质高低的雇佣政策，尤其是对关键职位的招聘。再次，定期在企业内部宣传管理当局对雇员相关方面的要求，弘扬正确的价值观和道德观，对雇员进行培训，树立诚信这一优良品质，帮助他们了解日后可能遇到的问题，以及应如何进行应对。舞弊教育有助于防范舞弊，并确保已经发生的舞弊尽早被发现。最后，企业还应针对舞弊制定并实施行之有效的处罚政策。无论企业如何积极地倡导诚实正直，但仍有可能会发生舞弊。有效的舞弊处理政策应当确保企业能够彻底调查事实真相，严肃处理舞弊者并将处罚公之于众，评估风险并改进控制，进一步加强沟通和培训。

8.4.2.2 评估舞弊风险并采取具体的对策以降低风险、消除机会

舞弊三因素中，一旦将机会消除，舞弊就难以发生，企业可以通过准确识别舞弊源头并评估风险，确定风险最大的领域并进行评价、测试，以降低风险。企业可以采取适当的防范措施，比如良好的控制环境、有效的会计信息系统及适当的控制程序，都有利于降低舞弊风险。企业还可以发动雇员进行全面监督。有研究表明，大多数舞弊都是雇员和管理人员发现的，而不是审计人员发现的。当然，企业应当实施独立稽核，进行有效的审计。实施防范性舞弊审计的企业使得雇员了解到他们的行为随时都会受到检查。通过增加雇员的畏惧感，防范性舞弊审计减少了舞弊行

为的发生。

首先，企业可以通过以下手段防止舞弊：（1）起用无不良记录的人；（2）岗位分离；（3）公开、高效的举报系统；（4）定期审计；（5）严厉惩罚违反者。

其次，企业可以采用数据分析来查出舞弊发生的原因：（1）了解计算机辅助工具；（2）掌握计算机辅助工具的功能；（3）知晓计算机辅助工具应用中的问题；（4）完善分析和增值审计；（5）制订舞弊调查计划；（6）拟订舞弊调查计划范例。

最后，企业可以重点解决数据问题：（1）形成计算机辅助工具的目录；（2）设定审计目标；（3）确定所需信息；（4）获取数据；（5）确定数据保存路径；（6）掌握数据文件属性及结构；（7）确保数据完整性；（8）把握应用系统概况；（9）掌握数据概况。

此外，企业还应当发动群众防范、揭示舞弊。企业可以设置举报和投诉热线电话。雇员、合作者等可以匿名通过热线电话提供线索。热线可以由公司自己来开通，也可以由其他独立的组织代理。在美国，注册舞弊审查师协会提供了收费热线服务。当然，这可能会出现一些无中生有的举报电话，但同时企业也会发现许多以前未被发现的舞弊情况。

8.4.3 开展舞弊审计急需解决的问题

第一，防范舞弊的内外部环境尚待优化。从目前情况来看，企业可能存在以下问题：内部控制薄弱，缺乏内部控制标准；内部控制的合理性、完整性及有效性缺乏公认的标准体系；内部审计机构定位不清晰；交叉任职情况严重，董事责任淡化、缺乏独立性，缺乏"关键人"的有效制衡；监事会功能被弱化，无法履行充分的监督管理职能；股权结构、股东大会都需要进一步完善。

第二，审计人员的素质亟待提高。审计人员具有较高的执业水平和良好的职业道德是舞弊审计的重要保障。专业熟练性可提高内部审计人员识别舞弊行为的能力，有助于提高工作效率。专业熟练性的确切含义是：（1）必须遵守职业道德准则，内部审计人员应道德情操高尚，诚实、客观、勤奋地执行审计工作。（2）熟练运用内部审计准则、程序和方法，精通会计准则和处理方法，熟悉管理原则，注重与审计相关的经济法、税法以及定量分析方法的基本原理。（3）掌握有效沟通的技能，利用继续教育保持专业胜任能力。随着经济的发展，舞弊的手段也在不断变化，这就需要内部审计人员不仅要通过自身学习，还要通过与政府审计、社会审计及有关院校的交流与合作来提高技能、开阔眼界、增长知识。只有这样，内部审计人员才可以提高识别舞弊行为的准确率，保证舞弊审计的恰当性。

第三，配套的舞弊审计制度仍需完善。舞弊审计对审计师的专业素质和道德修养要求很高。通过开展培训、法治宣传等活动以及加大处罚力度等措施，可以提高审计师的道德修养，使得审计师在从业时能严格保持中立，杜绝与管理层联合舞弊现象。有些舞弊设计得相当巧妙，然而如果调查者知道如何寻找，就会迅速发现，这是因为每一个舞弊者都会留下痕迹并且都会犯错。审计师要想发现舞弊，往往不得不花费大量精力观察舞弊是如何发生的以及分析舞弊为什么发生。

　　舞弊审计是当前内部审计工作面临的重要课题,有待于我们不断地学习和探索。"魔高一尺,道高一丈",只要我们不断总结经验,掌握舞弊审计的规律和方法,做到与时俱进,就能充分发挥内部审计在打击舞弊行为中的重要作用。虽然舞弊审计已经有很长的历史,但日新月异的科学技术、瞬息万变的国际环境又赋予这项工作以新的生机和活力。审计人员只有遵循道德准则及与舞弊审计相关的实务标准,不断研究、探讨这一领域的新问题、新方法、新经验,才能在新形势下顺利开展舞弊审计,从而为中国屹立于世界贡献力量。

关键概念

　　舞弊审计　管理层　雇员　舞弊防范

本章小结

　　本章对舞弊审计的有关内容进行了阐述。舞弊是一种有目的的非诚信行为,通常涉及欺骗、信任和计谋,故意掩盖事实真相,谋取不正当利益,损害个人或组织。舞弊动因规范性理论主要有舞弊冰山理论(也称二因素论)、舞弊三角理论(也称三因素论)、舞弊 GONE 理论(也称四因素论)及舞弊风险因子理论。其中,舞弊三角理论是舞弊理论中最具影响力和代表性的理论,该理论认为舞弊的产生是由压力、机会和借口三要素共同作用而成,缺一不可。舞弊行为通常是一些违反法律、法规的行为,其性质恶劣,对于组织的形象和内部控制具有强烈的破坏作用。按舞弊行为主体的不同,即舞弊者在企业内部所处的层次不同,可以将舞弊划分为管理层舞弊与雇员舞弊。

　　舞弊审计是指采用前摄的手段和方法辨别舞弊,即寻找舞弊证据的审计,其目的是查处舞弊行为。从社会公众对舞弊审计的需求来看,可以将舞弊审计分为内部控制审核(Internal Control Review)、舞弊关注审计(Fraud Awareness Auditing)、舞弊专门审计(Fraud Specific Auditing)三个层次。舞弊审计具有以下特征:目标的局限性;性质的重要性;时间的随机性、灵活性;范围的广泛性;过程的风险性。舞弊审计存在的这些特点使得舞弊审计工作具有很大的困难性、复杂性和风险性。实施舞弊审计是内部审计人员的基本职责之一,通过审查、评价内部控制的适当性、合法性和有效性来协助遏制舞弊,向管理层提供被审计活动的分析、评估、建议、咨询和信息,帮助其履行职责。管理层在内部控制制度上负有建立并维护控制的首要责任。

　　管理层舞弊是管理人员为获利而实施的欺骗行为。根据目的的不同,管理层舞弊包括为获取组织利益的舞弊和为获取个人利益的舞弊。管理层舞弊从实施者的性质到舞弊的手段,都不同于其他类别的舞弊。管理层舞弊最为常见的形式就是管理当局对财务报表的操纵。管理层舞弊的形式多种多样,但从审计角度看,舞弊的具体表现形式是粉饰。"示警标志"是识别管理层舞弊信号的有效方式。

　　舞弊的雇员通常以现金或其他资产为个人谋利。雇员舞弊有三种:(1)偷窃有价值的财产；（2）将财产偷换成现金；（3）隐瞒罪行以躲避检查。对雇员个体生活习惯和方式及其变化的观察，可以在一定程度上发现舞弊信号。

不论是管理层舞弊，还是雇员舞弊，最终都会导致企业财务报表有重大不实表述，产生虚假财务报告。针对管理层舞弊，审计人员要深入了解分析经济情况、行业情况及内部情况，寻找管理层舞弊的动机，始终保持职业怀疑。雇员舞弊往往利用会计核算的漏洞及内部控制的薄弱环节来达到目的。审计师可以通过掌握财务账目的审计技巧与方法实施雇员舞弊审计。

实施舞弊审计，对进行舞弊的主体进行处罚只是手段，防范舞弊行为的发生才是最终目的。防范舞弊是减少舞弊损失最为经济的方法。内部控制是防止或发现舞弊的第一道防线。防范管理层舞弊的措施主要包括：内控的建立、执行、评估、完善；保证信息沟通及时、准确，减少信息不对称及对管理层道德操守的控制。防范雇员舞弊的措施主要包括：强调道德建设，倡导诚实正直的企业文化；评估舞弊风险并采取具体的对策以降低风险、消除机会。

阅读案例

雇员舞弊案——对某交运集团1 300多万元资金挪用舞弊案的思考

1）案例简介：小会计3年伸手128次，捞钱1 300多万元

作为国有全资公司的A交运集团①是某省最大的国有公路运输骨干企业，全国道路运输企业的百强企业。

A集团下属40多家子公司、分公司。其中一家下属单位B公司的职员沈某，于2008年3月以来，利用职务便利，短短两年多时间里以"蚂蚁搬家"式，先后伸手128次，挪走公款1 300多万元。东窗事发，2011年5月，B公司需要一笔几十万元的支出，而单位账户资金已不足以支付，公司开始对沈某的行为有所觉察，而沈某眼看事情败露，开始潜逃。

上述提到的嫌犯是A集团下属控股公司的原主办会计沈某，现年39岁，高中文化程度，1993年2月成为A集团的职工，2006年12月至2010年4月被集团指派到旗下控股的B运输有限责任公司担任出纳，2010年5月至2011年5月升至主办会计，负责编制全公司凭证、报账、税务、报表及全系统财务管理活动等财务工作。

据了解，在同事眼中，沈某是一个"老实人"，生活朴素、为人低调。即使在接受检察机关询问时，仍有同事不相信他因为炒外汇、赌博而贪污上千万元公款。至于为什么一个普通职员能挪用数额如此大的资金，而且伸手这么多次居然没有被发现。

他的同事坦言："虽然公司的财务制度严格，但很多事情并不会完全按制度来办。他虽然不是领导，但在财务工作多年，平时工作兢兢业业，大家都对他很信任，与银行关系比较熟悉，转移资金比较容易。"

---

① 本案例的公司和人物均隐去真名，以化名代之。

2）案例透视：1 300多万元资金挪用手法揭秘

A集团有着较为健全的企业管理制度和严格的财务制度，尤其是内部控制制度，财务管理常抓不懈。公司账目每年都会委托会计师事务所进行审计。在这样的审计制度下，为何一个主办会计连续3年挪用公款却无人发现？

让我们来看一下B公司内部控制流程和沈某的作案手法，他是怎么将单位这么多钱转走的。

据了解，B公司的财务支出需经四道程序，即出纳制表、会计审核、财务经理签字、法人代表盖章，每道程序都由专人负责，并加盖财务章或法人章。此外，公司法人章和网银U盾锁在抽屉或保险箱里。网络转账需要2个网银U盾，一个用于操作，另一个用于审核，分别掌握在沈某和科长手中。

常用的一种手法是直接盗用现金支票，将加盖公章的空白支票占为己有。沈某在法庭上交代，四道程序中，他掌握公司法人章，负责保管单位的现金支票和转账支票，只要再加盖同事保管的财务章，支票就可以兑现了。于是，平时他趁办理业务能拿到财务章的机会，事先在空白支票上偷偷多盖几个财务章，填好数额就可以到银行提现或转账。沈某利用职务之便，先后79次通过在自己保管的现金支票上擅自加盖B公司法人章和偷盖他人保管的公司财务章，并填写金额，再利用经手B公司公款的便利，到银行通过承兑现金支票的方式提取B公司现金共计351万余元。

常用的另一种手法是网络转账。沈某交代，他任主办会计后没有交出当出纳时保管的做账U盾，趁机偷得由科长保管的负责审核的U盾，并通过解密软件破解该U盾密码。作案时，他用自己保管的U盾做好账，再用偷得的审核U盾进行审核确认，交易生效，公款就这样转到了其个人银行卡上。沈某先后49次通过相同的方式到另一家银行以承兑转账支票的方式和网银U盾网上银行转账的方式，将B公司银行账户内的公款共计1 038万余元转移到其本人账户和他人账户上。

他是如何制作假账应付检查的？为什么可以多次"伸手"，捞到这么多钱？

答案就是伪造对账单，瞒天过海。沈某以虚假的公司日记账和伪造的银行对账单等欺骗单位及审计部门。

为了掩盖犯罪事实，沈某买来银行对账单所用的类似纸张，根据真实的银行对账单上显示的信息，在自己电脑上制作Excel账单表格，删除自己的提现和转账记录，将账面资金和公司实有资金数额调整一致，再打出来加盖上自己伪造的公章及私章后，交给科室领导审核。而真的银行对账单，沈某不是藏起来，就是直接扔掉。案发后，办案人员在沈某的租住处，发现11枚伪造公章和一些银行打印凭证专用纸等作案工具。此外，沈某不管做出纳还是做会计，每次单位需要去银行开对账单，沈某都要"亲力亲为"，抢着去银行。2008年至2011年5月，B公司曾接受多次审计，却均没有发现异常，沈某通过伪造会计师事务所的询证函，瞒过了审计部门。

3）案例的思考和启示

该案例的发生暴露了B公司在内部控制方面的诸多不足，也反映出了国有资产管理、审计中的漏洞，其他企业也要引以为戒。

首先，企业应当减少舞弊机会，树立正确的内部控制理念。本案例中，沈某就是充分利用B公司的支票管理内部控制缺陷，利用资金收支业务的职务便利条件，私设银行账户，侵吞公款，挪用上千万资金。在账务处理上的舞弊体现为私自提现，通过涂改、伪造银行对账单，使其与银行存款日记账金额相等。由于B公司的公章管理不严，他能轻易拿到单位转账所需的公章和网银U盾，加之会计师事务所账目审查不细，如此有利于舞弊的机会，何乐而不为？

其次，关注舞弊防范的重点，增加舞弊发现的概率。雇员舞弊的动机一般与其个人状况息息相关，雇员为增加个人权势财富或是经济状况发生恶化，抱着不易被发现的冒险心理，编制虚假财务信息以谋取资金。案例中，沈某在2007年迷上投资外汇保证金，几次小赚之后开始赔本，最多一次赔了40多万元。赔光积蓄后，沈某忍痛卖掉房子继续炒外汇，而卖房的钱也赔光后，他将手伸向了自己保管的公款。除通过转账归还28万元外，沈某将剩余的1 361万余元用于投资外汇保证金、网络赌博及日常生活消费等。沈某的行为并非个例，类似案件在很多地方都发生过。舞弊动机、舞弊机会再加上自我合理化，舞弊行为就真正发生了。这样的案件，确实需要反思，国有单位应该加强对账目管理、审计的监管。

最后，企业应当针对关键岗位建立强制轮换制度，完善货币资金管理相关的内部控制。出纳人员除负责银行存款日记账外，不得兼管稽核、会计档案保管以及收入、费用、债权债务账目的登记工作。企业应在货币资金流转过程的各个环节加强事前、事中的防范，做好风险评估，注重对关键控制点的控制，把好用人关，把好制度关，把好票据印鉴关，把好监督关。

在货币资金盘点核对制度中，强调货币资金定期盘点清查，并与银行对账，每月至少核对一次，做到账账相符、账实相符；加强与货币资金有关票据的管理工作，明确各种票据的购买、保管、使用、背书转让及注销等环节的职责权限和程序，防止空白支票的遗失和被盗用，对于支票实物控制，视同现金和有价证券，严加管理，定期和不定期地进行实物盘点；加强银行印鉴的管理工作，严禁一人保管支付款项所需的全部印章；明确检查人员的职责权限，定期和不定期地进行检查，抓好各项制度的落实。本案例中，如果企业财务人员和审计师能对货币资金实物进行验证，或者与客户认真对账，沈某的舞弊行为就不至于这么多次都未被发现。但仍需明确的是，企业内部控制制度要盯住关键控制点，内部控制本身需要成本，而且它不是万能的，不能期望它能消灭所有舞弊风险，但有效的内部控制应当将风险降低到合理水平。这就需要企业对风险进行有效而全面的评估，着重加强针对舞弊关键点的防范，防止重大甚至灾难性的风险发生。

实务点拨

审计侦查的策略方法与证据证明力研究

第 9 章　经济效益审计

学习目标

通过本章学习，明确经济效益审计的概念，了解经济效益审计的基本程序，正确把握经济效益审计评价指标体系，正确运用经济性、效率性、效果性评价方法。

9.1 ‖ 经济效益审计概念的界定

要想全面正确地理解经济效益审计的概念，首先应清楚经济效益的概念。经济效益是经济和效益的合成词。所谓经济，是指社会物质生产和再生产活动。所谓效益，是指效果和利益，或有益的效果、有用的结果。因此，经济效益就是指经济活动中有益的效果、有用的结果。经济效益是资金占用、成本支出与有用生产成果之间的比较。所谓经济效益好，就是资金占用少，成本支出少，有用成果多。提高经济效益有利于增强企业的市场竞争力，充分利用有限的资源创造更多的社会财富，满足人民日益增长的物质文化需要。所谓企业的经济效益，就是企业的生产总值同生产成本之间的比例关系。经济效益是衡量一切经济活动的最终的综合指标，任何社会的经济活动都离不开经济效益。

审计作为经济监督的一种工具，其最终的目的也是提高经济效益。随着科学技术突飞猛进的发展，经济全球化越来越明显，对于企业的管理要求也越来越高，要想在竞争激烈的市场上占得一席之地，就要注重健全自身的管理体制，加强企业内部控制制度，提高内部控制效率。而在很长的一段时间里，审计仅仅停留在单纯的财务审计上，即通过查错防弊来间接提高经济效益。新的市场环境迫使企业管理者要将企业审计工作的重心从传统查账转到健全和完善企业管理机制，提高企业经济效益的轨道上来，由此相继产生了各种以提高经济效益为目的的审计形式，如管理审计、业务经营审计、绩效审计、综合审计等，这些审计统称为经济效益审计。

经济效益审计是由被授权或被委托的审计人员，依据有关法规和标准，运用审计程序和方法对被审计单位（或项目）经济活动的经济性、效率性、效果性进行监督、评价，提出改进建议，简言之，是以提高经济效益为直接目标的一种独立性经济监督活动。

经济效益审计，是以审查评价实现经济效益的程度和途径为内容，以促进经济效益提高为目的所实施的审计，是政府审计的一种形式。经济效益审计的主要对象是生产经营活动和财政经济活动能取得的经济效果或效率，它通过对企业生产经营成果、基本建设效果和行政事业单位资金使用效果的审查，评价经济效益的高低、经营情况的好坏，并进一步发掘提高经济效益的潜力和途径。经济效益审计，不仅是国家审计的一项重要目标，而且是内部审计的主要目标和日常工作的内容。根据我国国情的需要实施经济效益审计，有利于促进国民经济各部门、各企事业单位以及各级政府机关和科研单位围绕提高经济效益和工作效益改进自己的工作，加强内部控制，实现最佳管理，有利于改善社会主义经济各方面的关系，维护正常的经济秩序，有利于提高财务审计的质量，巩固财经法纪审计的成果。

经济效益审计的产生和发展与内部审计的产生和发展密切相关，同时，政府审计范围的不断扩大，也推动了经济效益审计的发展速度。追溯经济效益审计定义的根源，20世纪60年代美国首先提出的经济性审计（Economy Audits）、效率性审计（Efficiency Audits）、效果性审计（Effect Audits），即"三 E"审计模式，是最早的经济效益审计概念。各国对经济效益审计的定义有所不同。英国国家审计署（NAO）对经济效益审计的英文表达是"Value for Money Audit"，是对一个组织经营活动的效率性、效果性和经济性所进行的一项独立的评价活动。美国审计总署（GAO）1994 年将经济效益审计定义为：关于政府组织、规划（Programs）和活动的"三 E"方面的审计，包括经济、效率和规划审计（Program Audit）。在这个定义中，规划审计被进一步描述为在效果方面是否达到了预期的目的，以及是否遵循了相关法规。德国将经济效益审计定义为"主要是指对行政运作（Administrative Operations）之经济（Economy）、效率（Efficiency）以及效益（Effectiveness）进行审计"。各国虽然对于经济效益审计的定义不尽相同，但对它的主要方面的理解却惊人的一致，这些定义几乎都是围绕着"三 E"展开的。经济性审计、效率性审计、效果性审计成为经济效益审计的核心内容。"三 E"审计后来又被拓展成"五 E"审计，即增加了环保性审计（Environment Audits）和公平性审计（Equity Audits）。环保性审计主要关注的是自然资源的有效利用和生态环境的维护，要求特定主体的行为活动必须以保护环境为前提；公平性审计主要强调特定主体对社会的贡献程度，包括所产生的利润分配和再分配的公平性以及对维护社会稳定、促进社会发展的影响程度。虽然从经济效益审计概念提出后，社会经济已经过半个多世纪的发展变迁，但经济性、效率性和效果性这"三 E"特性仍然是现代经济效益审计的核心内涵。因此，国外常常提到的"三 E"审计就是我国的经济效益审计。

经济性是指组织经营活动过程中获得一定数量和质量的产品和服务及其他成果时所耗费的资源最少。经济性主要关注的是资源投入和使用过程中成本节约的水平和程度及资源使用的合理性。经济性审计是指内部审计机构和人员对组织经营活动的经济性进行审查与评价的活动。其主要目的是通过审查与评价组织经营活动过程中资源的取得、使用及管理是否节约及合理，协助管理层改善管理，节约资源，增加组织价值。

效率性是指组织经营活动过程中投入资源与产出成果之间的对比关系。效率性审计是指内部审计机构和人员对组织经营活动的效率性进行审查与评价的活动。其主要目的是通过审查和评价组织经营活动的投入、产出关系，优化业务流程，提高经营活动效率。

效果性是指组织从事经营活动时实际取得成果与预期取得成果之间的对比关系。效果性主要关注的是既定目标的实现程度及经营活动产生的影响。效果性审计是指内部审计机构和人员对组织经营活动的效果性进行审查与评价的活动。其主要目的是通过审查与评价组织经营活动既定目标实现的程度，以协助组织管理层改善经营水平，提高经营活动的效果。

从表面上看，经济活动的经济性、效率性和效果性体现在业务活动的过程及结果上，但任何业务活动都离不开管理活动，都是管理部门及人员发挥其职能的过程。管理人员的素质决定了管理职能的发挥程度和管理水平、管理效率的高低，而管理水平和管理效率又直接影响着经济活动的经济性、效率性和效果性，因此对管理活动效益的审计已融于经济性、效率性和效果性之中。

经济效益审计是在财务审计的基础上，将审计范围扩展至企业的采购、生产、销售等方面及关键控制环节的审计，是现代审计的重要标志和组成部分。它在审计目的、内容、职能和方法等方面都突破了传统的财政、财务收支审计，经济效益审计"超越账本，深入业务"。审计对象是会计、统计、业务核算资料及多方面信息资料所反映的经济活动过程及结果，是企业的全部生产经营活动，而不只是账证、报表等会计资料及其所反映的财务、财政收支。

经济效益审计注重经营的效率和效果，致力于发现和揭示影响组织经济效益的问题，帮助组织寻找解决问题的途径和办法，提出管理和改进措施，促进被审计单位提高经济效益，而不仅限于审查财会资料是否真实正确以及财务收支是否合理合法。经济效益审计具有监督、评价和鉴证三种职能。其中，评价职能是经济效益审计的核心职能。通过对被审计单位经济效益的评价，评定其经营决策的科学性、经营活动的经济效益和管理活动的有效性，并提出评价意见，突破了财务审计以监督、鉴证等防护性职能为主的状况。此外，经济效益审计除运用财务审计方法外，还利用经济数学方法和现代管理方法，既进行事后审计，也进行事前审计。

由此可见，经济效益审计是财务审计的深入和发展。开展经济效益审计往往从财务审计入手，即从审查资金、成本、利润的情况入手，然后深入到全部经济活动和经营管理中去，具有审计对象的广泛性、审计内容的全面性、审计手段的多样性、审计建议的建设性等特点。

（1）审计对象的广泛性。经济效益审计的适用范围很广泛，只要是有经济活动发生的地方就有经济效益，因而就有经济效益审计的用武之地。经济效益审计的对象可以是一个企业、机关、事业单位或是其某个组成部门，也可以是一个行业或一个地区。经济效益审计既可以针对整个组织的经营活动，也可以针对特定项目、特定业务。

（2）审计内容的全面性。影响经济效益的因素不是单一的，它受到人、财、物、技术和管理多等方面因素的共同影响。经济效益审计要求运用系统论的观点来实施审计工作，具有全面性。但是，这并不意味着在进行经济效益审计时面面俱到，进行全面的详细审计，而是综合运用多学科知识，有所侧重地选择关键控制环节进行深入详细的审计，是有重点的审计。

（3）审计手段的多样性。鉴于经济效益审计对象的广泛性和审计内容的全面性，在进行经济效益审计时，仅仅采用传统的财政、财务收支审计方法是不够的，还要综合运用各种数学和统计方法、生产经营管理或行政管理方法、成本效益分析方法、项目评估方法、投入产出分析方法等，要注重调查、研讨、分析、咨询、听证、查阅文件、整理数据、研究案例、与被审计单位反复沟通等。

（4）审计建议的建设性。经济效益审计的目的在于对被审计单位的经营管理活动进行评估，并提出改进和完善的措施和办法。因此，经济效益审计在整个审计程序当中都始终围绕着一个主题，即向被审计单位提出改进管理工作的建议，以及提高经济效益的具体途径和方法。经济效益审计帮助企业挖掘其经济效益潜力，是一种对企业具有建设性的审计。

9.2　经济效益审计的程序与评价指标体系

在具体实施经济效益审计时，需要遵循一定的程序，灵活运用恰当的技术和方法，才可以使业务的实施顺利进行。实施经济效益审计的阶段包括准备阶段、实施阶段、报告阶段和后续阶段。

1）准备阶段

审计项目确定后，组织就要按照审计项目的具体要求，适当配备财会人员、经济管理人员和工程技术人员或有相应技术特长的审计人员，以便发现企业管理、工程技术等方面效益不高的原因，提出改进的对策和途径。在准备阶段，审计人员可以大量使用调查方法，采用抽样技术，选取调查样本，对其进行问卷调查、电话调查或者当面询问；到被审计单位及其上级主管部门和企业所在地的财政、税务、银行和市场监督管理部门等单位，对被审计单位的历史、现状、生产经营管理、人员素质和内部控制等情况进行摸底调查；同时，对相关行业的市场动态、各种可能影响企业经济效益发生变化的信息等，都要予以关注。

2）实施阶段

实施阶段包括以下三个方面的工作：

（1）运用访谈等审计方法详细调查了解，进行初步测试。在经济效益审计中，审计人员经常需要就企业的背景情况、生产经营的组织方式及现状、企业的生产工艺特点、管理制度和内部控制制度的设计及运行状况等当面向有关人员了解情况，获取某些特殊证据，因此，访谈就成为经济效益审计中常用的审计方法。这种方法可以帮助审计人员加强对所审事项的理解，搞清楚有关事项的来龙去脉。此外，审计人员还可以运用检查法、实验法、现场观察法等对被审计单位的管理、质量、劳动定额等制度的贯彻落实情况进行抽样测试。

（2）实施审计测试，收集审计证据，分析原因。首先，开展成本费用效益审计，促使企业减本增利。从成本费用的计划及开支范围的确定、控制措施的实施，到考核及评价的全过程，审查原材料、能源、劳动力的利用效益等，考核成本费用的节约额和降低率，促使企业不断降低成本，提高经济效益。其次，审查销售活动的效益性，促使企业增收增利。从销售计划的制订、销售的组织，到销售完成的全过程，审查是否达到现有条件下的收入最大化，销售费用是否节约，销售相关的内部控制制度是否健全有效等。再次，审查资金使用情况，促使企业合理运用资金。根据资金运动规律，从资金的筹集、分配、使用到收回的全过程，审查资金的占用情况、周转情况以及获利情况，提出合理筹措和分配资金的建议，提高资金使用效益。最后，审查企业投资情况，促使企业降投入增产出。对固定资产投资要从立项、设计、施工到竣工决算进行全过程监督，审查项目的可行性研究报告、施工计划、进度、工程质量及工程费用的发生情况。竣工投产后，对工程效益和投产后的使用效益进行全面分析评价。

（3）酝酿审计意见，编制审计工作底稿。在审计证据基本收集齐全，对被审计单位的经济效益现状和提高效益的潜力基本了解后，审计人员应讨论、酝酿审计意见，哪些方面应当肯定，哪些地方可以挖潜，并初步提出相应的改进措施。在实施阶段还要认真撰写审计日记，编写审计工作底稿，详细记录审计人员实施审计的具体过程、采取的步骤和方法，它不仅是撰写审计报告的基础，也是后续审计的重要参考资料，还可以用来评价审计人员的工作质量。

3）报告阶段

报告阶段是对实施阶段的总结，通常应包含以下环节：归纳问题、综合分析、讨论审计评价、起草审计报告、征求单位意见、审定报告、做出结论、立卷归档。审计人员应核实在实施阶段中发现的问题，整理审计工作底稿，鉴定和补充必要的审计证据，评估被审计单位的经济效益，提出进一步改善经营管理和提高经济效益的建议，起草审计报告，讨论审计报告，正式发送审计报告。

值得关注的是，企业经济效益审计报告不同于财务审计报告，不是为了证实财务状况的真实性，而是为了揭示被审计单位经济效益的高低及其原因，并做出评价，提出建议或措施。在多数情况下，由于被审计业务的专业性强，往往不能提出直接证据来论证审计报告的结论，因此为了使审计报告具有充分的说服力，需要广泛地运用间接证据和推理证据，这都需要在审计报告中加以详细说明。审计报告一般应具备背景资料、审计结论、论证结论的证据、改进的建议或措施等内容。

4）后续阶段

后续阶段是指审计项目完成，经过一段时间后，对审计建议和改进措施的执行情况进行回访性审计的过程。企业经济效益审计的目的决定了开展经济效益审计不仅着眼于对被审计单位或审计项目现时的经济效益进行评价，更注重未来经济效益的提高。因此，在审计项目完成后，审计人员需对审计报告中提出的审计建议和改进措施的执行情况进行回访性审计，促使被审计单位更好地执行审计建议和改进措施。审计人员到达现场后，可以通过座谈、查阅有关资料、现场观察等方法，检查审计报告提出的建议和措施是否得以执行，效果如何。对执行过程中存在的问题，应查明原因，根据被单位执行力度或审计建议是否切合实际等情况，督促被审计单位严格执行或者提出更加切实可行的改进措施。

在经济效益审计实施过程中，必须要有一个指导审计活动、衡量被审计事实、鉴定经济效益质量的标准，这就是经济效益审计的评价标准。但是，目前的经济效益审计评价标准尚未形成一种规范，仅散见于各种相关的资料当中，具有不确定性。对企业经济效益进行审计必须要有确定的评价标准，作为衡量被审计单位经济效益高低的准绳。评价标准还是审计人员提出审计意见、得出审计结论的依据。因此，审计人员选择恰当的评价标准尤为重要。

按范围层次划分，经济效益审计评价标准分为总体评价标准和具体评价标准。经济效益审计总体评价标准是带有根本性和指导性的原则标准，是对被审计单位经济行为效益性的基本制约，也是对被审计单位处理有关经济效益方面面关系的原则标准和一般要求。经济效益审计总体评价标准，重点衡量被审计单位经济效益的质的方面，审查其经营思想、服务质量、职工培训、环境保护等。经济效益审计具体评价标准（技术经济指标）是全面、具体、详尽的执行标准，是从不同层次、不同角度、不同方面衡量被审计单位经济活动的效益高低的尺度，由以财务指标和技术经济指标为主体的指标体系构成。经济效益审计的具体评价标准是对被审计单位经济效益的量的方面的要求和限定，是被审计单位在正常情形下必须达到的效益水平。

按内容性质划分，经济效益审计评价标准主要有以下几个方面：

一是国家政策、法律法规及相关规定。这类标准具有强制性，是目前最有效、最具说服力的评价依据，被审计单位和审计人员也较易接受，不仅可以直接用来衡量被审计单位对其遵守情况，而且可以用来评价被审计单位经济效益的优劣。

二是企业方针、政策、制度。它们是经济效益审计的首要标准，以此来衡量被审计单位的经济效益是否符合企业宏观要求，是否有利于企业的持续稳定发展，是否保证了企业的长远利益，是否具有经济效益。

三是各种计划、预算。它们不是指令性和强制性的，而是企业努力的目标。在开展经济效益审计时，将被审计单位的各种实际数与计划数相比较，以此来寻找提高经济效益的途径。计划、预算是经济效益审计中采用最多的一类评价标准，是针对被审计单位的实际情况制定的，具有较强的可比性，也较能反映企业的实际水平。

四是历史水平、行业水平、国际水平。这类标准是用来评价被审计单位经济效益高低的标准之一，它们是对计划、预算等标准的补充，使经济效益审计的标准体系更加完整、全面。由于这类标准的时间跨度较大，运用时应考虑各种客观因素的变化，以判断是否存在可比性。

五是科学测定的经济技术资料。这类标准主要用于评价新产品及新工艺的经济效益。由于新产品、新工艺的经济效益没有相应的历史数据可以比较，同行业又无同类的指标可以参考，要评审它们的经济效益，就得借助于科学技术来测定，因此，它是经济效益审计中采用的一种特殊标准。

要使企业经济效益审计工作有章可循，审计结果较为客观、全面和准确，在确定经济效益审计评价标准时应当遵循以下原则：

第一，全面性原则。要客观而全面地评价被审计单位的经济效益状况，必须确定其具有综合的衡量指标和评价标准，即指标的设计既能反映企业财务成果和经营状况，又能反映企业管理水平和经营能力；既反映当期微观经济效益，又考虑评价长期宏观经济效益的需要，并且尽可能满足各部门、多方位、各阶段的需要。因此，审计评价既要有财务指标，又要有非财务指标；既要有静态指标，又要有动态指标。这样才可避免审计评价工作出现遗漏，才能从不同角度对企业进行全面、综合的考核和评价。

第二，先进合理性原则。评价经济效益的审计标准应在技术上先进，在经济上合理。技术指标要先进但不应高不可攀，要通过努力可以达到；经济指标要合理，但这种合理并不排斥先进性，关键是要切合实际，这样才可起到动员群众、激励积极性、挖掘潜力的作用。

第三，促进性原则。评价经济效益的审计标准应当对被审计单位具有促进作用，即选用比被审计单位已经达到的水平更高的指标。

第四，可比性原则。在确定经济效益审计评价指标时，要考虑一定范围内的统一。有的还应在全国范围内统一，尤其是同类企业之间可比，起到相互促进的作用，促使其共同提高，这样有利于横向比较；同时，要便于本单位的有关标准在不同时期互相比较，这样有利于纵向比较。

第五，可操作性原则。评价指标的设置应该简略、清晰，便于操作和考核。无论是指标所包含的内容，还是指标的计算，均应力求简单，易于使用。

经济效益审计评价指标是经济效益审计评价标准的具体形式，运用评价指标可对被审计单位某一方面的效益水平进行分析评价。内部审计师通过对指标的正确选用和分析对比，找出事物的规律性和内在联系，从而揭示被审计单位经济活动的本质，客观公正地评价被审计单位经济效益情况。需要指出的是，根据一个指标是很难对被审计单位的经济效益做出全面评价的，而必须依据经济效益审计评价指标体系。经济效益审计评价指标体系是由相互联系、相互制约的若干个衡量被审计单位经济效益的指标构成的有机整体。

市场经济条件下，两权分离和产权多元化使得企业的筹资、投资渠道多元化。因此，企业的所有者要求对产权进行监督，而企业投资者要求知道企业真实的效益状况。在这种情况下，经济效益审计既要对企业内部提出建议，帮助改善经营状况，提高经济效益，又要满足企业外部各利益相关方对企业经济效益的关注。因此，经济效益审计的任务尤其重大。

为了能够综合、全面地评价和反映企业经济效益的状况，财政部于1995年发布了一套企业经济效益指标评价体系。这些指标主要是从企业投资者、债权人以及企业对社会的贡献三个方面来设计的。虽然这套指标评价体系在一定程度上解决了长期以来企业经济效益评价不能恰当进行定量描述的问题，但是在实际的运作过程中，有些指标的评价方法及其运用还需要加以改进和完善。1999 年，财政部等四部委联合制定了《国有资本金效绩评价规则》，提出了绩效评价指标体系。该指标体系以资本运营效益为核心，采用多层次指标体系和多因素逐项修正的方法，实行定量分析与定性分析相结合。该指标体系从企业的财务效益状况、资产营运状况、偿债能力状况、发展能力状况四个方面综合地反映了企业的经济效益。2002 年，财政部等五部委发布《企业效绩评价操作细则（修订）》（财统〔2002〕5 号），再次对评价指标体系进行修订和改善，规定企业效绩评价指标由基本指标、修正指标和评议指标三个层次共 28 项指标构成。审计人员在进行经济效益审计评价时，可以参考该指标体系（见表 9-1）。

表9-1　　　　　　　　　　经济效益评价的指标体系

序号	项目	基本指标	修正指标	评议指标
1	财务效益状况指标	净资产收益率 总资产报酬率	资本保值增值率 主营业务利润率 盈余现金保障倍数 成本费用利润率	经营者基本素质 产品市场占有能力 （服务满意度） 基础管理水平 发展创新能力 经营发展战略 在岗员工素质 技术装备更新水平 （服务硬环境） 综合社会贡献
2	资产营运状况指标	总资产周转率 流动资产周转率	存货周转率 应收账款周转率 不良资产比率	
3	偿债能力状况指标	资产负债率 已获利息倍数	速动比率 现金流动负债比率	
4	发展能力状况指标	销售（营业）增长率 资本积累率	三年资本平均增长率 三年销售平均增长率 技术投入比率	

9.2.1　基本指标

基本指标是评价企业效绩的核心指标，由 8 项计量指标构成，用以形成企业效绩评价的初步结论。

1）财务效益状况指标

（1）净资产收益率

$$净资产收益率 = \frac{净利润}{平均净资产} \times 100\%$$

$$平均净资产 = \frac{年初所有者权益合计 + 年末所有者权益合计}{2}$$

净资产利润率反映所有者投资的获利能力，该比率越高，说明所有者投资带来的收益越高。

（2）总资产报酬率

$$总资产报酬率=\frac{利润总额 + 利息支出}{平均资产总额}×100\%$$

$$平均资产总额=\frac{年初资产总额 + 年末资产总额}{2}$$

总资产报酬率是指企业一定时期内获得的报酬总额与平均资产总额的比率。它表示企业包括净资产和负债在内的全部资产的总体获利能力，用以评价企业运用全部资产的总体获利能力，是评价企业资产运营效益的重要指标。

2）资产营运状况指标

（1）总资产周转率（次）

$$总资产周转率（次）=\frac{主营业务收入净额}{平均资产总额}$$

总资产周转率（次）体现了企业经营期间全部资产从投入到产出的流转速度，反映了企业全部资产的管理质量和利用效率。通过该指标的对比分析，可以反映企业本年度以及以前年度总资产的运营效率和变化，发现本企业与同类企业在资产利用上的差距，一般情况下，该数值越高，表明企业总资产周转速度越快，销售能力越强，资产利用效率越高。

（2）流动资产周转率（次）

$$流动资产周转率（次）=\frac{主营业务收入净额}{平均流动资产总额}$$

一般情况下，该指标越高，表明企业流动资产周转速度越快，利用越好。在较快的周转速度下，流动资产会相对节约，相当于流动资产投入的增加，在一定程度上增强了企业的盈利能力；而周转速度慢，则需要补充流动资金参加周转，会形成资金浪费，降低企业盈利能力。

3）偿债能力状况指标

（1）资产负债率

$$资产负债率=\frac{负债总额}{资产总额}×100\%$$

（2）已获利息倍数

$$已获利息倍数=\frac{息税前利润总额}{利息支出}$$

已获利息倍数用来分析公司在一定盈利水平下支付债务利息的能力。一般情况下，已获利息倍数越高，企业长期偿债能力越强。国际上通常认为，该指标为3时较为适当，从长期来看至少应大于1。

4）发展能力状况指标

（1）销售（营业）增长率

$$销售（营业）增长率=\frac{本年主营业务收入 - 上年主营业务收入}{上年主营业务收入总额}×100\%$$

销售增长率是衡量企业经营状况和市场占有能力、预测企业经营业务拓展趋势的重要指标，也是企业扩张增量资本和存量资本的重要前提。该指标越大，表明其增长速度越快，企业市场前景越好。

（2）资本积累率

$$资本积累率 = \frac{本年所有者权益增长额}{年初所有者权益} \times 100\%$$

资本积累率即股东权益增长率，是指企业本年所有者权益增长额同年初所有者权益的比率。资本积累率表示企业当年资本的积累能力，是评价企业发展潜力的重要指标。

9.2.2 修正指标

修正指标用以对基本指标形成的财务效益状况、资产营运状况、偿债能力状况和发展能力状况的初步评价结果进行修正，以产生较为全面、准确的企业效绩基本评价结果，具体由 12 项计量指标构成。

9.2.2.1 财务效益状况指标

（1）资本保值增值率

$$资本保值增值率 = \frac{扣除客观因素后的年末所有者权益}{年初所有者权益} \times 100\%$$

资本保值增值率反映了企业资本的运营效益与安全状况，所有者权益由实收资本、资本公积、盈余公积和未分配利润构成，四个项目中任何一个变动都将引起所有者权益总额的变动。至少有两种情形并不反映真正意义的资本保值增值：

① 本期投资者追加投资，使企业的实收资本增加，还可能产生资本溢价、资本折算差额，从而引起资本公积变动。

② 本期接受外来捐赠、资产评估增值导致资本公积增加。在本期既无投资者追加投入又无接受捐赠和资产评估事项的情形下，上述公式仍然需要推敲。因为本期资本的增值不仅表现为期末账面结存的盈余公积和未分配利润的增加，还应包括本期企业向投资者分配的利润，而分配了的利润不再包括在期末所有者权益中，所以不能简单地将期末所有者权益的增长理解为资本增值，也不能简单地将期末所有者权益未减少理解为资本保值。

资本保值增值率是指企业本年末所有者权益扣除客观增减因素后同年初所有者权益的比率。该指标表示企业当年资本在企业自身努力下的实际增减变动情况，是评价企业财务效益状况的辅助指标，反映了投资者投入企业资本的保全性和增长性。该指标越高，表明企业的资本保全状况越好，所有者权益增长越快，债权人的债务越有保障，企业发展后劲越强。

（2）主营业务利润率

$$主营业务利润率 = \frac{主营业务利润}{主营业务收入净额} \times 100\%$$

主营业务利润率是从企业主营业务的盈利能力和获利水平方面对资本金收益率指标的进一步补充，体现了企业主营业务利润对利润总额的贡献，以及对企业全部收益的影响程度。

该指标体现了企业经营活动最基本的获利能力，没有足够多的主营业务利润率，就无法形成企业的最终利润，为此，结合企业的主营业务收入和主营业务成本分析，能够充分反映出企业成本控制、费用管理、产品营销、经营策略等方面的不足与成绩。

该指标高，说明企业产品定价科学，产品附加值高，营销策略得当，主营业务市场竞争力强，发展潜力大，获利水平高。

（3）盈余现金保障倍数

$$盈余现金保障倍数 = \frac{经营现金净流量}{净利润}$$

盈余现金保障倍数在收付实现制基础上，充分反映出企业当期净收益中有多少是有现金保障的，挤掉了收益中的水分，体现出企业当期收益的质量状况，同时，减少了权责发生制会计对收益的操纵，对企业的实际收益能力进行再次修正。当企业当期净利润大于 0 时，该指标应当大于 1。该指标越大，表明企业经营活动产生的净利润对现金的贡献越大。

（4）成本费用利润率

$$成本费用利润率 = \frac{利润总额}{成本费用总额} \times 100\%$$

成本费用总额 = 主营业务成本 + 税金及附加 + 销售费用 + 管理费用 + 研发费用 + 财务费用

成本费用利润率是企业一定期间的利润总额与成本费用总额的比率。成本费用利润率指标表明每付出 1 元成本费用可获得多少利润，体现了经营耗费所带来的经营成果。该项指标越高，反映企业的经济效益越好。

9.2.2.2　资产营运状况指标

（1）存货周转率（次）

$$存货周转率（次）= \frac{主营业务成本}{存货平均余额}$$

$$存货平均余额 = \frac{期初存货 + 期末存货}{2}$$

存货周转率用于反映存货的周转速度，即存货的流动性及存货资金占用量是否合理，促使企业在保证生产经营连续性的同时，提高资金的使用效率，增强企业的短期偿债能力。

存货周转率是对流动资产周转率的补充说明，通过存货周转率的计算与分析，可以测定企业一定时期内存货资产的周转速度，是反映企业供、产、销平衡效率的一种尺度。存货周转率越高，表明企业存货资产变现能力越强，存货及占用在存货上的资金周转速度越快。

（2）应收账款周转率（次）

$$应收账款周转率（次）= \frac{主营业务收入净额}{应收账款平均余额}$$

$$应收账款平均余额=\frac{\left(\begin{array}{c}年初应收\\账款净额\end{array}+\begin{array}{c}年初应收\\账款坏账准备\end{array}\right)+\left(\begin{array}{c}年末应收\\账款净额\end{array}+\begin{array}{c}年末应收\\账款坏账准备\end{array}\right)}{2}$$

应收账款周转率说明一定期间内应收账款转为现金的平均次数。一般情况下，应收账款周转率越高越好，周转率高，表明收账迅速，账龄较短，资产流动性强，短期偿债能力强，可以减少坏账损失等。

（3）不良资产比率

$$不良资产比率=\frac{年末不良资产总额}{年末资产总额}\times100\%$$

9.2.2.3 偿债能力状况指标

（1）速动比率

$$速动比率=\frac{速动资产}{流动负债}$$

速动资产=流动资产-存货 - 预付账款

速动比率用以衡量企业偿还流动负债的能力，速动资产包括货币资金、短期投资、应收票据、应收账款、其他应收款等，可以在较短时间内变现，而流动资产中存货、一年内到期的非流动资产及其他流动资产等则不应计入。速动比率非常苛刻地反映了一个单位能够立即还债的能力和水平。

（2）现金流动负债比率

$$现金流动负债比率=\frac{经营现金净流量}{流动负债}\times100\%$$

现金流动负债比率是企业一定时期的经营现金净流量同流动负债的比率，它可以从现金流量角度来反映企业当期偿付短期负债的能力。

现金流动负债比率越大，表明企业经营活动产生的现金净流量越多，越能保障企业按期偿还到期债务。但是，该指标也不是越大越好，指标过大表明企业流动资金利用不充分，获利能力不强。

该指标从现金流入和流出的动态角度对企业的实际偿债能力进行考察，反映本期经营活动所产生的现金净流量足以抵付流动负债的倍数。

由于净利润与经营活动产生的现金净流量有可能背离，有利润的年份不一定有足够的现金（含现金等价物）来偿还债务，所以利用以收付实现制为基础计量的现金流动负债比率指标，能充分体现企业经营活动所产生的现金净流量可以在多大程度上保证当期流动负债的偿还，直观地反映出企业偿还流动负债的实际能力。

9.2.2.4 发展能力状况指标

（1）三年资本平均增长率

$$三年资本平均增长率=\left[\left(\frac{年末所有者权益总额}{三年前年末所有者权益总额}\right)^{1/3}-1\right]\times100\%$$

三年资本平均增长率表示企业资本连续三年的积累情况，在一定程度上反映了企业的持续发展水平和发展趋势。

（2）三年销售平均增长率

$$三年销售平均增长率=\left[\left(\frac{当年主营业务收入总额}{三年前主营业务收入总额}\right)^{1/3}\right]-1\times100\%$$

三年销售平均增长率表明企业主营业务连续三年的增长情况，体现企业的持续发展态势和市场扩张能力，尤其能够衡量上市公司持续盈利能力。

（3）技术投入比率

$$技术投入比率=\frac{当年技术转让费支出与研发投入}{主营业务收入净额}\times100\%$$

技术投入比率是企业本年科技支出（包括用于研究开发、技术改造、科技创新等方面的支出）与本年营业收入的比率，反映企业在科技进步方面的投入，在一定程度上可以体现企业的发展潜力。

9.2.3 评议指标

评议指标是用于对基本指标和修正指标评价形成的评价结果进行定性分析验证，以进一步修正定量评价结果，使企业效绩评价结论更加全面、准确。评议指标主要由8项非计量指标构成。

（1）经营者基本素质；

（2）产品市场占有能力（服务满意度）；

（3）基础管理水平；

（4）发展创新能力；

（5）经营发展战略；

（6）在岗员工素质；

（7）技术装备更新水平（服务硬环境）；

（8）综合社会贡献。

商品流通企业和服务业企业因经营性质不同，在运用评议指标时，可以用括弧内的指标替代。

9.3 ‖ 经济性审计目标、内容与方法

9.3.1 经济性审计目标

经济性审计目标是通过审查与评价组织经营活动中资源的取得、使用及管理是否节约及合理，协助管理层改善管理，节约资源，增加组织价值，检查被审计单位是否有效地管理和利用了现有资源。

9.3.2 经济性审计内容

经济性审计审查评价的主要内容包括：

（1）资金的取得和使用是否节约；

（2）人力资源的取得及配置是否恰当；

（3）物资财产的取得及消耗是否节约；

（4）资源取得和配置在时间消耗上是否适当；

（5）资源取得的机会成本是否过高；

（6）资源的取得、使用和管理是否合理，是否遵循有关法律、法规；

（7）组织是否建立健全管理控制系统，以评价、报告和监督特定业务或项目的经济性；

（8）管理层提供的有关经济性方面的信息是否真实、可靠；

（9）其他有关事项。

9.3.3　经济性审计方法

内部审计机构和人员在选择经济性审计方法时应当与审计对象、审计目标及经济性审计评价标准相适应。除了运用常规的审计方法以外，还可以运用数量分析法、比较分析法、标杆法等。

（1）数量分析法。数量分析法是对经营活动相关数据进行计算分析，并运用抽样技术，对抽样结果进行评价以获得充分、相关、可靠的审计证据的方法。数量分析法包括线性规划法、网络分析法、回归分析法、经济批量分析法。

（2）比较分析法。比较分析法是通过分析、比较数据间的关系、趋势或比率来取得审计证据、完成审计目标的方法。

（3）标杆法。标杆法是内部审计人员对经营活动状况进行实际观察和检查，通过与组织内外相同或相似经营活动的最佳实务进行比较而取得审计证据的方法。标杆法的核心是确定最佳实务标准，进而用于确定评价标准，用于制定改善经营管理和提高效益的目标，用于查找有问题的方面或领域，从而更加有针对性地提出审计意见和建议。

内部审计机构和人员应当关注资源投入和使用过程，进行事前、事中和事后审计，及时将组织经营活动过程中资源的损失、浪费等情况报告适当管理层，以便其采取纠正措施。

9.4 ‖ 效率性审计目标、内容与方法

9.4.1　效率性审计目标

效率性审计目标是通过审查和评价组织经营活动的投入、产出关系，优化业务流程，提高经营活动效率。

9.4.2　效率性审计内容

效率性审计审查评价的主要内容包括：

（1）组织采购、销售等商业活动的效率；

（2）组织研发、生产等技术活动的效率；

（3）组织筹资、投资等财务活动的效率；

（4）组织为确保财产、信息及人员的安全以及对风险的管理所采取措施的效率；

（5）组织计划、控制等管理活动的效率；

（6）为提高上述经营活动效率所采取的措施是否遵循有关法律、法规；

（7）管理层提供的有关效率性方面的信息是否真实、可靠；

（8）其他有关事项。

内部审计机构和人员在进行效率性审计时，可以从确认与评价经营活动的投入、产出及综合评价投入产出的效率这三个方面来考虑。效率性审计要考虑经营活动中资源投入与成果产出之比。投入主要包括人力、财力、物力、信息、技术、时间等方面的资源；产出则是投入资源后取得的实际效果。

9.4.3 效率性审计方法

效率性审计的基本方法是在计算经营活动效率的基础上，与先进的、可比的效率评价标准进行对比，分析影响组织经营活动效率的主要因素，提出有针对性的、切实可行的改进建议。内部审计机构和人员在进行效率性审计时，除了运用常规的审计方法外，还可以运用比较分析法、因素分析法、量本利分析法等，在对影响组织经营效率的各种因素进行综合分析后，提出进一步提高经营活动效率的建议。

（1）比较分析法。比较分析法可以用于获取有关信息和数据，可以用于对数据资料进行加工和整理，也可以用于与有关指标和标准对比来进行分析和判断，发现问题和评价审计结果。

（2）因素分析法。因素分析法是查找产生影响的因素，并分析各个因素的影响方向和影响程度的方法。运用因素分析法可以确定效益不佳的原因，分析提高效益的潜力及改进建议的可行性。

（3）量本利分析法。量本利分析法是分析一定期间内的业务量、成本和利润三者之间变量关系的方法。这是企业管理中普遍采用的方法，建立在成本性态分析研究的基础之上，分析处于盈亏平衡点时的业务量水平，进而对项目的投入进行评价。

效率性审计应当将事中审计和事后审计适当结合。内部审计机构和人员可以在经营活动进行过程中对业务流程的效率进行评价，及时将组织经营活动过程中无效率或低效率的情况报告给组织适当管理层，以便采取纠正措施，提高效率。

9.5 效果性审计目标、内容与方法

9.5.1 效果性审计目标

效果性审计目标是通过审查与评价组织经营活动既定目标实现的程度，协助组织管理层改善经营水平，提高经营活动的效果。

9.5.2 效果性审计内容

效果性审计审查评价的主要内容包括：

（1）组织经营活动的目标是否适当、相关及可行；

（2）组织经营活动达到既定目标或实现预期经济和社会效果等情况；

（3）组织为实现既定目标所采取的程序和方法的合法、合理性，以及对有关政策、计划、预算、程序、合同等的遵循情况；

（4）分析组织经营活动未能及时达到既定目标的原因；

（5）分析组织无法按原定计划开展相应项目、业务或者中途停止项目、业务的原因；

（6）组织是否建立了健全的管理控制系统，以评价、报告和监督特定项目或业务的效果性；

（7）管理层提供的有关效果性方面的信息是否真实、可靠；

（8）其他有关事项。

9.5.3　效果性审计方法

内部审计机构及人员在选择效果性审计方法时应当与审计对象、审计目标及效果性审计评价标准相适应。除了运用常规的审计方法外，还可以运用调查法、问题解析法、专题讨论会等。

（1）调查法。调查法是凭借一定的手段和方式（通常是对总体中的抽样样本进行访谈或发放调查问卷），对某种或某几种现象或事实进行考察，通过对搜集到的各种事实资料的分析处理得出结论的一种研究方法。这种方法是为了从比较分散的群体中获取对某一事项的评价意见和信息。

（2）问题解析法。问题解析法是通过确定总括性问题、相关子问题以及用来解答这些问题的具体步骤来开展效果性审计的方法。

（3）专题讨论会。专题讨论会是指通过召集组织相关管理人员就经营活动特定项目或业务的具体问题进行讨论及评估的方法。在经济效益审计的各个阶段，审计人员都会组织研讨会，目的是讨论问题、观察到的现象、可能应用的衡量方法，获取专业领域的知识，以及统一立场和观点。

内部审计机构和人员应当采取以结果为导向的审计方式，关注经营活动特定项目及业务的结果，确认项目或业务目标的实现程度及产生的影响。

关键概念

经济效益审计　评价指标体系　经济性　效率性　效果性

本章小结

经济效益审计是由被授权或被委托的审计人员，依据有关法规和标准，运用审计程序和方法对被审计单位（或项目）经济活动的经济性、效率性、效果性进行监督、评价、提出改进建议。经济效益审计总体评价标准，重点衡量被审计单位经济效益的质的方面，审查其经营思想、服务质量、职工培训、环境保护等。经济效益审计具体评价标准是全面、具体、详尽的执行标准，是从不同层次、不同角度、不同方面衡量被审计单位经济活动的效益高低的尺度，由以财务指标和技术经济指标为主体的指标体系构成。

阅读案例

仓库管理审计浅析[①]

浙江长海包装集团是浙江包装龙头企业，连续多年荣获浙江省行业最大企业、最佳经济效益工业企业、十佳经济效益企业等荣誉称号。2010年，公司实现销售收入15.6亿元，实现利税5 800万元。

随着集团的发展壮大，存货资金占流动资金比重不断提升，仓库管理状况受到高管层越来越多的关注，为此，集团审计部积极参与仓库的管理审计，为科学管理仓库提供合理建议。

1) 中小企业仓库管理现状

目前，我国一般中小企业仓库管理现状是仓库管理无法满足企业发展要求的矛盾越来越突出。随着企业的发展壮大，仓库管理工作已不仅仅是简单的货物收发、存放，而是涉及更深层次的管理。仓库管理要利用科学的管理体系，使物流更通畅，提高仓库的利用效率和存货的安全性。同时，仓库管理也要跟上企业发展的步伐，满足企业发展的需要。

这就要求内部审计机构积极探索，为仓库管理提供合理化建议，促使企业仓库管理更好地服务于企业。

2) 仓库管理审计程序的执行

为了能够全面地了解仓库管理各方面的情况以及发现当中存在的问题，审计部门对存货管理、存货账龄、周转率、仓库管理流程等进行了审计，并对仓库管理人员进行了认真的走访和调查。

(1) 存货盘点。有效利用仓库管理中现有的先进管理系统——仓库管理条码系统——对仓库存货进行现场盘点。利用条码系统中的盘库功能，定点定库，通过库位选取、扫描库位和存货磅码单来识别、盘点存货，并对码单信息与实物数量的一致性进行确认，最终通过在电脑条码仓库管理系统中查看实际盘点数、盘盈数、盘亏数，达到对存货数量的统计、对存货存放位置的确认。

(2) 存货账龄、周转率的检查分析。通过条码仓库管理系统，对存货入库时间进行查看，并按产品类别对存货账龄进行分类别统计，从而对存货账龄过大、周转率偏低的产品进行列示，以告知仓库管理人员该存货的风险性。存货越多，账龄越大，风险警示性越高。

(3) 仓库管理流程的检查。通过前期穿行测试的摸底准备，找到重要的内部控制节点，将其作为监控点，重点查看不相容岗位相关管理操作的合规性；以流程管理中权限的审核批准为线，检查审批过程的完整性、合规性。点线结合，贯穿整个仓库管理的始终。

(4) 仓库管理人员配置情况的调查。通过观察仓库管理人员流动情况、工作态度、工作习惯、对工作的认识情况来了解仓库管理情况，听取来自基层的声音。同时，在集团人力资源部的协助和配合下，对仓库的岗位设置、人员编制、技能要求、职责划分做比较系统的测评。

3）提出合理化的改进意见

（1）从存货盘点来看，条码仓库管理系统作为先进的现代仓库管理系统也出现了"水土不服"的症状。作为一个电脑机械系统，它无法识别设定程序之外的操作。当存货未能按实际库位存放时，该存货即便在对的仓库，但因库位不对也会导致盘亏现象的出现，对于盘亏的存货又无实际确切的位置，导致盘亏存货难以定位查找，这也是利用条码系统的一个很大的不足。定点定库无法实现，存货数量和位置就无法确切地掌握，这样会导致物流发货等各方面的延误。

对于存货盘点过程中反映出来的存货盘亏的原因进行分析后，审计人员提出了定点定库新方式的建议，重点控制源头，对于生产出来的待入库产品按客户或规格进行分类，设立待入库区，再根据待入库区内的存货存放空间来选择合适的库位入库，以解决存货盘亏等现象的根本原因。同时，审计人员对仓库卫生问题提出了建议，要求仓库管理人员要保持仓库的安全、卫生、整洁，每天在上班前和下班后进行整理和检查。

（2）通过对存货估值与公司总的流动资产的比值来检查存货占公司流动资金的比例。审计发现存货占流动资产比例偏高，从检查来看，存货比例偏高的原因是没有客户的库存累积。需要销售和仓库沟通协调，努力降低无客户的库存。

从存货账龄、周转率的检查来看，发现周转率偏低的存货，账龄往往是偏大的，这就占用了大量的库存闲置资金，闲置资金越多，企业的流动性就越差，从而给企业经营带来了潜在的风险。

通过账龄和周转率的分析对超期存货提出了处理意见：超期存货需要及早处理，节省仓库空间，处理方式按原来惯用方式作为废料处理或作为造粒的原料。同时，对存货账龄提出了要求：要求定期清查存货账龄，对账龄较长的存货及时处理，避免损失，努力降低存货账龄，提高存货周转率。

（3）通过仓库管理流程中关键节点的检查，发现了领料员未经仓库管理人员批准，擅自领用的现象。该现象有违仓库管理基本操作程序，同时给仓库管理带来了困难：一是无法实现账实相符，使仓库账面数和实际数不符；二是使仓库管理处于失控状态，存在冒领、偷盗等可能，原材料、存货的安全无法得到保障。

针对仓库管理中内部控制制度的缺陷，审计部门提出了两点建议：一是在仓库管理岗位职责中明确每个人的责任；二是仓库管理审批流程要完整，确保流程的可执行性和可控性。领用物料要严格按照规定程序，切记不可贪图方便省略相关重要环节，领用必须凭领料单，并经过仓库管理员的核对、批准，确保存货的安全完整。

（4）通过对仓库管理人员的了解，提出要加强对仓库管理人员的培训管理，建议集团人力资源部关注该子公司仓库管理人事工作，建立健全留人机制；建议该子公司通过绩效考核来辅助岗位职责和管理流程的实施，激励仓库管理人员，努力培养仓库管理人员积极认真负责的工作态度、良好的工作习惯，并适时听取仓库管理人员的意见，鼓励大家将工作中遇到的问题分享出来，作为今后工作的参考。

以上诸项仓库日常管理中存在的纰漏，经常会在仓库部门晨会、生产部门例会上进行讨论，但从未经过系统全面的分析，更未以文字报告形式呈现。这次审计部以"取证单""访谈录"等形式与仓库管理部门沟通改进意见并记录过程，对于问题的解决将起到指导性的作用。

4）审计后续跟踪监测

在提出合理化的改进意见后，审计部侧重被审计单位对合理化意见的采纳情况和具体的实施改善情况的跟踪监测。

从实施情况来看，被审计单位基本上采纳了审计部的审计意见：

（1）就存货盘点中出现的盘盈盘亏情况积极联系财务和销售部门，进行了相应处理，并对仓库卫生管理等做出了岗位职责的安排，指定相关人员定期定点打扫卫生，保持仓库的清洁、卫生。

（2）对账龄超期的存货进行了及时的处理，节省了存货资金和仓库空间，并制订出计划，定期与相关部门沟通处理存货账龄问题，确保日后工作的责任落实和工作保障。

（3）对于岗位职责中内控节点的控制，有效做到了不相容岗位相分离的原则，岗位管理职责明确落实到位。

（4）管理流程中存在的授权审批不完善、存货风险较大的问题，也得到了妥善处理，已将审批流程贯穿整个管理流程，同时通过不间断的实践进行改善，确保了存货安全。

（5）将绩效考核作为激励的手段，确保岗位职责和管理流程的落实。通过同岗不同薪、检查有奖有罚的措施，大大提高了仓库管理人员工作的积极性和主动性。

从审计初衷来看，审计目标初步达到，提高了仓库管理人员工作的积极性，保持了仓库的整洁、安全，货物的有效收发、存放得到保证，一定程度上提高了仓库空间的有效利用。而且，此次审计也为管理审计课题提供了很多实践题材，并为以后仓库管理指明了方向。

5）现代仓库管理对内部审计的要求

现代仓库管理对内部审计提出了更高的要求，主要有以下几点：

（1）把握存货作为流动资产的可变现能力的风险。提高风险控制防范能力，可以降低企业经营风险，努力为企业在快速发展的道路上排除前方可预知的障碍。

（2）把握仓库管理内部控制环节，确保存货安全。做好内部控制，防范内部风险，确保仓库管理规范、科学、合理，这是现代仓库管理的基本要求，作为内部控制来说也是必不可少的环节。只有制定并实施有序规范的制度，才能从根本上保障企业利益的最大化。

（3）为仓库管理人员提高工作水平、养成良好的工作习惯提供帮助。科学的管理方法、先进的管理系统，以及可靠的管理经验都是仓库管理人员通过学习、实践获得的，这就要求我们注重仓库管理人员的培养。审计可以做的就是培养仓库管理人员的存货风险意识，以及履行岗位职责所应该具有的内部风险防范意识。仓库管理人员是管理的核心，先进的管理系统是辅助。只有以仓库管理人员为核心，科学使用先进管理系统，带动和提升仓库管理人员的能力，才能为企业的健康安全发展提供服务。

实务点拨

略论五种主要审计方式的恰当运用

第10章 风险管理审计

学习目标

通过本章学习，明确风险与风险管理概念、风险管理审计与风险基础审计概念，了解风险管理审计基本程序，正确把握风险管理审计基本内容、审计方法与技巧。

随着世界经济全球化和管理信息化，人才、技术、资本、商品等要素的流动性日益加快，不确定性因素越来越多，使得经济社会中风险无处不在。为了实现组织目标、增强组织的抗风险能力，许多组织在不断建立健全内部控制的基础上，强化对组织风险的识别和评估，并逐步将这项工作移交以内部控制为主要对象的内部审计师去负责。因此，加强风险管理审计研究，发挥内部审计在审查、评估和报告风险管理过程中的作用，成了当务之急。

10.1 风险与风险管理概念的厘定

要理解风险管理审计，首先要知道什么是风险和风险管理。何为风险？生活中，我们常说：天有不测风云，人有旦夕祸福。其实，在当今社会，企业也面临着风险，企业成败与寿命的长短同风险防范存在一定的联系。

《经济参考报》曾报道：中国老字号同仁堂存在已有300多年历史，但北京中关村5 000余家民营企业中，生存超过5年的约占8%，超过8年的仅占3%。

为什么有的组织寿命长，有的组织寿命短呢？研究者发现，这与组织遭受的风险以及处理风险的能力密切相关。

10.1.1 风险

对于风险，不同的领域有不同的释义：

1）风险的一般定义

《韦氏词典》对风险的解释有两层含义：（1）损失或伤害的可能性；（2）引起或预示一种危害的人或事。牛津辞典对风险的注释是遭遇危险、受到损失或伤害等的可能性或机会。《辞海》对风险的解释是人们在生产建设和日常生活中遭遇可能导致人身伤亡、财产受损及其他经济损失的自然灾害、意外事故和其他不测事件的可能性。

2）经济学领域的定义

自1895年，美国经济学家海恩斯提出风险的概念以来，许多学者也都对风险做出了不同的定义，这些定义大致可以归纳为三种观点：（1）不确定性观，即风险是损失的不确定性；（2）危险损失观，即风险是可能发生的危险和损失；（3）结果差异观，即风险是实际结果与预计结果之间的差异。

3）社会学领域的定义

社会学领域对风险的定义大多从人的主观角度解释，认为风险是人的一种感受或认知，是"一种对客观事物的主观估计"。

4）其他学术领域的定义

许多学者常常会根据各自研究的需要，对风险进行有针对性的定义。例如，统计学家把风险定义为实际结果与预期结果的离差度。保险学者把风险定义为一个事件的实际结果偏离预期结果的客观概率。还有学者将风险用公式定义，认为风险是事件造成破坏或伤害的程度与该事件发生概率的乘积。

尽管对风险的定义描述不一，但我们不难提炼出一些风险共同的特征：第一，结果具有不确定性；第二，结果的不确定性可能是损失，也可能是收益，但令人关注的是损失；第三，客观存在性，但在一定程度上可以用概率和统计学工具进行预测；第四，风险评估的过程受诸多主观因素的影响。

根据 IIA 颁布的《国际内部审计专业实务框架》，风险的定义为："对实现目标有影响的事件实际发生的可能性。风险通过影响程度和发生的可能性来衡量。"国资委在《中央企业全面风险管理指引》中对企业风险的定义是：未来的不确定性对企业实现其经营目标的影响。这些定义表明，组织的经营活动存在不确定性因素，如果组织的这些内外部因素是确定的，则不存在风险。这些不确定性因素带来了组织运行结果的不确定性。为了更好地理解风险，我们将对内外部风险的来源以及风险的三要素进行介绍。

10.1.1.1　风险来源

按照风险的来源可以将风险分为外部风险和内部风险。

（1）外部风险，即外部环境中对组织目标的实现产生影响的不确定性。外部风险主要因素为：国家法律、法规及政策规定变化风险，经济环境变化的风险，科技快速发展的风险，行业竞争，资源及市场变化的风险，自然灾害及意外损失的风险，产品更新换代，消费者口味变化以及政治环境变化的风险。

（2）内部风险，即内部环境中对组织目标的实现产生影响的不确定性。内部风险主要因素包括：组织治理结构的缺陷、组织经营活动的特点、组织资产的性质以及资产管理的局限性、信息系统的故障和中断、职业道德、业务素质未达到要求等。

10.1.1.2　风险要素

风险要素是构成风险特征，影响风险产生、存在和发展的因素，风险的三个要素分别为：

（1）风险条件，又称风险因素。这是指引发风险事故发生的条件。

（2）风险事故，亦称风险事件。这是指引起损失的直接或外在原因。它是使风险造成损失的可能性转化为现实性的媒介。

（3）风险损失。这是指非故意的、非计划的、非预期的经济价值减少的事实。

对风险的测量可以使用下列公式：

风险=暴露的金额×可能性×发生频率

10.1.1.3　风险分类

对企业的风险有不同的分类方式，常见的有以下几种。

（1）按照风险的对象划分：财产风险、人身风险、责任风险、信用风险。

（2）按照风险的性质划分：纯粹风险和投机风险。

（3）按照承受风险的能力划分：可接受风险和不可接受风险。

在我国，国资委根据内、外部风险的来源，将国有企业的风险分为：战略风险、财务风险、市场风险、运营风险及法律风险。具体的内容见表10-1。

表10-1　　　　　　　　　　国有企业风险分类

风险类别	内部	外部
战略风险	新产品、新技术、并购风险、品牌建立、收益变化	需求变化、失去主要的供应商和客户、竞争对手
财务风险	现金流、资产流动性	经济周期、信用风险
市场风险	促销及定价政策	外汇汇率、贷款利息、期货及股票市场的变化等
运营风险	人力资源、环境保护、网络安全、价格谈判	管理责任、供应链、偷盗、恐怖袭击等
法律风险	员工纠纷、知识产权	合规、诉讼等

10.1.2　风险管理

20世纪50年代美国一些大公司发生重大损失，促使高级管理人员认识到风险管理的重要性，在随后的几年中，风险管理学科不断地发展，但对于什么是风险管理，学术界尚未形成统一的意见。

2002年COSO主席John Flaherty曾说过：尽管很多人都在议论风险，但是，现在既没有一个"风险管理"的公认定义，也没有概括如何实施风险管理的综合性框架，这就导致董事会成员与管理层之间的风险沟通困难且令人失望。

2004年COSO颁布的《企业风险管理——整合框架》中指出：企业风险管理是一个过程，是由企业的董事会、管理层以及其他人员共同实施的，应用于战略制定及企业各个层次的活动，旨在识别可能影响企业的各种潜在事件，并按照企业的风险偏好管理风险，为企业目标的实现提供合理的保证。COSO认为这个定义反映了许多基本概念，例如：

（1）企业风险管理是一个贯穿整个企业的持续的过程；

（2）受组织内部各个层级的员工（这里指雇员）的影响；

（3）可用于组织战略的制定过程；

（4）可以应用于组织内部的所有层级和部门；

（5）企业风险是企业各层级风险的组合；

（6）企业风险管理的目的在于识别可能会发生的事项；

（7）对风险进行管理的手段，使风险在可接受的容忍度内；

（8）能够为组织的管理层和董事会提供合理的保证；

（9）帮助一个部门或者多个独立但存在交叉的部门实现其目标。

2005 年中国内部审计协会根据各方的观点，在其颁布的《内部审计具体准则第 16 号——风险管理审计》中给出的风险管理的定义为：风险管理是对影响组织目标实现的各种不确定性事件进行识别与评估，并采取应对措施将其影响控制在可接受范围内的过程。风险管理旨在为组织目标的实现提供合理的保证。

从上述定义中我们可以容易地得出：企业的风险管理是一个持续不断进行的过程，而且会牵涉企业各方面的资源及运营作业。为了更好地将风险管理融入每天的经营活动，需要对组成风险管理的要素及风险管理的阶段有所了解。

10.1.2.1 风险管理八要素

企业风险管理有八个相互关联的要素，这八个要素形成了一个全面性的行动架构。这八个要素包括：

1）内部环境

内部环境是管理层制定的关于风险的哲学以及对风险的偏好。内部环境包括组织氛围，并为组织内个体如何看待组织和控制奠定了基础。内部环境是风险管理的基础。内部环境影响到战略和目标的制定、活动的设置，而且影响到对风险的识别、评估和控制，它同样影响到信息和沟通系统以及监督活动的设计和运行。内部环境受到企业历史和文化的影响，包含许多因素，COSO 对以下因素进行了详细探讨：

（1）风险管理哲学，主要是关于如何看待组织运营中的各类风险；

（2）风险偏好，代表组织愿意接受的风险数量——由董事会决定；

（3）董事会作为组织首要的治理主体履行监督功能；

（4）忠诚和伦理价值；

（5）胜任能力，包括完成任务所需的知识和技能；

（6）组织结构、框架；

（7）授权和责任，指个体或小组被授权并鼓励主动处理和解决问题的程度，以及对其权力的限制；

（8）人力资源标准，指雇用、适应环境、培训、评估、薪酬确定以及员工辅导等活动。

2）目标设定

只有先制定目标，管理层才能识别影响目标实现的事件。组织的目标包括组织整体目标以及职能部门的目标两个层次。各层次的目标又包括战略目标、经营目标、报告目标和合规性目标。风险管理促使管理层从组织广泛的战略角度及其风险偏好角度来设定目标。

3）事件识别

企业经营环境充满不确定性，没有任何企业能够100%地确定特定事项是否发生或何时发生，以及其结果是怎样的。管理者需要考虑影响其策略和目标实现的内外部因素。这些内外部因素既包括风险事件也包括机会事件。对企业有潜在负面影响的风险事项，要求企业的管理者对其进行评估和建立反应方案。对企业有潜在正面影响的事项，可以在企业战略或目标制定的过程中加以考虑。

4）风险评估

风险评估是主体能够考虑潜在事项影响目标实现的程度。管理层通过两个角度——发生的可能性和影响程度——对事项进行评估，并且通常采用定性和定量相结合的方法，应该个别或分类考察整个主体中潜在事项的正面和负面影响，基于固有风险和剩余风险来进行风险评估。

5）风险对策

在评估了相应的风险后，管理层需要选择风险应对策略，并采取一些将风险控制在企业的风险容忍度和风险承受能力之内的措施。值得注意的是，风险对策通常需要根据过去的情形进行复核，以做出可能的改进。

6）控制活动

控制活动是管理层设计的政策和程序，用以合理确保所选取的风险对策得到实施。但是，由于每个企业的目标及选择的实现目标方式的不同，管理层设计的控制活动也有所不同。

7）信息与沟通

风险识别、评估，风险对策及控制活动都能提供组织各个层面必要的风险信息，但是与财务信息及其他信息一样，风险信息需要以某种形式在一定期间传递，使员工、管理层以及董事会能够各司其职。同时，信息的深度还须与组织需求相一致，以便识别、评估和应对风险，并保持在组织的风险容忍度内。最后，信息质量必须满足决策制定的需求。COSO指出信息必须符合：

（1）信息详细程度是否正确；

（2）当需要时是否有信息，并且信息是否及时；

（3）是否是当前的信息，是否反映最新的财务或运营情况；

（4）准确和值得信赖；

（5）能否被需要的人获取。

对于沟通，有效信息沟通的外延比较广泛，它既包括向下流动（将管理层的计划及已知的风险传递给员工）、平行流动（员工在部门间传递生产和销售的风险），还包括向上流动（员工将意外情况告知上级管理层）。

8）监督

监督要求整个企业的风险管理处于监控之下，并且在必要时进行修正。这种方式不仅能反映风险管理的状况，还能够使之根据条件的变化而变化。当前，企业主要是通过日常监督以及单独评价来监控企业风险管理及其组成要素的有效性。

通过上述的介绍，可以得出风险管理的八个要素只有同时存在并能顺利运作，才能发挥其作用。但是，值得一提的是，任何一种风险管理的程序，不论其设计及执行得多好，都不能对其结果加以保证，但风险管理的程序一定有助于管理层增加实现其目标的信心。

10.1.2.2 风险管理三阶段

（1）风险识别阶段。这个阶段根据组织目标、战略规划等识别所有可能发生的、影响组织目标实现的重要风险。识别的风险可能会影响组织整体，也可能仅影响单个的职能部门。

（2）风险评估阶段。这个阶段对已识别的风险，评估其发生的可能性及影响程度。风险评估是做出恰当的风险应对决策的基本前提。风险评估的方法可以是定性的也可以是定量的。

（3）风险应对阶段。这个阶段采取应对措施，将风险控制在组织可接受的范围内。应对措施应根据风险的严重程度，在考虑成本效益原则的基础上，或采取措施，降低风险，或不采取措施，接受风险。

10.2 风险管理审计与风险基础审计、内部控制审计的比较

通过上述对风险、风险管理的简单介绍，我们已经对与风险管理审计相关的知识有了基本了解。那么什么是风险管理审计呢？风险管理审计与风险基础审计等类似的名词到底是不是一回事呢？风险管理审计与风险基础审计以及内部控制审计等不断出现在读者面前的这些新名词之间的千丝万缕的联系和区别到底是怎样的呢？为了将其区分开来，本书通过风险管理审计与风险基础审计、内部控制审计的比较来阐述它们之间的不同点和相同点，同时表明风险管理审计的特征。

10.2.1 风险管理审计与风险基础审计的比较

1）两者的联系

审计依据都是企业的风险管理方针、策略和风险评价指标体系；业务内容基本上都是对组织风险范围确定、风险识别、风险评价、风险管理措施和方法、风险处理等方面进行审核；审计总目标都是为战略决策提供信息，为实现战略目标服务，为企业增加价值。

2）两者的区别

（1）含义不同。风险管理审计是审计主体通过对组织目标设定、风险识别、风险程度的评价等工作的审计，评价风险政策、措施的适当性、执行的有效性的过程。风险基础审计是审计主体在开展财务审计、绩效审计等审计工作时，首先以测试组织的风险管理战略和风险管理为前提，根据风险管理审计的结果，决定其他相应审计程序的范围、性质和时间。

（2）关注点不同。风险管理审计关注于风险管理的鉴证，促使内部审计师站

在企业战略管理的高度，运用系统思维，通过对风险管理措施、方法、程序的审计，结合企业内部控制、财务、绩效的审核结果，对风险管理现状及效果进行专业判断，提出审计评价与建议。风险基础审计关注于对会计信息质量的鉴证，通过对组织风险的测试确定实质性测试的程度，从而提高审计效率和质量，降低审计风险。

（3）服务对象不同。风险管理审计作为一种具体审计业务，主要服务于企业管理层；而风险基础审计更多地作为一种审计方法，直接服务于审计部门。

10.2.2 风险管理审计与内部控制审计的比较

在现代企业风险管理过程中，内部控制审计是以影响和控制企业经营目标实现的各种内部控制制度为依据，确定审计项目，以企业进行的所有降低和防范风险的内部控制活动为测试重点，评价内部控制体系降低和防范风险的充分性和有效性，并提出恰当建议，完善和健全内部控制体系。简而言之，内部控制审计即是以内部控制为审计对象所进行的一种审计。

根据我们对风险的描述，风险可以分为确定性风险和不确定性风险，而以风险导向的内部控制主要解决的是企业的确定性风险，而不确定性风险就需要组织进行风险管理，通过接受、转移、规避等方式来解决。它们之间的关系可以表示为图10-1。

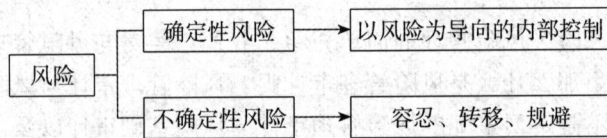

图10-1　确定性风险和不确定性风险的关系

内部控制审计与风险管理审计的比较不能单纯地从COSO的"五要素"或"八要素"的角度简单地确定它们之间的关系。对于同一家企业来说，内部控制与风险管理的直接载体都是企业的经营活动，两者的边界都是企业的法人边界，内部控制是管理的职能，因此，可以推断，内部控制自然是风险管理的一个机制。但是，应该注意的是，内部控制关注的是企业的高管层之下的经营活动，但是，风险管理关注的是高管层之上的战略设计以及决策。内部控制关注的是不相容职务是否分离，而风险管理关注的是经营目标实现过程中的不确定性。对于内部控制来说，合谋舞弊是很难识别的，需要风险管理的帮助，所以说，内部控制是风险管理的有机组成部分。

在上述分析的基础上，我们将内部控制审计与风险管理审计的关系表示为表10-2。

通过上面的描述，不难得出，风险管理审计与内部控制审计两者在整个审计系统框架中有很多相似之处，两者并不是截然不同的事情，只是两者的侧重点以及审计角度不同，可以说，风险管理审计在一定程度上是内部控制审计的发展和延伸。

表10-2 内部控制审计与风险管理审计的关系

比较点	内部控制审计	风险管理审计
审计内容	整体、业务层面的内部控制审计	战略、业务层面的风险管理审计
审计侧重点	高管层之下的经营活动	高管层之上的战略设计以及决策
审计计划	侧重于抽样方法	侧重于风险评估方法
审计实施	描述内控、符合性测试、实质性测试	描述风险、测试风险、评价风险
审计报告	问题导向、关注牵制	风险导向、前瞻性

10.3 内部审计在企业风险管理过程中的角色与责任

IIA《国际内部审计专业实务标准》第2120条明确规定：内部审计活动必须评估风险管理过程的有效性，并对其改善做出贡献。内部审计人员因为其所具备的技能和丰富的经验使得他们在企业风险管理过程中扮演着非常重要的角色。事实上，考虑到内部审计部门的权限以及其在监控过程中的作用，不能将内部审计部门涵盖到企业风险管理工作的每个角落。同时，因企业是否真正实施了企业风险管理，内部审计部门在企业风险管理过程中所发挥的作用也不尽相同。下面我们就对内部审计部门在企业风险管理过程中应当及不应当承担的责任进行描述。

10.3.1 核心作用

2004年IIA颁布的《内部审计在企业全面风险管理中的作用》指出，内部审计在企业风险管理过程中应该发挥核心作用。

内部审计在企业风险管理过程中的核心作用是：向董事会就企业风险管理过程的有效性提供确认服务，以确保关键运营风险得到恰当的管理，以及内部控制系统有效运行。

内部审计在风险管理过程中的监督者的角色，主要包括以下几个方面：

（1）为风险管理过程的确认服务；

（2）为正确识别风险的确认服务；

（3）评价风险管理过程；

（4）评价关键风险因素报告；

（5）评估关键风险因素管理。

10.3.2 合理作用

IIA认为内部审计部门应在咨询服务方面对企业风险管理过程起到合理作用，这主要表现在以下几个方面：

（1）帮助识别和评估风险；

（2）指导管理层应对风险；

（3）协调企业风险管理相关活动；

（4）加强风险报告和披露；

（5）维护和发展企业风险管理框架；

（6）支持企业风险管理建设；

（7）在董事会批准的前提下，参与制定风险管理战略。

10.3.3　不应承担的责任

为了不损害内部审计部门的独立性和客观性，内部审计不应承担的工作包括：

（1）设置风险偏好。

（2）对风险管理程序强行施加影响。

（3）对风险的管理保证，即成为唯一的一个向管理层提供关于风险管理充分性保证服务的来源。这种行为被视为承担了管理层的责任。

（4）就风险做出决策。

（5）代表管理层进行风险应对。

（6）承担风险管理责任。

在实践中，当决定内部审计部门在企业风险管理过程中所发挥的作用时，首席审计执行官需要评估这些活动对内部审计部门独立性和客观性的影响。当内部审计部门的责任延伸至不应承担的责任时，必须实施下列的保证措施：

（1）必须明确管理层对企业的风险管理负责；

（2）在内部审计章程中确定内部审计部门的责任并得到审计委员会的支持；

（3）内部审计部门不能代表管理层实施风险管理；

（4）内部审计部门不能制定风险管理决策；

（5）内部审计部门不能为其负责的风险管理框架的任何部门提供保证。

上述是在企业实施风险管理流程的前提下做出的分析，但是当组织没有正式的风险管理过程时，首席审计执行官要向管理层和董事会正式说明他们理解、管理和监督组织内部风险的职责，说明他们需要确认组织内确实运行着各种，即使是非正式的过程，可以对主要风险提供一定程度的显性控制，以及对这些过程是如何管理和监督的。

10.4　风险管理审计的程序

正所谓"无规矩不成方圆"，审计人员在进行风险管理审计的过程中也应遵循一定的工作顺序和过程。科学合理的审计程序不仅有利于提高风险管理审计工作的工作效率和质量，而且有利于风险管理审计工作的规范化。风险管理审计程序如图10-2所示。

```
┌──────┐    ┌──────┐    ┌──────┐    ┌──────┐
│ 目标 │──▶│风险计划│──▶│风险识别│──▶│风险评估│
└──────┘    └──────┘    └──────┘    └──────┘
   ▲                                     │
   │        ┌──────┐    ┌──────┐    ┌──────┐
   └────────│后续审计│◀──│审计报告│◀──│审计实施│
            └──────┘    └──────┘    └──────┘
```

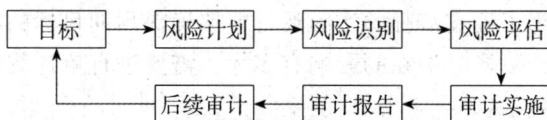

图10-2　风险管理审计的程序

10.4.1　检查已经设定的目标

风险管理审计的开始和结束都是帮助组织实现目标。组织的目标包括高层次的公司目标以及从整体战略计划中衍生出来的低层次运营目标等。风险包括所有影响业务目标的不确定性因素，其形式有真实的威胁、观察到的威胁和错过的机会等。建立风险管理系统的第一步通常是重新检查已经设定的目标并保证这个目标定义清晰，以及所有人都正确理解该目标。

10.4.2　制订风险管理审计方案

审计的目的之一是向管理层提供信息，以减少组织在实现目标过程中可能的风险。作为风险管理审计的负责人应当根据年度审计计划的要求，进行审前调查，在对可能影响组织目标实现的风险评估的基础上科学、合理编制风险管理审计方案。

审计方案，是对具体风险业务、因素的审计程序及其时间等所做的详细安排，主要包括：具体审计的目标、审计程序和方法、预定的执行人员和执行时间、拟获取的审计证据等。

10.4.3　风险因素识别、分析与评价

本部分的主要内容包括：风险识别、定义、按照风险重要性和可能性进行排序等，审计人员通过调研通用风险模型，发动相关人员补充例外风险、定义风险、联结风险与战略等各项工作，建立一个特定的风险模型，确保影响企业成功的所有风险都能被识别、定义和理解。

审计人员通过访谈、发放调查表、召开座谈会等形式收集相关信息，按照重要性、可能性以及容忍度等标准，使用专家评分法、风险评估模型、风险指数法等方法确定主要风险、次要风险、低级风险等，从而为保证核心风险能够得到有效管理奠定坚实的基础。

识别风险因素后，需要对流程进行分析。这一步骤所涉及的工作主要有以下几项：

（1）通过流程图等形式对公司流程及流程管理形成清晰的认识；

（2）识别和记录将风险控制在预期水平的关键控制点；

（3）评估这些关键控制点是否能够有效地将风险控制在预期水平；

（4）如果这些关键控制点不足以将风险控制在预期水平，则需要进一步识别差距，并确定缩小这种差距的措施；

（5）对存在较大认识偏差的风险进行了解，或者由公司组织讨论，并将不同的风险认知水平揭示出来，引导责任人进行再次理解、判断和评估，直到不存在较大偏差。

内部审计人员为了证实流程的实际运行能够确保预期目标的实现，证实没有相应的流程或流程运行不畅时潜在的影响有多大，需要进行审计测试，此时，内部审计人员的主要工作包括：

（1）实施符合性测试，验证流程是否如设计的那样在有效运行；

（2）当流程的一部分设计不完善或未能如设计那样顺畅运行时，执行实质性测试（量化测试），以推算或预测潜在的影响；

（3）根据测试结果，评估流程的有效性；

（4）对设计不完善的流程或运行不畅的流程，应进一步分析其原因，找出可能的解决方案。

10.4.4　评估风险管理能力

风险管理的综合能力体现在战略与政策、流程、人力资源、技术、信息、管理报告等方面，这些能力的水平可以划分为若干级别（或阶段），如初始阶段、可重复阶段、确定阶段、管理阶段、优化阶段。本步骤的具体工作包括：

（1）内部审计人员基于流程分析和审计测试的结果，描述每一项能力的具体特征，并对照五个阶段的界定来确定企业风险管理水平当前所处的阶段；

（2）综合考虑管理层对风险的容忍度与公司治理的相关要求，确定每种能力的期望；

（3）针对各项风险管理能力当前所处阶段与期望阶段之间的差距，考虑各种改进技术方法和政策措施。

按照 SMART（即针对性（Specific）、可测量性（Measurable）、能达到（Actionable）、责任到人（Responsibility）、及时性（Timely））标准，结合前述各步骤中的审计发现及当前风险管理活动的实际情况提出完善风险管理行动计划的建议，并及时与管理层进行沟通，落实风险管理改进责任人，设定建议落实时限，以确保实现风险管理审计最终的增值功能。

10.4.5　审计实施

风险评估的结果可能会产生风险图和风险记录，这些文件记录了每一项风险以及相应步骤、程序、产品、方案、项目或者部门的风险。风险记录的结果是对控制措施的书面化，而管理人员会将这些风险每年在内部控制报告中进行说明。与其说审查流程就是对以往的风险评估进行简单更新，不如说审查流程与培养正确的企业文化更为相关。例如，所有重要决策背后都应该有正式风险评估的支持，并且所有的风险投资、项目和战略的变化都需要进行风险评估。这也意味着员工应该将风险评估和管理作为自己的日常工作，并且主要业绩指标也应该包括风险评估的结果。风险审查流程不仅仅是公司管理的一部分，也应该是组织内部各个成员以及同事之间的行为方式。

10.4.6　出具风险管理审计报告

审计工作的最终结果表现为审计报告，报告阶段在整个审计过程中有着重要的作用。风险管理审计报告应当主要反映整个审计的要点，既要肯定企业在风险管理中先进、有效的管理方式，又要针对风险管理中的漏洞和不足之处进行分析，并提出改进的建议。

内部审计师递交的风险管理审计报告的基本要素包括：标题、收件人、正文、附件、签章、报告日期。其中，风险管理审计报告的正文是实施风险管理审计结果的综合反映，是风险管理审计报告的核心内容。下面我们将对其主要内容进行介绍。

1）审计概况

本部分主要描述风险管理审计的依据、审计目的和范围、审计重点和审计标准、主要实施程序等内容。

2）审计单位风险管理基本情况

本部分主要反映审计期内被审计单位的情况、存在的问题以及成因。其中需要反映的被审计单位的情况包括：

（1）风险管理基本流程运转情况，即是否收集风险管理初始信息，是否组织进行风险评估，是否制定相应的风险管理策略，是否提出和实施风险管理解决方案等。

（2）风险管理监督与改进情况，即是否能以重大风险、重大事件和重大决策、重要管理及业务流程为重点对风险管理基本运转情况进行监督，是否采用压力测试、返回测试、穿行测试以及风险控制自我评估等方法对风险管理的有效性进行检验，是否根据风险变化情况和存在的缺陷及时进行整改等。

（3）风险管理组织体系建设情况，即是否建立健全了规范的公司法人治理结构，形成高效运转、有效制衡的监督约束机制，董事会是否履行了在风险管理方面的职责，风险管理委员会的召集人是否符合规定要求，下设的风险管理委员会是否履行了相应的职责任务，各个层级的管理人员是否指导、制定、实施风险管理工作要求。

（4）风险管理信息系统建设情况，即是否建立了涵盖风险管理基本流程和内部控制系统各个环节的风险管理信息系统，输入系统的信息是否准确、及时、可用和完整，是否设置了对数据信息更改的控制与管理措施。

（5）风险管理文化建立情况。

3）审计评价

本部分主要反映通过审计得出的对审计期内被审计单位在风险管理方面的结论性评价。

4）审计建议

本部分主要描述对已查明审计事实和审计评价结果提出改进和完善内部风险管理的建议。风险管理审计的建议应主要包括风险回避、降低、分担、承受。

风险管理审计报告由内部审计人员撰写结束后，与被审计单位进行交流沟通，征求意见，提交本单位董事会或管理层审核和应用。

10.4.7　进行风险管理后续审计

后续审计是风险管理审计项目完成后，审计人员对其所提出的改进措施的落实情况进行审计。比如，被审计单位是否纠正已审查的账表错误，是否改善了不合理的内部控制程序，风险管理方案是否得以实施，风险管理的效果如何等。

后续审计实质上就是对被审计单位执行审计决定的一种继续监督。通过后续审计，既可以监督审计决定的执行又可以帮助被审计单位解决一些他们难以解决的问题，帮助他们落实有关措施。后续审计是内部审计重要的审计环节，因为风险是时刻变化着的，如不及时落实有关措施，风险可能会加大。进行后续审计可以提高内部审计工作质量和审计监督的权威性，保证决定的正确执行以及企业面临的风险得到有效的控制。值得注意的是，后续审计的重点不是如何改进报告中所提到的具体建议，而是由于控制目标未能实现而产生的风险和影响，实现控制目标才是后续审计的最终目的。

后续审计的程序包括：

（1）确定后续审计项目。后续审计项目应根据原审计项目所涉及风险的大小以及实施改进措施的难易程度来确定。原审计项目所涉及的风险越大，实施改进措施越困难的，就越需要后续审计。

（2）确定后续审计的人员。可以选择内部审计人员，以查明被审计者是否采取了适当的措施、是否取得了理想的效果，也可以由高级管理人员直接实施后续审计，监督被审计单位的后续工作。

（3）开展具体的后续审计工作。内审部门根据被审计单位对改进建议的书面回复内容，与其探讨存在的问题和误解，如果有重大的审计发现，则需进行现场审计，对已改善了的控制环境的风险进行重新评估，判断其是否在合理范围内。

（4）出具后续审计报告。内部审计人员实施后续审计后，应向被审计单位出具后续审计报告，与被审计单位管理者共同探讨上次审计决定或建议未得以落实的原因。

10.5　‖　风险管理审计的内容

内部审计机构和人员应当充分了解组织的风险管理过程，审查和评价其适当性和有效性，并提出改进建议。

由于风险管理主要包括风险识别、风险评估和风险应对三个阶段。内部审计师对风险管理的审查和评价应主要包括如下几个方面：

10.5.1　审查与评价风险管理机制

风险管理机制是企业进行风险管理的基础，良好的风险管理机制是企业风险管理是否有效的前提，因此，内部审计部门或人员需要审查以下方面，以确定企业风险管理机制的健全性及有效性。

（1）审查风险管理组织机构的健全性。企业应该在全员参与和专业管理相结合的基础上，根据自身生产经营的性质、规模、管理水平、风险程度等特点，建立一个含有风险管理负责人、专业管理人员、非专业风险管理人员以及外部风险管理人员等的风险管理体系。这个风险管理体系需要根据产生风险的原因和阶段进行动态调整。

（2）审查风险管理程序的合理性。企业风险管理机构应当采用合理的风险管理程序，以确保风险管理的有效性。

（3）审查风险预警系统的存在及有效性。风险管理的首要工作是建立风险预警系统，即通过对风险进行科学的预测分析，预计可能发生的风险，并提醒企业相关部门采取措施，以达到规避风险、减少风险的目的。

10.5.2　审查与评价风险识别的适当性及有效性

风险识别是指对企业面临的以及潜在的风险加以判断、归类和鉴定风险性质的过程。内部审计师可以采取各种必要的审计程序审查风险识别过程，重点关注组织面临的内、外部风险是否得到充分、适当的确认。

内部审计师在对风险识别的适当性和有效性进行审查和评价时，应该注意以下内容：

（1）风险识别原则的合理性。企业进行风险管理审计、风险评估的前提是对风险的识别和分析，正确地识别风险是审计成功的关键性的一步。

（2）风险识别方法的适当性。内部审计师在进行实地调研后，需要运用各种风险识别方法归类并总结企业面临的各种风险。风险识别方法需要解决的问题包括：分析风险要素、风险性质以及这些风险可能导致的后果。内部审计人员在分析风险识别方法的适当性时可以采取各种方法，例如可行性分析、决策分析、投入产出分析、流程图分析、资产负债分析、专家调查法、风险清单分析法（包括调查表法、资产-损失分析法、保单对照法等）、财务报表分析法等，以识别确保公司经营模式的成功所必须管理的风险，在此基础上，通过利用产业结构分析、竞争对手分析等方法进一步分析更深层次的原因、根源，以便深化对企业相关风险的全面认识和理解。

（3）风险识别的充分性。审计人员在充分了解企业总体目标及主要业务的基础上，可以从战略风险、运营风险、财务风险、信息风险等四个层面评估已经识别的风险的充分性，审查企业面临的主要风险是否均被识别出来，并找出未识别的主要风险。

10.5.3　审查与评价风险评估方法的适当性及有效性

风险评估的方法包括定性和定量两种。其中定性方法是指运用定性术语评估并描述风险发生的可能性及影响程度。定量方法是指运用数量的方法评估并描述风险发生的可能性及影响程度，主要包括专家打分法、层次分析法、计分法、风险价值法等。在上述定义中，风险发生的可能性是指影响组织目标实现的不确定性事件成为现实的可能性，而风险的影响程度是指该不确定性事件发生时给组织目标带来的影响的程度。两者之间的区别见表10-3。

表10-3   **定性方法与定量方法的区别**

分类	定性方法	定量方法
风险发生的可能性	高、中、低	一般用概率表示，如90%、10%
风险的影响程度	后果严重、中等、一般、不严重等	一般用金额表示

通过上述对比，可以得出定量方法一般情况下比定性方法提供更为客观的评估结果。在对两种风险评估方法有了初步的了解后，审计人员对风险评估方法的适当性和有效性进行评价时，还应该坚持如下的原则：

（1）定性方法的使用需要充分考虑相关部门及人员的意见。从对定性方法的描述中，很容易发现定性方法相对于定量方法来说，受评估人员主观判断的影响较大，为了更加接近客观事实，提高评估结果的客观性，内部审计人员应多方面地收集相关风险资料，在充分考虑相关部门及人员的意见后，得出多方面的综合意见。例如，我们在评估市场风险对企业的影响时，不能只考虑市场调查部门的意见，还需要结合营销部门、客户服务部门的意见。

（2）在风险难以量化、定量评价所需数据难以获取时，一般应采用定性方法。在运用定量方法的前提条件不具备时，如没有定量分析所需的数据，如果仍然要进行定量分析，那么就会导致评估结果的无意义和失效。例如，员工不胜任岗位要求，会导致工作效率低以及组织名誉损失风险。在这种情况下，应该采用定性方法对风险进行相对模糊的描述和评估，以提高风险评估结果的有效性。

审计人员在充分了解风险评估方法和原则的前提下，对管理层所采取的风险评估方法的适当性和有效性进行审查和评估，并应该重点考虑如下要素：

（1）已识别的风险的特征。内部审计师应当考虑使用已识别风险的特征来判断风险评估方法的适当性。如果已经识别的风险可以用定量的方法表示，则可以用定量的方法表示评估风险的影响程度，此时，内部审计师需要判断的是描述风险事件影响的金额是否恰当。

（2）相关历史数据的充分性与可靠性。与某些风险相关的历史数据容易获得并且比较可靠，可以在此基础上进行定量分析，但如果某些风险的发生具有偶发性，不具有相关历史数据，则很难进行定量分析，如火灾、地震等意外事故带来的风险。

（3）管理层进行风险评估的技术能力。定量分析的方法需要可靠的历史数据，还需要一定的数学模型和现代信息技术，并非任何人员都能掌握，如果管理层没有该方面的技术能力，则定量方法评估结果的适当性是值得怀疑的。对定性方法来说，不仅依靠管理人员的主观判断，还需要依赖所获得的各种信息和资料，评估人员需要具备丰富的经验。

（4）成本效益的考核与衡量。定性方法运用较为简便，成本较低，但其结果较为主观，效果有时不太好，而定量方法虽然较为客观和准确，但是因为定量方法的运用比较复杂，有时需要信息技术的辅助，所以成本与定性方法相比会较高。管理层在运用定性与定量方法时需要考虑方法的成本–效益性。

10.5.4　审查和评价风险应对措施的适当性及有效性

10.5.4.1　风险应对措施

风险应对措施是指针对经过识别和衡量而确定的关键风险，从一系列风险管理工具中挑选出能够最大限度地降低风险损失或取得风险报酬的集合。根据风险评估结果做出的风险应对措施主要包括以下几个方面：

（1）回避。退出会产生风险的活动。如果风险评估的结果表明风险发生可能性较大，后果较严重，组织往往会采取回避的风险应对措施。它特别适用于重大的项目决策。风险回避可能包括退出一条产品线、拒绝在一个新的地区拓展市场等。

（2）降低。采取措施降低可能发生的风险或降低风险对目标影响的可能性，或者同时降低两者。"降低"策略是组织采取适当措施降低风险的举措，是最普遍与常用的风险应对措施。"降低"策略的具体运用有多种方法，但其中最主要的是通过内部控制来控制风险。风险降低并非完全消除风险，因为完全消除风险是不可能的也是不必要的。

（3）分担。通过转嫁风险或与他人分担风险，来降低可能发生的风险或降低风险对目标影响的可能性。常见的措施包括购买保险产品、从事避险交易或外包业务活动。

（4）承受。不采取任何措施而接受可能发生的风险或风险对目标影响的可能性。事实上，组织更愿意承受现有风险水平，而不是消耗昂贵的资源以实施某种风险应对措施。

10.5.4.2　评价风险应对措施的适当性和有效性应考虑的因素

审计人员评估风险应对措施的有效性，就是对有关部门针对风险所采取的应对措施进行检查。检查其效果和效率是否有助于企业目标的顺利实现。审计人员可以通过将现有风险应对措施与最佳实务对比、将现有风险应对措施的实施情况与预计期望对比发现差距，从而系统评估特定风险应对措施的有效性。对于风险缺乏有效的控制措施的情况，审计人员还应进一步分析差距产生的原因，从而提出改进措施和建议，以强化企业的风险管理，降低风险损失。在内部审计人员评价风险应对措施的适当性和有效性时，应当考虑以下因素：

（1）采取风险应对措施之后的剩余风险水平是否在组织可以接受的范围之内。剩余风险水平是指采取风险管理措施管理风险之后现有的风险的程度，剩余风险水平对应的是未采取任何措施时风险的原始水平。风险应对措施的有效性首先表现在采取了改进措施后是否能够将风险控制在组织可以接受的程度。内部审计师需要对剩余风险水平进行评估，确定评估结果是否在组织可接受的范围之内。

（2）采取的风险应对措施是否适合本组织的经营、管理特点。除了风险应对措施的有效性外，还需要强调风险应对措施的适当性。换句话说，组织采取的风险应对措施应该符合组织的经营、管理特点。如针对由于员工胜任能力有限带来的工作效率损失、工作效果不佳的风险，企业可以采取在岗培训的方式提高员工胜任能力。

（3）成本效益的考核与衡量。评估风险应对措施的适当性应当衡量其成本效益性。组织应该选择令自己满意的风险应对措施，如果某种风险应对措施的效果达到最佳，但其成本非常高，这种措施未必是适合的。

10.6 风险管理审计的方法与技巧

风险管理审计从审计工作的开始就需要考虑可能影响企业目标实现的风险，并且风险管理审计强调在整个审计过程中保持这种风险意识。根据上述风险管理审计的程序和内容，本部分将对在风险管理审计中可能使用的方法和技巧进行简单的介绍，为内部审计师进行风险管理审计提供一定的帮助。

10.6.1 风险识别

风险识别是对企业面临的以及潜在的风险加以判断、归类和鉴定风险性质的过程。风险评估作为企业风险管理审计的重要步骤，应遵循全面性、系统性、制度化和经常化等原则。

进行风险识别，可以借鉴的方法很多，每种方法都有自己的优势和局限，内部审计师在进行风险识别时可以根据具体情况综合使用。其中，风险识别的方法有：环境分析法、财务报表分析法、流程图法、幕景分析法、决策分析法、动态分析法、文献检查法、实地勘察法、专家调查法、分解分析法等。其中使用最广泛的方法是分解分析法。在对影响企业风险的主要因素进行分析后，可以将企业风险分为：战略风险、经营风险、财务风险、人力资源风险等。然后对每一种风险从不同角度、不同层次进行分析。

10.6.2 风险分析与评估

风险评估是对已识别的内部和外部风险的分析确认和衡量，风险评估能帮助确定何处存在风险、风险的大小、确定风险预警的级别以及需要采取何种措施，也是风险管理审计的基础。风险评估包括两个方面，即风险损失频率的估计和风险损失程度的估计。

（1）风险损失频率的估计主要是指计算损失次数的频率分布。在计算时主要考虑三个因素：风险暴露数、损失形态和危险事故。如果企业建有完善的风险管理信息系统，也可根据信息系统提供的历史数据来估计损失频率。

（2）风险损失程度的估计需要考虑的三个事项包括：同一危险事故所致各种损失的形态、一个危险事故牵连的风险暴露数与损失的时间性和金额。而对于财务风险损失程度的估计，最新的方法是风险值法。风险值法是在既定的风险容忍度下，市场状况最坏时确认投资组合最大的不可预期损失。

风险评估系统的方法可以借鉴如下几种：风险坐标图、蒙特卡罗法、关键风险管理指标、压力测试法、模糊综合评价法、指标评价法。

10.6.2.1　风险坐标图

风险坐标图是把风险发生可能性的高低、风险发生后对目标的影响程度，作为两个维度绘制在同一个平面上（绘制成直角坐标系）。下面我们通过两个表格描述风险发生可能性，以及风险发生后对目标影响程度的定量、定性评估标准及其相互对应关系（见表10-4和表10-5）。

表10-4　　　　风险发生可能性的定性、定量评估标准及其相互对应关系

定量方法一	评分	1	2	3	4	5
定量方法二	一定时期发生的概率	10%以下	10%~30%	30%~70%	70%~90%	90%以上
定性方法	文字描述一	极低	低	中等	高	极高
	文字描述二	一般情况下不会发生	极少情况下才发生	某些情况下发生	较多情况下发生	常常会发生
	文字描述三	今后10年内发生的可能少于1次	今后5~10年内可能发生1次	今后2~5年内可能发生1次	今后1年内可能发生1次	今后1年内至少发生1次

表10-5　风险发生后对目标影响程度的定性、定量评估标准及其相互对应关系

	定量方法一	评分	1	2	3	4	5
适用于所有行业	定量方法二	企业财务损失占税前利润的百分比	1%以下	1%(含)~5%	5%(含)~10%	10%(含)~20%	20%(含)以上
	定性方法	文字描述一	极轻微的	轻微的	中等的	重大的	灾害性的
		文字描述二	极低	低	中等	高	极高
		文字描述三 企业日常运行	不受影响	轻度影响（造成轻微的人身伤害，情况立刻受到控制）	中度影响（造成一定人身伤害，需要医疗救援，情况需要外部支持才能得到控制）	严重影响（企业失去一些业务能力，造成严重人身伤害，情况失控但无致命影响）	重大影响（重大业务失误，造成重大人身伤亡，情况失控，给企业造成致命影响）
		财务损失	较低的财务损失	轻微的财务损失	中等的财务损失	重大的财务损失	极大的财务损失
		企业声誉	负面消息在企业内部流传，企业声誉没有损失	负面消息在当地局部流传，对企业声誉造成轻微损害	负面消息在某区域流传，对企业声誉造成中等损害	负面消息在全国各地流传，对企业声誉造成重大损害	负面消息流传于世界各地，政府或监管机构进行调查，引起公众关注，对企业声誉造成无法弥补的损害

续表

适用于开采业、制造业	定性与定量结合	安全	短暂影响职工或公民的健康	严重影响一位职工或公民健康	严重影响多位职工或公民健康	导致一位职工或公民死亡	导致多位职工或公民死亡
		运营	对运营影响微弱；在时间、人力或成本方面不超出预算1%	对运营影响轻微；受到监管者责难；在时间、人力或成本方面不超出预算1%~5%	减慢营业运作；受到法规惩罚或被罚款等；在时间、人力或成本方面不超出预算6%~10%	无法达到部分运营目标或关键业绩指标；受到监管者的限制；在时间、人力或成本方面超出预算11%~20%；无法达到所有的运营目标或关键业绩指标	违规操作使业务被迫终止；时间、人力或成本方面超出预算20%
		环境	对环境或社会造成短暂的影响；可不采取措施	对环境或社会造成一定的影响；应通知政府有关部门	对环境造成中等影响；需一定时间才能恢复；出现个别投诉事件；应执行一定程度的补救措施	造成主要环境损害；需要相当长的时间来恢复；大规模的公众投诉；应执行重大的补救措施	无法弥补的灾难性环境损害；激起公众的愤怒；潜在的大规模的公众法律投诉

在对风险发生的可能性的高低以及风险对目标的影响程度进行评估后，可以将评估的结果放在一个风险矩阵中。

"风险矩阵图"一词译自"Risk Matrix"，是一种有效的风险管理工具。可应用于分析项目的潜在风险，也可以分析采取某种方法的潜在风险。

以某公司绘制的风险矩阵为例。某公司对9项风险进行了定性评估，风险①发生的可能性为"低"，风险发生后对目标的影响程度为"极低"……风险⑨发生的可能性为"极低"，对目标的影响程度为"高"，则绘制风险坐标图如图10-3所示。

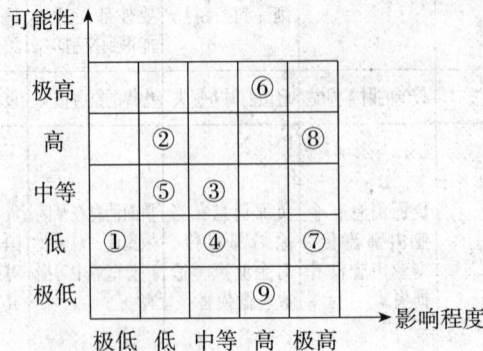

图10-3 风险坐标图（1）

以某企业为例，其对 7 项风险进行定量评价，其中：风险①发生的可能性为 83%，发生后给企业造成的损失为 2 100 万元；风险②发生的可能性为 40%，发生后给企业造成的损失为 3 800 万元；而风险⑦发生的可能性在 55% 到 62% 之间，发生后给企业造成的损失在 7 500 万元到 9 100 万元之间，在风险坐标图上用一个区域来表示，则绘制风险坐标图如图 10-4 所示。

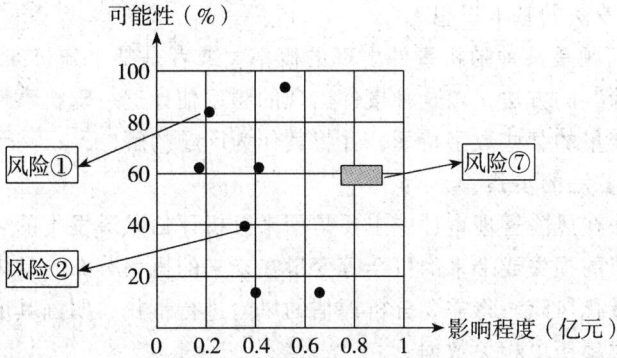

图10-4　风险坐标图（2）

绘制风险坐标图的目的在于对多项风险进行直观的比较，从而确定各风险管理的优先顺序和策略。如某企业绘制了如图 10-5 所示的风险坐标图，并将该图划分为 A、B、C 三个区域。

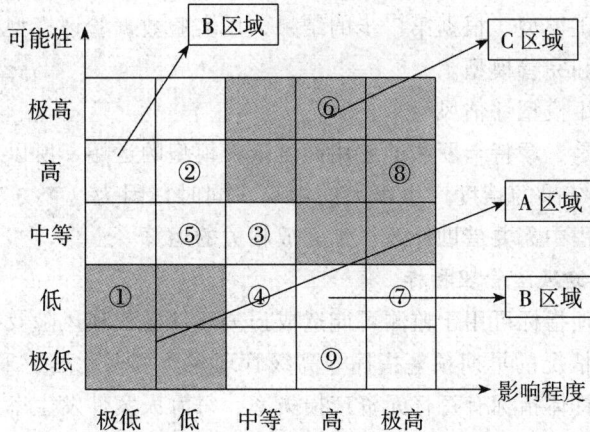

图10-5　风险坐标图（3）

公司决定承担 A 区域中的各项风险（①）并且不增加控制措施；对于 C 区域中的各项风险（⑥、⑧）采取规避和转移且优先安排实施各项防范措施；对于 B 区域中的各项风险（②、③、④、⑤、⑦、⑨）专门补充制定各项控制措施。

10.6.2.2　蒙特卡罗法

蒙特卡罗法（Monte Carlo Method），也称统计模拟方法，是指使用随机数（或更常见的伪随机数）来解决很多计算问题的方法。与它对应的是确定性算法。

蒙特卡罗法于 20 世纪 40 年代由美国在第二次世界大战中研制原子弹的"曼哈

顿计划"的成员S.M.乌拉姆和J.冯·诺伊曼首先提出。冯·诺伊曼用驰名世界的赌城——摩纳哥的Monte Carlo来命名这种方法，为它蒙上了一层神秘色彩。在这之前，蒙特卡罗方法就已经存在。1777年，法国数学家布丰（Georges Louis Leclere de Buffon，1707—1788）提出用投针实验的方法求圆周率π。这被认为是蒙特卡罗法的起源。

1）蒙特卡罗法的基本思想

当所求解问题是某种随机事件出现的概率，或者是某个随机变量的期望值时，通过某种"实验"的方法，以这种事件出现的频率估计这一随机事件的概率，或者得到这个随机变量的某些数字特征，并将其作为问题的解。

2）蒙特卡罗法的步骤

蒙特卡罗法在风险管理审计中主要是用来分析评估风险发生的可能性、风险的成因、风险造成的损失或带来的机会等变量在未来的概率分布。具体的步骤包括：

第一步，量化风险。将需要分析评估的风险进行量化，明确其度量单位，得到风险变量，并收集历史相关数据。

第二步，根据对历史数据的分析，借鉴建模方法，建立能描述该风险变量在未来变化的概率模型。

第三步，根据概率模型，计算概率分布初步结果。利用随机数字发生器，将生成的随机数字带入上述概率模型，生成风险变量的概率分布初步结果。

第四步，修正模型。根据第三步的结果，用实验数据验证模型的正确性，并在实践中不断修正和完善模型。

第五步，利用模型评估风险。

值得注意的是，蒙特卡罗法的使用高度依赖模型的运用，所以对模型的选择会对蒙特卡罗法的结果的精度产生很大的影响。同时，因为这个方法的数据运算量大，在计算的过程中需要借助计算机来完成相关的运算。

10.6.2.3　关键风险管理指标

关键风险管理指标可用于监测可能造成损失事件的各项风险及控制措施，并作为反映风险变化情况的早期预警指标（高级管理人员可据此迅速采取措施）。关键风险管理指标的具体指标有每亿元资产损失率、每万人案件发生率、百万元以上案件发生比率、超过一定期限尚未确认的交易数量、失败交易占总交易数量的比例、员工流动率、客户投诉次数、错误和遗漏的频率以及严重程度等。

在企业风险管理过程中，一项风险事件的发生可能有多种成因，但关键成因往往只有几种。而对关键风险指标的管理是对引起风险事件发生的关键成因指标进行管理的方法，关键风险管理指标的步骤主要包括：

第一步，分析风险成因，从中找出关键成因。

第二步，将关键成因量化，确定其度量，分析确定导致风险事件发生（或极有可能发生）时该成因的具体数值。

第三步，以该具体数值为基础，以发出风险预警信息为目的，加上或减去一定数值后形成新的数值，该数值即为关键风险指标。

第四步，建立风险预警系统，即当关键成因数值达到关键风险指标时，发出风险预警信息。

第五步，制定出现风险预警信息时应采取的风险控制措施。

第六步，跟踪监测关键成因数值的变化，一旦出现预警，即实施风险控制措施。

以易燃易爆危险品储存容器泄漏引发爆炸的风险管理为例。容器泄漏的成因有：使用时间过长、日常维护不够、人为破坏、气候变化等因素，但容器使用时间过长是关键成因。如容器使用最高期限为50年，人们发现当使用时间超过45年后，则易发生泄漏。该"45年"即为关键风险指标。为此，人们制定使用时间超过"45年"后需采取的风险控制措施，一旦使用时间接近或达到"45年"，容器发出预警信息，人们即采取相应措施。

该方法既可以管理单项风险的多个关键成因指标，也可以管理影响企业主要目标的多个主要风险。使用该方法，要求风险关键成因分析准确，且易量化、易统计、易跟踪监测。

10.6.2.4 压力测试法

压力测试法常应用于心理学，在风险管理审计中使用压力测试的方法，是在极端情形下，分析评估风险管理模型或内控流程的有效性，发现问题，制定改进措施的方法，其目的是防止重大损失事件的发生。其步骤主要包括：

第一步，针对某一风险管理模型或内控流程，假设可能会发生哪些极端情形。

第二步，评估在极端情形发生时，该风险管理模型或内控流程是否有效，并分析对目标可能造成的损失。

第三步，制定相应的措施，并进一步地修改和完善风险管理模型或内部控制流程。

例如，一个企业已经与一个信用良好的伙伴建立了合作关系，该交易伙伴一般不会违约。因此，在日常的交易中，该企业只需"常规的风险管理策略和内部控制流程"即可。采用压力测试，是在假设该伙伴将来发生了如火灾等极端的情形，给企业带来的危害。如果企业购买了保险或开发了多个合作伙伴可以有效地降低重大损失事件带来的不利影响，而如果企业不存在上述措施，企业的常规的风险管理策略和内部控制流程在极端的情况下就会出现问题。

10.6.2.5 模糊综合评价法

现实生活中，很多概念都是模糊的，比如，某人是否漂亮就是一种模糊的表达。因为对于怎样是美，并无明确定义，有人认为瓜子脸好看，而有的人却认为方形脸更漂亮，不同的人有不同的理解。此外，对于个子高矮、胖瘦等概念也是模糊的，这些概念内涵是确定的，但外延是模糊的。因此，对于这些模糊的概念，利用模糊数学进行评价和决策就更为合适。在项目风险评价中，有些现象或活动界限是清晰的，有些则是模糊的。对于这些模糊的现象或活动只能采用模糊集合来描述，然后应用模糊数学进行风险评价。

1）模糊事件

在风险评价实践中，有许多事件的风险程度是不能精确描述的，如风险水平高、技术先进、资源充足等，"高""先进""充足"等均属于不清晰的概念，即模糊概念。诸如此类的概念和事件，既难以有物质上的确切含义，也难以用数字准确地表达出来，这类事件就属于模糊事件。

2）模糊综合评价法的基本思路

综合考虑所有风险因素的影响程度，并设置权重以区别各因素的重要性，通过构建数学模型，推算出风险的各种可能性程度，其中可能性程度高者为风险水平的最终确定值。

3）模糊综合评价法的步骤

模糊综合评价模型分为两类：一级模型和多级模型。此处仅介绍一级模糊综合评价。

一级模糊综合评价是指评价因素的每一类都是单一评价因素，即只有一级。利用一级模型进行模糊综合评价的步骤如下：

第一步，确定评价对象的因素集。因素集是影响评价对象的各种因素所组成的一个普通集合。例如，某企业对新推出的一款风衣进行评价时，可以从舒适性、耐磨性、美观性和价格四个方面进行评价，这四个方面就是评价的影响因素，构成因素集。

$U=\{$舒适性，耐磨性，美观性，价格$\}$

第二步，建立评价集。评价集是专家利用自己的经验和知识对项目因素对象可能做出的各种总的评判结果所组成的集合。例如，专家在对风衣四个因素进行评价时，评价结果可分为很好、好、一般、不好，构成评价集。

$V=\{$很好，好，一般，不好$\}$

第三步，建立模糊关系矩阵。模糊关系矩阵即建立从U到V的模糊关系L。利用模糊统计方法，有若干专家对各因素 R_{ij} 进行评价，得到：

$R_{ij}=$对U中某一因素，专家评价为某一结果的人数／评审专家人数

比如，若就风衣舒适型而言，假设有30%的顾客认为很好，60%的顾客认为好，10%的顾客认为一般，没有顾客认为不好，则对单因素"舒适性"的评价为 $\{0.3, 0.6, 0.1, 0\}$。同样，得到对"耐磨性"的评价为 $\{0.3, 0.6, 0.1, 0\}$；对"美观性"的评价为 $\{0.1, 0.4, 0.2, 0.3\}$；对"价格"的评价为 $\{0.2, 0.5, 0.1, 0.2\}$。则可得到模糊关系矩阵：

$$R = \begin{pmatrix} 0.3 & 0.6 & 0.1 & 0 \\ 0.3 & 0.6 & 0.1 & 0 \\ 0.1 & 0.4 & 0.2 & 0.3 \\ 0.2 & 0.5 & 0.1 & 0.2 \end{pmatrix}$$

第四步，确定权重集。权重集反映了因素集中各因素不同的重要程度，一般为各个因素 U_i（$i=1, 2, \cdots, n$）赋予一相应的权数 A_i（$i=1, 2, \cdots, n$），这些权数

所组成的集合统称为因素权重集，简称权重集。权重的确定在风险综合评价中是一项非常重要的工作，同样的因素，如果取不同的权重，那么最终的评判结果将会不一样。比如，在对风衣的评价中，由于顾客年龄、性别和职业状况等的不同，他们对风衣舒适性、耐磨性、美观性、价格的重视程度就会不同，因此，不同的人会对这四个因素赋予不同的权重。权重的确定一般由人们根据实际问题的需要主观确定，也可按确定隶属度的方法加以确定。假设顾客对舒适性、耐磨性、美观性、价格四个因素赋予的权重分别为 0.3，0.1，0.4，0.2，则权重集 A= {0.3，0.1，0.4，0.2}。

第五步，模糊综合评判。根据模糊综合评价数学模型进行模糊合成，就可得出综合评价结果，令 B 为模糊综合评价集。比如对风衣的模糊综合评价，采用 M（∧，∨）合成算法，结果为：

$$B = A*R = \{0.3, 0.1, 0.4, 0.2\} \begin{pmatrix} 0.3 & 0.6 & 0.1 & 0 \\ 0.3 & 0.5 & 0.1 & 0.1 \\ 0.1 & 0.4 & 0.2 & 0.3 \\ 0.2 & 0.5 & 0.1 & 0.2 \end{pmatrix}$$

$$= \{0.3, 0.4, 0.2, 0.3\}$$

因为 0.3+0.4+0.2+0.3=1.2>1=100%，因此，需要做归一化处理，将 B 的各项除以 1.2，得归一化矩阵 B= {0.25，0.33，0.17，0.25}。即对风衣的评价隶属于很好、好、一般、不好的程度分别为 25%，33%，17% 和 25%，根据最大隶属度原则，对风衣的综合评价为"好"。

模糊综合评价主要应用于对概念的内涵明确，但外延模糊的事项评价。在风险评价实践中，有许多事件的风险程度是不能准确描述的，可以利用模糊数学的知识进行风险衡量和评价。

模糊综合评价可以把边界不清楚的模糊概念用量化的方法表示出来，为决策提供支持，是一种应用广泛的评价方法。主要缺陷在于评价要素以及确定其权重时具有主观性。

10.6.2.6　指标评价法

指标评价法是通过选择企业的某些风险评价指标体系与性质相同的指标评价标准进行比较，给出评价，最终通过风险评价矩阵来分析企业风险的大小并进行排序的方法。通常所选用的评价指标是财务指标，如评价流动能力、运营能力、偿债能力和盈利能力等。

风险的指标评价法简单实用，涵盖了企业的财务和非财务指标，而且可以根据企业自身情况随时更换指标和权重。但是其评价的过程难免带有主观成分，权重的设置也要谨慎，总的说来，不失为一种实用的风险评价方法。

10.6.3　审计实施

审计测试是审计实施阶段的主要内容，意味着通过将选择的项目变成证据。审计测试主要是通过抽样、观察、提问、分析、证实、调查与评估等方法获取有关风险的审计证据，并揭示出它们的内在品质或特征，以便为内部审计师形成审计意见提供基础。风险管理审计的测试中可以实施穿行测试和小样本测试两个阶段。其中穿行测试的实现途径主要包括："凭证穿行测试"，即根据组织的记录来追踪整个活动过程；"程序穿行测试"，即由审计人员对活动进行的每一步进行一次到两次的测试。穿行测试是从控制点的分析开始的，审计人员针对项目建设活动中的控制点，对项目建设活动分层进行测试。小样本测试的实质是选择少量的活动进行测试，检测风险管理策略及内部控制实施的有效性程度，即实际活动效果是否达到了预期的目标。

10.6.4 审计报告

因不确定性的存在，风险管理审计报告也存在风险，为了更好地实现风险审计报告的前瞻性和可用性，风险管理审计报告应该注意如下几点：

（1）提高风险管理质量。在实践中，常规的审计报告更加侧重微观层面，针对审计发现的问题提出审计建议，更加具有针对性。但风险管理审计报告应该在此基础上，侧重于战略管理层面以及方案选择等方面，以便指导被审计单位的高层领导在今后的工作中，关注企业的风险管理工作，为实现风险管理审计的增值功能奠定基础。

（2）披露风险表现和风险排序。与主要表达业务执行过程的真实性、合规性及效益性方面存在的问题及原因分析的常规审计业务相比，风险管理审计报告披露的内容还应包括被审计事项的风险点，并对这些风险点风险的大小进行排序，指出关键风险点和重要风险点。

（3）披露被审计单位利用风险、防范风险的制度、措施及执行情况。常规业务审计报告一般不涉及这方面，但风险管理审计的审计报告需要从公司治理、内部控制、全面风险管理的整体系统中寻找与具体风险防范、风险利用有关的规定并表达这些规定的执行情况。

（4）披露风险管理审计的方法、风险评价的条件和标准。结合被审计单位的特点，使用恰当的方法和标准，是风险管理审计的必然要求。为提高审计信息的对称性，风险管理审计报告应该对这些内容有所披露，这样也有助于降低审计报告的风险。

关键概念

风险管理审计　角色定位　审计内容　审计方法

本章小结

风险管理审计是审计主体通过对组织目标设定、风险识别、风险程度的评价等工作的审计，评价风险政策、措施的适当性、执行的有效性的过程。内部审计在企业风险管理审计过程中的核心作用是向董事会就企业风险管理过程的有效性提供确认服务，以确保关键运营风险得到恰当的管理，以及内部控制系统有效运行。内部审计机构和人员应当充分了解组织的风险管理过程，审查和评价其适当性和有效性，并提出改进建议。风险管理审计从审计工作的开始就需要考虑可能影响企业目标实现的风险，并且风险管理审计强调在整个审计过程中保持这种风险意识。审计人员在风险管理审计中，应正确使用相应的审计方法和技巧，为风险管理提供一定的帮助。

阅读案例

方太公司审计部案例[①]

宁波方太集团创建于 1996 年。多年来始终专注于高端嵌入式厨房电器的研发和制造，致力于为追求高品质生活的人们提供具有设计领先、人性化厨房科技和可靠品质的高端嵌入式厨房电器产品，倡导健康环保的生活方式，让千万家庭享受更加幸福的居家生活。

方太始终坚持"专业、高端、负责"的战略性定位，品牌实力不断提升，已成功在中国确立了"高端厨电专家与领导者"的地位。方太作为一家以创新驱动组织发展和成长的企业，建立了文化、管理和产品三大创新领域。公司致力于打造中西合璧的企业文化，探索并提出现代儒家管理模式，创造性地在管理中融合中国传统文化，形成独特的管理风格。这也为我们审计工作的开展带来了新内容和挑战。

公司通过大范围的授权，更快地应对市场变化带来的挑战。同时，对权力的监管也就显得尤为重要。在这样的背景下，公司于十多年前就成立了审计部，目前有近 20 人的专业审计团队，拥有营销、职能/招投标两个审计中心。

为增加价值并改善公司运营，满足公司发展，设计出既满足业务发展需求，又能够很好实现风险规避的审计策略和内部控制体系，成为部门的重要任务。我们面临的第一个问题也是最重要的问题就是：审什么。为解决这一问题，方太集团审计部从 2009 年开始就全面推行风险导向审计。

应用中我们总结出 COSO、资源、业务模块三维度风险分析法，分别从内控要素、重要性、业务固有和控制风险三方面进行风险剖析。

1）COSO 的应用

我们通过 COSO 内控框架评估，找出公司内控的缺失环节，设定各环节内控风险容忍程度。我们公司 2008 年以前营销分公司在不同的业务模块都产生了大量的舞弊行为，最初的判断是总体控制都比较弱，不少业务模块内控都需要全面改造，但这样的大幅调整势必引起整个管理体系的变化，风险和影响都难以承受。我们通过 COSO 分析后，认为内控缺失环节与公司管理思维密切相关，一个控制要素缺失，往往在不同业务模块同时存在，舞弊多样性的背后，有着共同的根源。通过进一步研判，认为只需加强"建立适当保护措施，规范凭证、文件、记录的接触和保管"这一条，就可以解决相关问题。通过实践，杜绝了所有模块类似的违纪情况，以最小的代价和管理波动就实现了内控目标。

---

① 本案例资料由方太公司审计部部长周平先生提供。

另外，我们认为内控一定不是越严越好，必须讲求"中庸"，即适度。过度的内控一定会加大管理成本，影响经营。传统的控制理念中控制活动和控制监督是最重要的主体，但我们的风险容忍程度却是中高。初看起来，一定会认为我们的内控状况比较差，但从实践情况来看，这套内控体系起到很好的控制效果，且业务系统几乎感受不到内控对经营的影响。之所以达到控制和经营效果的平衡，我们认为也是相对于以前的内部控制而言，这套内控体系更加强调以下几点：

（1）强调那些属于管理文化层面的软性管理因素。

（2）强调信息系统的作用。

（3）强调内部控制应与企业的经营管理过程相结合。

（4）强调内部控制只能做到"合理"保证。

我们利用五要素之间的有机联系，借助公司良好的控制环境、风险评估机制及信息系统的有利因素，给予了这两个环节较高却适度的风险容忍水平。COSO 内控评分见表 10-6。

表10-6 COSO内控评分

内部控制因素	2009 年		2010 年	
	均值	风险	均值	风险
控制环境	3.86	中偏低	4.14	低
风险评估过程	4.67	低	4.67	低
信息系统与沟通	3.33	中	4.00	中
控制活动	2.86	高	3.50	中
对控制的监督	2.60	高	3.33	中
总体内控风险	3.46	中高	3.92	中

由此可知，控制活动和对控制的监督分数较低，仍然是内控重点；信息系统与沟通得到很大程度的改善；部分关键业务环节内控仍需加强。

2）风险资源和业务模块风险评估

审计部门人员和精力都是有限的，如何将有限的审计资源投入到最需要的地方，取得最佳的审计效果和质量，是风险资源和业务模块评估的价值所在。

首先，我们对公司风险与非风险资源进行了划分，固有风险和内控风险高的为风险资源，反之为非风险资源。审计投入一定是集中于风险资源。那是不是风险资源都是审计重点呢，也不是。例如，以 2009 年评估为例，我们的服务收入，就是固有风险和内控风险双高，但由于其金额占比很小，我们仍未将其列为审计重点。因为我们的审计资源分配到了同样有着双高风险，而且金额更为巨大的其他业务模块，必须将它们的内控解决好，才宜将精力投入这些领域。资源评估见表 10-7。

表10-7　　　　　　　　　　　　　　资源评估

	资源	占比（%）	固有风险	内控风险	检查风险	审计策略
风险资源（78%）	商场费用	31.3	高	高	高	审计重点
	超价	17.1	高	高	高	审计重点
	经销/代理商费用	9.4	高	中	高	审计重点
	市场推广费	16.1	高	中	中	审计关注
	工程	2.6	中	低	中	审计关注
	服务收入	1.5	高	高	中	非关注点
非风险资源（22%）	仓储物流	2.6	中	中	低	非关注点
	工资及行政费用	19.4	低	低	低	非关注点
	其他	0.0	低	低	低	非关注点

　　通过我们有效的风险管理和内控设置，2012年营销公司舞弊数量和金额较2009年都下降了90%，所有业务模块内控风险均降低到中等水平，为公司的健康发展起到了重要的支持作用。

实务点拨

略论审计博弈理论结构中的五大要素

附录　浙江苏泊尔股份有限公司 SAP 审计案例[①]

　　浙江苏泊尔股份有限公司（以下简称"苏泊尔"）SAP审计项目立项于公司SAP系统全面升级之后的半年左右，当时内部审计部门、公司高管、子公司管理人员以及IT部门一致认为有必要对SAP系统进行一次审计。苏泊尔内部审计部门不大且没有设立专门的信息系统审计小组，甚至当时也没有聘请外部资源的预算。在面对包含几个法人、十几个利润中心、几百个成本中心，囊括公司绝大多数业务流程并几乎涉及公司其他所有流程的企业资源管理系统时，内部审计部门在审计目标、审计范围、审计日程安排、审计方法和审计资源利用等方面都做了仔细考量。最终，内部审计历时4个月，完成审计项目并出具了分别适用于各责任中心的审计报告。

　　1）审计目标的确定

　　SAP系统审计目标的制定可以从各个角度出发。泛泛而论，针对这样一个刚刚升级的系统，对IT一般控制的确认十分重要，信息系统开发、采购、实施、交付和后续维护方面尤其重要。但是，内部审计部门并没有套用"泛泛而论"，而是在确定审计目标之前，先去搜集了各方面的诉求。对于一个刚刚升级的系统，内部审计部门首先考虑的是：系统控制点是否有变化；是否有新的风险产生；高管们在问系统升级是否"值得"；子公司管理人员想要评估升级后的系统与业务环境是否契合；IT部门想要知道约定的流程是否真的执行下去了。

　　经过评估之后，内部审计有信心把这些诉求全部纳入审计项目目标：评估升级之后的SAP关键流程设计及执行情况。审计实施过程中，主基调是审计业务层面应用控制情况，但也将部分IT一般控制融入应用控制审计过程中。

　　2）审计范围的确定

　　基于已经确定好的审计目标，内部审计从组织架构、业务循环控制和IT控制三个维度分别做了取舍。

　　组织架构上，将四大生产基地、两大营销中心和总部财务共享中心纳入审计范围；舍弃所有其他总部性质的责任中心和比较小的责任中心。这些责任中心被舍弃的原因，主要是因为它们只存在于SAP流程的某个中间环节，基本对SAP系统无直接输入，SAP输出对它们的影响最终也会通过财务共享中心核实。

　　业务循环中，只测试纳入SAP系统内的步骤以及对SAP数据输入有直接影响或受SAP数据输出直接影响的步骤。以供应商创建流程为例，在SAP创建供应商主数据的依据是经过审批的"供应商主数据维护申请表"，而填写一个重要供应商的主

――――――――――
　　① 本案例由浙江苏泊尔公司审计部刘武霞女士亲自提供，特别致谢！

数据维护申请之前，需要先由研发、工艺、品质和采购等多个部门共同对其完成评审。SAP 审计项目对供应商创建流程的审计就只是包含系统操作、系统操作与供应商主数据维护申请的符合程度以及供应商主数据维护申请内容的完整性，前端纳入评审是否充分则不包含在本项目中。

IT 一般控制方面，聚焦于蓝图流程是否获得验证审批、系统升级是否通过用户测试、交付文档的完整清晰程度、培训的充分性，以及 SAP 与相关系统之间的数据交互的可靠性。

3）审计资源的利用

内部审计资源配置与审计目标和审计范围直接相关。在不损害目标达成的前提下，通过对审计范围的限定，将现有审计资源（主要为人员和时间）与审计项目需要的资源之间的缺口压缩得非常小。对于缺口部分，审计部门内部充分讨论了借用外部资源的可行性，并评估了资源借用对独立性和客观性的影响。最终，审计部门决定分别借助 SAP 用户资源、IT 资源和 SAP 系统数据集成的优势弥补缺口。

通过对 SAP 用户资源的借助，主要减轻了对 IT 一般控制的确认工作；通过对 IT 资源的借助，主要减轻了对 SAP 流程执行遵循程度的确认工作；通过对 SAP 批量数据的分析以及与交互系统数据的对比，弥补了审计人员读不懂 IT 程序的缺陷。

4）审计项目的实施

苏泊尔超过一周现场工作时间的审计项目基本都会严格遵循以下流程（舞弊调查除外），具体现场工作时间长度视审计项目复杂程度而定。

SAP 审计项目也基本按照这一流程，只不过搜集背景工作更多地转移到了审计立项阶段，审计过程中更多地利用了信息系统资源以及更多地利用了外部资源。

（1）搜集背景、编制计划

①搜集背景

审计团队在立项之前已经完成了立项原因、审计相关方需求、SAP 与各责任中心的相关程度等方面的背景调查。

审计通知发出之后所做的背景搜集针对更具体的信息，包括：各责任中心的组织架构、SAP 升级项目各模块顾问的名单、SAP 升级项目文档、SAP 关键用户名单、主要 SAP 流程对应的公司制度和各责任中心程序文件。此外，审计团队申请了各模块的系统查询权限。

②编制计划

编制计划阶段的重心在于日程安排与人员分配。审计测试方法无非为访谈、观测、抽样和分析等等，各方法的应用会在测试过程中因测试对象而异。

内部审计对于流程审计的日程上有一个基本惯例：尽量将同一业务循环内的所有相关流程纳入同一审计阶段。这一惯例有利于检查流程之间是否会出现"缝隙"，减少为了验证审计发现而不得不做的审计范围扩展。以付款流程为例，在一个使用 ERP 的公司，款项支付正确与否绝大多数不在于付款会计录入的数据是否正确，而在于订单环节的价格是否正确以及验收数量是否正确。因此，审计付款流程必然会涉及订单流程和验收流程，完全有必要把采购业务循环纳入同一阶段审计。

内部审计对于日程安排的另一个考虑是：尽量减少对被审计责任中心日常工作的影响，以期在测试过程中获得更好的支持。

因此，在SAP审计通知下发前，审计部门负责人和项目负责人与各责任中心高管及主要相关人员进行了面谈或电话访谈，讨论现场审计时间安排。最终，将审计项目分为两个阶段，每个阶段针对四个责任中心，包括两个生产基地、一个营销中心和财务共享中心。审计通知下发之后，审计项目负责人与责任中心对接人沟通，在进场测试前排出了初步的访谈日程安排和抽样分析时间安排。

审计人员按照业务循环分配测试任务。在测试期间每日留出半小时左右的时间召开小会议交换测试情况、潜在审计发现以及需要其他审计人员支持的测试点。在现场总结会前一天停止测试，集中讨论所有审计发现、评定风险和撰写现场总结报告。

（2）审计测试

依照惯例，审计部门在现场测试之前建立了一个测试索引。测试索引用以分配各审计人员的工作任务、指引测试内容以及汇集测试结果。索引列示的基本内容包括被测试的责任中心、测试事项、主要测试方法、内容步骤、测试对接的具体人员、具体测试底稿编号、审计人员、审计发现编号等。测试过程中，审计人员可以根据测试情况在被分配的任务模块中增加具体测试项目，标注已有的不适用的测试项目，并必须对每个测试项目标注测试进度和测试结果。测试索引由审计项目负责人不定时审阅，在现场总结会的前一天集中讨论，并统一给定审计发现编号。

所有审计人员都以这套测试索引为基础，在自己负责的业务循环范围内，对各测试事项采取了访谈观测、抽样或数据分析的方法。

①访谈观测的应用

苏泊尔SAP审计项目中，审计团队一共进行了60多次正式审计访谈和多个内容的观测。仅对SAP流程观测这一项内容，就涉及137个SAP流程。

审计团队通过正式访谈进一步明确测试目的和对被审计方期望的配合、进一步了解被审计方的可用资源、获得被审计方的自评、对相关问题的看法、详细了解被审计方的执行过程和结果，并完成一些简单的观测。苏泊尔有经验的审计人员能通过访谈和观测搜罗到大多数的潜在审计发现，之后再通过其他测试方法来验证这些潜在发现是否为真正的问题，再决定是否列入审计报告。

以IT一般控制方面的测试为例，多数测试点就是通过访谈观测方式获得确认，而且这一确认过程还不对审计人员和被审计人员造成超出一般流程测试的额外负担。执行过程中，每个审计人员都必须完成附表1（索引截取）列示的测试点1.1，每个流程都有类似于6.4的测试点。

附表1 部分测试点

序号	责任中心	模块	流程名称	测试事项	审计人员	完成情况	主要测试方法	内容或步骤	底稿编号	备注	审计发现编号
1.1	IT	ALL	NA	SAP优化交付	ALL	YES	访谈观测	检查相关流程的交付文档，包括蓝图文件、UAT文件。通过访谈接触到的SAP用户，了解其获得的培训情况，并观察培训文件	WPT		
6.4	All Sites	MM	供应商主数据维护流程	流程是否执行	W	YES	访谈观测	访谈观察SAP优化流程是否与现行操作一致；拿到各责任中心供应商主数据维护申请表、供方信息表、开票资料的格式，并作对比	WP 204		

通过对比蓝图文件、访谈获得的信息以及已有的书面制度流程，审计人员发现IT一般控制还是存在一些不足，包括：SAP蓝图文件电子版本号不清晰，缺少部分签字；蓝图文件多处笔误，最典型的为流程步骤对应的责任岗位的设置有误；蓝图文件流程未能完整反映实际操作，如物料主数据维护、BOM维护、成本费用归集分摊、供应商主数据、内外销开票发货等流程都与实际操作有一定偏差。此外，审计人员通过观测及非常简单的系统验证，还发现蓝图文件个别内容错误，并导致系统开发错误，譬如：SAP系统根据固定资产审批额度实施预算控制的规则在SAP流程上编写错误，设置SAP系统内的预算控制时选取固定资产采购订单不含税金额对比内部订单总额（事实上应该使用含税金额做对比），导致出现采购金额超出预算审批额17%而依然可被SAP系统放行的问题。

通过对同一业务循环多个流程的汇总观测比较，审计人员发现了一些更具有深远影响的问题。以采购业务循环为例，审计人员发现缺少采购订单关闭相关的流程，并在数据分析中验证到公司确实存在大量已经下达较长时间，却还未收货完毕也未关闭的采购订单。

以下供应商付款流程中，财务共享中心付款会计在导出供应商到期付款清单之后，还需要找采购部门和品类总经理核实审批。审计人员访谈了解到，由于跨部门和地理位置等原因，采购部门和品类总经理的核实审批一般至少在到期付款清单拉出来一周之后才能完成，经常出现供应商感觉到款延迟而向财务共享中心查询或催促付款。审计人员审阅该循环所有流程，发现采购部门文员、采购部门经理和品类总经理已经在供应商创建流程、信息记录维护流程、货源清单维护流程、采购订单流程、仓库入库流程、发票校验流程以及一些系统外的操作过程中按照其权限实施过控制。前端的权限分工和控制，必须确保且已经确保了系统记录的应付账款和到期清单是准确的。采购部门和品类总经理在供应商付款流程中的审批完全是多余的控制。审计部门在审计报告中写道："批量付款流程中混淆应付审批与支付审批环节，过度设置审批要求：应付账款到期付款清单需要7个环节的制作和/或审批，审批周期太长，相关业务部门对于是否能付款需要评估的信息不足且重复劳动，影响到付款日程安排，并导致供应商抱怨。"在审计报告提出之后的半年左右，财务共享中心说服了相关业务部门，将支付环节的审批完全设置在财务体系范围内，彻底解决了这一问题且从未出现过因为流程调整造成付款错误的情况。

供应商付款流程如附图1所示。

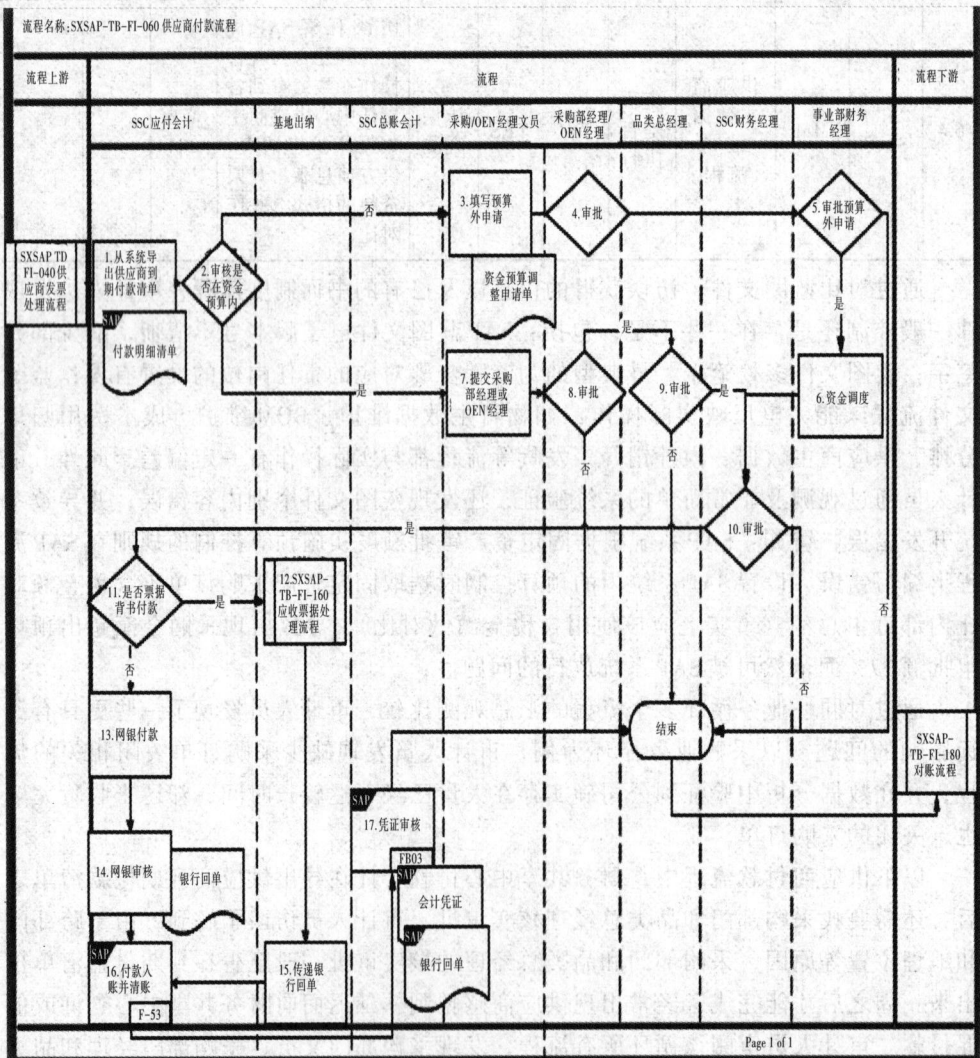

附图1　供应商付款流程

②抽样测试的应用

抽样测试在 SAP 审计项目中其实是相对简单的审计测试方法。需要抽样的测试事项，一般都是在访谈观测之后确定下来的。随机或经过一定分析之后选择一些样本，根据流程控制点对比系统设计情况或执行情况。审计抽样既选取样本对系统外的单证进行检查，也选取控制点，在 SAP 系统内进行测试。

对系统外单证的检查，大多数情况验证的是 SAP 用户对 SAP 流程的执行情况。譬如零星采购送货日期早于订单创建甚至采购申请日期；进料加工生产订单及相关物料流转单据上未充分标注进料加工手册号；品质部门检验控制不严格，出现首检记录未达到标准要求却被判定为合格的情形；固定资产实物及文档未按照流程要求标记 SAP 资产号等等。这些审计发现都是通过抽样测试一定数量的输入或输出单证发现的控制不足。

在 SAP 系统内进行测试更简单，一般一个测试点一个样本就足够了，这一类测试更多用于验证 IT 对于系统的开发或配置是否与流程制度相符。审计人员不需要自己会操作 SAP 系统，只要设计好样本，要求 SAP 用户录入样本数据或按照要求操作系统样本即可。SAP 流程对于多数物料采购，都要求按照系统预先录入的"信息记录"控制采购订单价格，采购人员不可以在订单中随意变更采购价格。但是通过对系统操作的测试，审计人员发现 SAP 系统对采购订单价格控制不足：对于应读取"信息记录"的物料，在通过系统需求转采购订单时，SAP 系统控制失效，可手工修改采购订单价格；在通过手工下采购订单时，所有物料均未配置"信息记录"的控制。此外，在供应商付款账期方面也发现了类似的问题。追查发现，出现这一类问题的原因为某一程序开发员应某一特殊需求临时修改过系统配置，但事后忘记按照流程改为要求的配置。问题发现之后，IT 人员立即修改了系统配置，并在 IT 内部重申了应用系统程序变更流程及严格执行该流程的重要性。

③数据分析的应用

数据分析是验证流程执行情况的另一种测试方法。与其他审计项目相比，SAP 审计项目在这种测试方法上应用得更多更好。审计团队针对各业务循环各个流程，编制了几十套数据验证逻辑。在 IT 部门 SAP 顾问的支持下，取出了 30 多套标准报告和 20 多套临时编写脚本从系统中取出来的报告。在这个审计项目中，数据分析与抽样测试相比，更有效率，而且审计风险更低。譬如通过数据分析发现 SAP 系统存在过期生产需求未做清理；生产订单达成率低；生产订单报工和关闭不及时，甚至跨月未关闭的订单也较多，导致成本结转错误风险；采购订单未及时清理和关闭；多次发生交易的供应商未建立主数据，过度使用一次性供应商代码；存在较多发票校验凭证与收货凭证清账操作不成功的情形等问题。

通过数据分析，也可以发现一些流程上和系统配置上的问题。在请 SAP 顾问提供 SAP 系统所有法人的所有类型供应商主数据报表时，发现 IT 使用的 SAP 系统常用报表无法完整列示供应商清单，报表无标记显示系统已经被禁止采购和/或禁止财务记账的供应商。在审计人员的帮助下，SAP 顾问调整了报表配置，出具了一份包含所有数据并标记供应商状态的报表。但是审计人员对数据分析之后，发现了11组（22个）疑似重复的供应商，并最终验证这些供应商确实存在重复。审计人员追查发现：出现这一问题的根本原因是供应商主数据由各地采购各自创建，效率低、容易出错、不容易在SAP全系统内协调一致，且在舞弊方面存在更高风险。此外，将供应商主数据清单与过去一年和三年的供应商交易记录关联起来分析，发现一些系统可使用供应商已经在过去一年，甚至三年已经无任何往来，存在已经不符合资质的供应商被使用的风险。究其原因，公司缺少SAP系统供应商订单审阅流程。审计发现提出之后的一年左右的时间内，苏泊尔完成了人员组织架构调整，将供应商主数据创建权限集中在总部，并建立了供应商主数据定期审阅流程。

数据分析在SAP审计项目中还有一个重要任务：验证SAP系统与关联系统的数据交互的可靠性。苏泊尔通过CRM系统完成销售发货及开票，然后过账到SAP系统，最终通过SAP系统出具法定财务报表及合并报表。在对选定月份CRM与SAP系统数据的比对过程中发现，两个系统的销售金额存在40多万元的差异。虽然这个金额对于苏泊尔来说远不构成重要性，但审计发现的这一差异完全没有被财务、IT部门以及信息系统本身意识到。造成这一差异的原因是：两个系统都保留了不得不存在的对数据的手工调整权限。审计未见CRM与SAP系统数据（包括发货数据、开票数据及折扣数据）之间的系统校验流程和工具，也未见财务部制定手工比较流程。也就是说，当这个差异为400万元甚至4 000万元时，也很有可能会被忽略。最终，IT开发了一个系统工具报警差异，财务共享中心也实施了月度手工检查，并在之后陆续查出和校正了一些系统之间的数据差异。

（3）审计报告

SAP审计项目的报告阶段从现场总结会的前一天开始，经历现场总结报告、被审计人员后续澄清、与总部高管和IT高管沟通、发布正式审计报告这几个阶段。

审计报告阶段的沟通对被审计人员和内部审计团队来说都非常重要。执行SAP审计项目的目的不是指出问题，而是帮助公司解决问题。因为本次审计中不涉及舞弊等敏感信息，所有工作底稿都随时可供被审计人员查阅，发现的问题都与应实施控制的本人、其主管、其责任中心对应高管详细沟通并解释列为审计发现的原因。通过这些沟通，审计团队帮助被审计人员充分理解问题所在，并在审计报告出具之后制订出能真正解决问题的行动方案，并愿意认真实施行动方案最终解决问题。

最终审计报告提出74条将由审计团队跟进的审计发现和10条由各财务及业务部门自行决定处理方式的其他审计建议。

从内容上看，审计发现涵盖工艺、生产、采购、销售、资产和财务这六大业务循环；从系统角度看，涵盖DD、PP、MM、SD、CO和FI这六大模块；从问题性质上看，既有流程设计本身的问题，也有IT开发交付过程中执行程度的问题，更有流程执行符合度的问题，此外还有一些业务现状带来的一时难以解决的问题。

其他审计建议针对的是一些影响面比较广大，有持续改善机会，但根据当前业务实际短期内不能强行切换做法且还未造成直接损失的缺陷。基于内控成本不应超过效益的原则，审计团队不作为必须改善点来沟通。

而流程执行中的个别不符合点，则不列入审计报告，在现场审计结束后与当地管理层正式沟通，请管理层自行重视。对于"个别"，苏泊尔内部审计部门的判定标准可以举例为：抽样 20 个单据或数据，发现 1 个不符合，补抽样 10 个后不再有新的审计发现；对于几万条生产订单的报工数据分析后发现几条成本偏差较大，漏掉某个成本内容。这些"个别"仅针对人的执行层面，如果问题的出现是因为流程或系统设计造成的不符合，则会作为审计发现被列入审计报告。

（4）审计发现改善计划搜集和后续跟进

按照流程，内部审计部门确实在审计报告后一个月内搜集到所有改善计划，但是多数行动方案需要审计人员与提交人进一步澄清确认之后才能定稿。审计人员在复核行动方案的过程中，在两类方案上花费了最多的时间：第一类是描述太简单的行动方案，缺少对执行岗位、执行步骤和预计达成时间的基本描述；第二类是一些太急于关闭问题的人提交的方案，这些方案多数是一种短期解决问题的行为，甚至短视到只是把审计抽样到的几个案例问题补了签字或者重新处理了一下。在对于改善计划的确认过程中，审计人员向被审计单位进一步强化审计发现提出和改善的最终目的，对于复杂问题的审计发现建立了分阶段的改善计划。

审计部门根据改善计划提供的预计完成时间每季度跟进一次，并直到审计发现的问题被彻底解决。审计跟进过程中，对一部分审计发现只是按照行动方案检查进度复核结果，也有一部分纳入 SAP 审计项目之后执行的其他审计项目中进行了专门测试，还有个别建立了独立的跟进审计项目，将与该控制缺陷相关的所有控制点打包复核，确认行动是否落实并是否真正解决问题。多数问题在审计之后一年内被解决，审计人员关闭了对这些审计发现的跟进；一小部分问题在 SAP 审计项目之后两三年内才得到彻底解决。

对于 SAP 审计项目提到的建议，尽管审计团队不搜集改善计划不做正式跟进，但这些建议一直保留在内部审计部门的"发现和建议数据库"中。在执行 SAP 审计项目之后的其他审计项目时，只要相关，就会把建议针对的问题纳入审计范围。直到今天，SAP 审计项目提到的 SAP 系统使用效率方面的问题，仍然没能达到管理层期望的利用率。

5）SAP 审计项目对审计团队的其他意义

一个审计项目对公司的意义可能各不相同，这里不再展开介绍 SAP 审计项目对苏泊尔公司的意义。但是，SAP 审计项目对于审计团队却有与其他项目不同的意义。SAP 审计项目是苏泊尔内部审计部门执行的第一个可以称之为信息系统审计的项目。对于这个项目，审计团队从有些无措到游刃有余，最终顺利出具各方认可的审计报告。通过这个审计项目，审计团队建立了执行信息系统审计项目的信心，并意识到：

信息系统审计与其他审计项目没有什么本质上的差异，从审计计划到后期跟进的大过程完全可以按照传统审计项目流程开展。

信息系统应用控制审计部分与一般流程审计几乎没有不同，系统应用只不过是流程的一种表达方式而已。审计人员并不需要具备很多IT知识，仅仅需要对系统多一些了解，甚至不需要达到一般用户对系统的了解水平。

并不是所有IT一般控制的审计都需要咨询IT专家。在本项目涉及的部分，譬如系统开发交付、用户权限管理等内容，对一般审计人员而言没有任何难度。

信息系统审计中发现的缺陷和风险多数不直观或不直接，审计人员很难就这些问题与被审计对象、IT和高管沟通。但是通过信息系统审计发现的问题更具有前瞻性，而且系统内的问题的解决往往"一劳永逸"，不需要审计团队反复跟进和验证。

参考文献

［1］《世界主要国家审计》编写组．世界主要国家审计［M］．北京：中国大百科全书出版社，1996．

［2］阿尔布雷克特．舞弊检查［M］．李爽，吴溪，等译．北京：中国财政经济出版社，2005．

［3］贝利，格拉姆林，拉姆蒂．内部审计思想［M］．王光远，译．北京：中国时代经济出版社，2006．

［4］财政部会计司．企业内部控制规范讲解2010［M］．北京：经济科学出版社，2010．

［5］陈国荣．我国企业内部审计机构隶属关系研究［D］．太原：山西财经大学，2009．

［6］程娟．内部审计机构在我国上市公司中的定位问题研究［D］．北京：首都经济贸易大学，2009．

［7］丁陈锋，钟轩，陶京津．龙湾国有全资公司会计涉嫌贪污挪用公款1 380余万［EB/OL］．［2011-10-25］．http：//zjnews.zjol.com.cn/05zjnews/system/2011/10/25/017941679.shtml．

［8］高月芬．我国企业内部审计组织设置问题研究［D］．上海：同济大学，2006．

［9］龚立群．赴奥地利考察内审情况的报告［J］．中国内部审计，2005（1）：60-62．

［10］胡鞍钢，胡光宇．公司治理中外比较［M］．北京：新华出版社，2004．

［11］黄少军．赴澳审计理论和实务信息管理培训体会［J］．中国内部审计，2004（9）：56-57．

［12］计平．德国内部审计业务介绍［J］．中国内部审计，2005（7）：85-87．

［13］季大成．美国通用电气公司（GE）的内部审计值得借鉴［J］．中国内部审计，2004（12）：32-33．

［14］姜猛．我国上市公司内部审计问题研究［D］．苏州：苏州大学，2005．

［15］李三喜．内部审计规范精要与案例分析［M］．北京：中国市场出版社，2006．

［16］李树坤，王红梅．舞弊的防范与审计策略研究［J］．经济研究导刊，2010（13）：85-86．

［17］李维安，武立东．公司治理教程［M］．上海：上海人民出版社，2002．

［18］林英杰．中德内部审计制度比较［J］．中国内部审计，2005（3）：

67-69.

  [19] 林钟高，魏立江. 会计再造：美国《2002年萨班斯－奥克斯莱法案》启示录 [M]. 北京：经济管理出版社，2004.

  [20] 刘红生，袁小勇. 内部审计情景案例 [M]. 北京：人民邮电出版社，2022.

  [21] 马军，李若山. "螺丝钉"为何会生锈？——对某化纤公司5 000万元资金挪用舞弊案的思考 [J]. 财务与会计，2006（6）：13-15.

  [22] 苗密. 管理舞弊导向审计在我国应用的对策分析 [J]. 内蒙古电大学刊，2010（6）：2-4；22.

  [23] 潘和平. 企业绩效评价指标体系研究 [J]. 安徽农业大学学报（社会科学版），2006，15（1）：24-27.

  [24] 潘晓梅，陈萍. 基于风险管理的企业内部控制框架构建 [M]. 北京：经济科学出版社，2010.

  [25] 皮克特. 内部审计业务纲要 [M]. 孙庆红，译. 北京：经济科学出版社，2006.

  [26] 企业内部控制研究组. 企业内部控制配套指引——讲解与案例分析 [M]. 大连：东北财经大学出版社，2010.

  [27] 企业内部审计编审委员会. 企业内部审计实务详解 [M]. 北京：人民邮电出版社，2019.

  [28] 审计署审计科研所. 世界主要国家和国际组织审计概况 [M]. 北京：中国时代经济出版社，2014.

  [29] 时现. 内部审计学 [M]. 4版. 北京：中国时代经济出版社，2023.

  [30] 索耶，等. 索耶内部审计：现代内部审计实务 [M]. 邰先宇，等译. 原书第5版. 北京：中国财政经济出版社，2005.

  [31] 王宝庆，张庆龙. 基于EVA原理的内部审计绩效评价研究 [J]. 中国内部审计，2011（9）：12-13.

  [32] 王宝庆. 内部控制新论 [M]. 北京：中国财政经济出版社，2020.

  [33] 王宝庆. 内部审计管理 [M]. 上海：立信会计出版社，2012.

  [34] 王宝庆. 审计工作中的三个管理方法 [J]. 中国内部审计，2011（8）：8-9.

  [35] 王宝庆. 审计新论：基础·信息·职业·组织 [M]. 北京：经济科学出版社，2018.

  [36] 王宝庆. 现代内部审计 [M]. 上海：立信会计出版社，2007.

  [37] 王道成. 中国内部审计规范 [M]. 北京：中国时代经济出版社，2005.

  [38] 王小龙. 浙江内部审计转型创新实务经验与案例汇编 [M]. 北京：中国时代经济出版社，2011.

  [39] 王学龙. 管理舞弊的种类、成因及其治理——基于上市公司管理舞弊审

计研究［J］．开发研究，2008（5）：141-144．

［40］温州市内部审计协会．现代内部审计实务［M］．北京：中国时代经济出版社，2007．

［41］西尔弗斯通，达维亚．舞弊侦查技巧与策略［M］．谢盛纹，译．大连：东北财经大学出版社，2008．

［42］席西民，赵增耀．公司治理［M］．北京：高等教育出版社，2004．

［43］杨文梅．企业内部审计全流程指南［M］．北京：人民邮电出版社，2016．

［44］叶雪芳．舞弊审计［M］．北京：经济科学出版社，2008．

［45］尹维劼．现代企业内部审计精要［M］．4版．北京：中信出版社，2015．

［46］俞杰．企业内部审计外部化研究［D］．苏州：苏州大学，2006．

［47］袁小勇．内部审计怎样才能有所作为［M］．北京：经济科学出版社，2012．

［48］袁小勇，林云忠．内部审计思维与沟通［M］．北京：人民邮电出版社，2022．

［49］张国亮．浙江温州一国企会计贪污1 300余万元被判死缓［EB/OL］．［2011-10-31］．http://www.chinanews.com/fz/2011/10-31/3426937.shtml.

［50］张红英，陈东，等．中国内部审计准则：阐释与应用［M］．2版．上海：立信会计出版社，2007．

［51］张红英．内部审计［M］．厦门：厦门大学出版社，2020．

［52］张慧．舞弊及舞弊审计的理论分析与现实思考［J］．时代金融，2011（9）．

［53］张俊民．内部控制理论与实务［M］．2版．大连：东北财经大学出版社，2016．

［54］张龙平，王泽霞．美国舞弊审计准则的制度变迁及其启示［J］．会计研究，2003（4）：61-64．

［55］张庆龙．内部审计价值［M］．北京：中国时代经济出版社，2006．

［56］张玉，苏运法，王锟，等．赴英、法内部审计考察报告（二）［J］．中国内部审计，2004（4）：50-52．

［57］张玉．中国企业应对"萨式"挑战方略［J］．中国审计，2006（4）：62-63．

［58］赵建平．现代内部审计理论与实践［M］．镇江：江苏大学出版社，2008．

［59］中国内部审计协会．国家内部审计专业实务框架［M］．北京：西苑出版社，2011．

［60］中国内部审计协会．内部审计实务标准：专业实务框架［M］．北京：中国时代经济出版社，2005．

［61］中国内部审计协会．中国内部审计规定与中国内部审计准则［M］．北京：中国石化出版社，2004．

［62］中国内部审计协会．中国内部审计规范［M］．北京：中国时代经济出版社，2005．

［63］中国内部审计协会．内审准则（内部审计基本准则、内部审计人员职业道德规范、内部审计具体准则、内部审计实务指南）［S/OL］．［2023-06-13］．http：//www.ciia.com.cn/cnlots.html？page=1&id=40.

［64］中审网校．《国际内部审计专业实务框架》精要解读（国际注册内部审计师CIA考试红皮书）［M］．北京：中国财政经济出版社，2019．